DuMont's Handbuch der Bühnenbeleuchtung

Max Keller   DuMont's Handbuch

Mit Beiträgen von   Illustrationen: Johannes Weiß

Dieter Dorn und

Erich Wonder

Bühnenbeleuchtung

Theorie · Praxis · Lichtgestaltung · Lichtdramaturgie · Malen mit Licht

Projektion · Technik · Trickeffekte · Lampenlexikon

DuMont Buchverlag Köln

Umschlagvorderseite: Theaterportal mit Farbtrickaufnahme.
                       Foto: Ulrich Gambke und Angelo Kaunat

Umschlagrückseite: Farbschlierenaufnahme einer Kerzenflamme und eines Kohlebogens, dem weißesten künstlichen Licht.
                       Fotos: Dagmar Hailer-Hamann

Frontispiz: »Platonov«, Aufführung Münchner Kammerspiele

1 Mobiles Beleuchtungsgestell zum Einhängen von Scheinwerfern.
Ausgerüstet mit:
2 Flutlichtstrahlern zu 5 000 Watt Glühlampenlicht
1 Flächenstrahler 3 500 Watt Halogen-Metalldampflampenlicht
3 Stufenlinsenscheinwerfern 4 000 Watt HMI®
2 Stufenlinsenscheinwerfern 10 000 Watt Glühlampenlicht
Hauptlichtquelle für die Beleuchtung der Abbildung auf dem Frontispiz. Lichteinfall durch Deckenöffnung über den Bäumen.

© 1985 DuMont Buchverlag Köln
3., verbesserte Auflage, 1991
Alle Rechte vorbehalten
Reproduktion: Industriedienst, Wiesbaden
Satz: Fotosatz Froitzheim, Bonn
Druck: Rasch, Bramsche
Buchbinderische Verarbeitung: Hunke & Schröder, Iserlohn

Printed in Germany   ISBN 3-7701-1579-1

Inhalt

Licht machen

von Dieter Dorn

Ein Buch über Licht: Lauter Formeln, Diagramme, Beschreibung von Techniken, Maschinen, Beleuchtungsapparaten, Konstruktionen, Hängeplänen, historische Exkurse und Abstecher in Physik und Chemie. Was soll das alles mit Theater zu tun haben, mit Schauspielkunst? Dreht hier die Technik durch, versucht da ein heller Schweizer, die Bühne zum Lichtstudio zu machen?

Rhetorische Fragen, natürlich. Wohl mag ein Regisseur manches Mal der Zeit nachweinen, wo man auf der Bühne einfach nacheinander so viele Kerzen angezündet hat, bis der Raum hell genug war – eine Beleuchtungstechnik, die heute geradewegs ins Gefängnis führen würde. Wenn er historisch aber noch ein wenig weiter zurückdenkt, dann landet er nicht nur bald beim Tageslicht als einziger Bühnenlichtquelle, sondern auch bei dem Umstand, daß dazumal auch der Beruf des Regisseurs im heutigen Sinne noch nicht erfunden war. Ganz schnell begibt er sich darum wieder zurück ins Heute, wo die Arbeitsteilung längst regiert und auch das Theater lauter Spezialisten ins Brot setzt – ist er selber doch einer.

Keine nostalgisch oder wohlfeil kulturpessimistisch eingefärbte Kritik also an den Möglichkeiten, die dieses Buch beschreibt. Im Gegenteil: Ich will sie ja alle haben in meinen Stücken, die HMIs und HQIs, die Natriumlampen und Tageslichtblitze. Was Licht heute auf der Bühne alles »kann«, ist faszinierend und verlockt zum Spielen, auch zur Spielerei natürlich.

Die Abhängigkeiten, in die das Theater ohnehin schon verstrickt ist, sind bekannt, ich will sie hier nicht alle wieder aufzählen – hier kommt eine weitere dazu. Man kommt schon ins Grübeln bei dem Gedanken, daß etwa die Münchner Kammerspiele oft gerade mit den »eigentlichen« Stükken, mit denen, auf die es uns ankommt, woanders nicht gastieren können, weil die Lichtstände und -stimmungen so komplex sind, daß der Mann am Stellwerk sie nur mit unserem Computer fahren kann. Wenn's am Ort so eine Maschine nicht gibt, kann man die Aufführung nicht zeigen – oder allenfalls nur als Torso. Für den Fall hilft aber kein Rückschritt, da geht es nur noch weiter nach vorn in Richtung Technisierung: Ein weiteres, tragbares Computersystem muß her, mit dem man unseren Hausstandard exportieren kann ... die Schraube dreht sich weiter.

Hier liegt allerdings eine Schwierigkeit für uns, ein Paradox. Wir nehmen für das Theater in Anspruch, daß es *lebt,* wir wehren uns mit der Bühne und den lebendigen Menschen, die auf ihr spielen, gegen den konzentrierten Angriff der Konservenzombies, wir behaupten das Theater als einen Kunst-Raum, einen Raum der Freiheit, wohl auch der Utopie: der Utopie des Nichtverfügbaren, Nichtgelenkten. Wir beschreiben unsere Zeit, unsere Welt, spielen gegen sie an, entwerfen auf der Bühne Gegen-Welten, wollen zeigen, daß »nichts so ist, wie es bleibt«, setzen Kunstwahrheit gegen Scheinwirklichkeit – und das alles mit eben jenen (nicht nur technischen) Mitteln, die doch gerade Teil der Welt sind, in der wir leben? Seien wir optimistische Dialektiker und sagen: Unsere »Brave New World« gibt uns die – in unserem Fall hier ganz besonders auch: technischen – Mittel an die Hand, mit deren Hilfe wir ihr zu Leibe rücken können. Wollen wir sie also benutzen! Was, schließlich, bliebe uns auch anderes übrig – unsere eigenen Köpfe und was darin sein mag, sind ja auch nur von heute. Den Feind also mit seinen eigenen Waffen bekämpfen – eine schöne Vorstellung, mit viel Raum allerdings auch für Täuschung und Selbstüberschätzung ...

Um dieser Gefahr nicht zu erliegen, darf man die Kunst nicht der Technik überlassen: Kunst darf nicht zur Technik, die Technik muß zur Kunst werden. Phantasie auf Proben kann sich nur entfalten, wenn der Spiel-Ort genau bestimmt ist: am Vorgegebenen entzündet sie sich, vermag es wohl auch zu verbrennen und etwas Neues an seine Stelle zu setzen. Darum, allein darum ist Vor-Denken nötig, müssen Konzepte, Konzeptionen sein – wenn sie gut waren, gehen sie im Ergebnis auf. Diese Methode verlangt aber Kalkül nicht allein von den Künstlern, sondern auch von der Technik, besonders der Lichttechnik, die ja den vom Regisseur und Bühnenbildner gefundenen Raum ganz wesentlich erst »macht«. Sie muß den künstlerischen Prozeß mitvollziehen. Von ihr wird nicht einfach nur Bedienung verlangt, Bereithalten des Vorhandenen auf Abruf. Sie muß auf ihre Weise und mit ihren Mitteln den Kunst-Traum mit technischer Phantasie möglich machen helfen, das Noch-Nie-Gemachte schaffen, immer wieder aufs neue. Und so verändern sich die technischen Möglichkeiten und Gegebenheiten in und mit unserer Arbeit.

Licht, das im Alltag zuerst dazu dient, das Vorhandene sichtbar zu machen, aber eben als etwas, was schon da ist, schafft auf der Bühne erst neue Realität. Das »gemachte« Licht hilft mit vorzustoßen in Räume, die eine eigene Wirklichkeit entstehen lassen und erschaffen, hilft vorzustoßen in Räume, die andere sind als die alltäglich erfahrbaren. Freilich geht dies nur, wenn die, die das Licht machen – in meiner Arbeit Max Keller und seine vorzügliche Mannschaft – von Anfang an in den Denk- und Arbeitsprozeß einbezogen sind, sich auf ihn einlassen. Max Keller läßt sich auf ihn ein; deshalb eben bleibt Licht in unserer Arbeit nie nur technisch umschreibbares Moment, geht immer wieder über die Grenzen des bis dahin Machbaren hinaus.

Wie wir auf der Suche sind nach immer neuen, so nie geschauten Bildern, so findet und erfindet Max Keller immer neue Licht-Möglichkeiten. Der »Blitz«, der meine Inszenierung des PARK von Botho Strauß eröffnet, ist mehr als eine grandiose technische Neuheit: Er ist eine dramaturgische Lösung.

Vieles ist entstanden aus eigentlich unerfüllbaren Forderungen der Kunst an die Technik. Der endlich regelbare HMI – wie habe ich dies Zauberding herbeigesehnt! –, der Fortfall des Knalls beim Einschalten gewisser Apparate, der Tageslichtblitz sind Ergebnisse solcher Anstrengungen. Sie überdauern dann den konkreten Anlaß, die spezielle Bildwirkung, für die sie zunächst erfunden worden waren.

Was hier verlangt wird, ist neu – man sieht es daran, daß es für diesen Beruf noch keinen vernünftigen Namen gibt. Wir helfen uns, indem wir beim Stab mit den Verantwortlichen für Regie, Bühne, Kostüme, Musik und Dramaturgie auch den für Licht nennen. An den Münchner Kammerspielen heißt er seit acht Jahren Max Keller. Was Licht auf der Bühne kann, was in diesem Buch an Neuem zu finden ist – Keller hat es in diesen Jahren an diesem Hause entwickelt, hat mitgeprägt, was auf der Bühne zu sehen war, ist mit der Kunst einen langen Weg mitgegangen. Sein Buch, glaube ich, konnte nur aus dieser Kontinuität und nur hier entstehen – so gesehen möchte ich fast sagen, die Münchner Kammerspiele haben es mitgeschrieben.

Beim ersten Blättern durch die Seiten fragte ich mich erschrocken und auch ein wenig eifersüchtig, ob da nicht nun ein Zauberer alle seine Kniffe und Tricks zu Markte getragen hat, beliebig kopierbar hinfort für alle. Aber man täusche sich nicht: Das Lesen von Alfred Walterspiels großem Kochbuch macht noch keinen zum Meisterkoch! Mit anderen Worten: Was Lichttechnik alles kann, steht hier drin – was sie wirklich vermag, gibt sie nur preis im Dienst der Kunst. Wer diesen Zusammenhang versteht, versteht das Buch erst recht und kann es für sich benützen – und mag so dem Theater nützen. Solche Leser wünsche ich dem Buch wie dem Theater.

München, im März 1985

Allgemeines zum Licht im Theater

Der Besuch im Theater vermittelt über die Interpretation eines Textes als Schauspiel, als musikalisches Werk oder in der Präsentation einer Choreographie ein musisches Theaterspiel. Die Voraussetzung für dieses Anschauen ist das Licht. Es gilt, für das Vorzeigen eines Darstellers und eines Bühnenbildes die dazu passende Lichtstimmung künstlich zu erzeugen. Der Zuschauer und der Beleuchtungsfachmann, der solche künstliche Lichtstimmungen zusammenstellt, weiß, daß die Effizienz einer Lichtkomposition vergleichsweise nie so gut sein kann wie die natürlichen Lichtwirkungen, deren unnachahmliche Vielseitigkeit immer wieder neu und anders erscheint. Der Erfolg der visuellen Vermittlung ist neben dem Bestreben, eine passende Lichtimpression auf das Theaterspiel abzustimmen, auch abhängig vom emotionalen Zustand des einzelnen. Zum Glück gibt es für die Reaktion auf Lichtwirkungen keine allgemein gültige Regel. Licht ist, ähnlich wie Musik, ein Bereich, der besonders intensiv unser subjektives Empfinden anspricht. Selten erlebt der Betroffene die sinnliche Wahrnehmung des Lichts bewußt. Vielleicht hat es gerade wegen seiner unbewußt emotionalen Einwirkung eine nachhaltige Prägnanz auf unser Empfinden. Das Angebot des Bühnenlichts wird immer einer kritischen Beurteilung unterworfen sein, nicht anders als das beleuchtete Bühnenbild, die Kostüme und das Regiekonzept. Die optische Präsentation einer Theateraufführung hat in erster Linie eine dienende Funktion. Sie soll den Handlungsablauf beleuchten und emotional beeinflussen. Der perfektionierte Umgang mit der Bühnenbeleuchtung kann dazu führen, daß sich das Licht verselbständigt und eine eigene Ausdrucksform annimmt. Erst der Gesamteindruck der optischen Darstellung ermöglicht ein Zusammenwirken der Lichtgestaltung mit der Handlung und der Regieintention mit der Bühnenbildeinrichtung.

Die Arbeit, Licht im Theater zu gestalten, ist ein Beruf. Es ist daher gerechtfertigt, daß auch über diese sehr spezifische und wenig bekannte Theaterarbeit Informationen und Erfahrungen vermittelt werden. Kaum vermeidlich ist es, daß neue technische Entwicklungen manche Darlegung in Kürze überholen werden. Ungeachtet der Weiterentwicklung technischer Erneuerungen werden allgemeine Grundregeln der Beleuchtungstechnik bestehen bleiben. Wechselnd und nie als verbindliche Anleitung können beleuchtungstechnische Anweisungen angesehen werden, die künstlerisch umgesetzt sein wollen. Die Tätigkeit »Licht herzustellen« beschränkt sich nicht auf eine Zielrichtung, sondern umfaßt bei genauer Betrachtung drei miteinander zusammenhängende Faktoren: Allgemeines – Fachliches – Kreatives.

Zunächst ist die Kunst der Beleuchtung des Bühnenraums an optische Gesetzmäßigkeiten gebunden, die uns die Natur vorschreibt. Physikalische Grenzen zeigen technische Imitationsmöglichkeiten, und das Resultat beider Momente ermöglicht die kreative Arbeit nach individuellen Fähigkeiten. Fragen zu diesen tatsächlichen Gegebenheiten können mehrere auftreten, in jedem Fall sind sie vonnöten, um die Gestaltungsabsicht einer Aufführung zu verstehen und damit einen eigenen Beitrag für eine harmonische Gesamtkonzeption zu entwickeln. Bei der Konzipierung einer Lichtgestaltung sind diverse Aspekte zu berücksichtigen.

In erster Linie ist das sichtbare Ergebnis davon abhängig, welche Arten von Scheinwerfern verwendet werden. Nicht ihre Anzahl ist entscheidend, sondern wie, wo und zu welchem Zeitpunkt sie in den optischen Beleuchtungsablauf integriert werden. Das fertiggestellte Bühnenlicht setzt sich in den meisten Situationen aus vielen einzelnen Lichtquellen zusammen. Um dieses Anordnen und Sortieren geht es zu allererst. Aus dem technischen Angebot der Scheinwerferindustrie werden nach Gesichtspunkten der dramaturgischen Anforderungen die dazu charakteristischen Apparaturen ausgewählt, um damit die analytisch vorgedachte Gesamtkonzeption zu erreichen.

Bei der Wahl, eine bestimmte Lichtqualität einzusetzen, hat man zwischen mehreren grundsätzlich verschiedenen Kriterien zu entscheiden. Nicht nur die Qualitätsentscheidung allein ergibt eine lichttechnische Konzeption, sondern vor allem die Gegensätze verschiedener Lichtarten zueinander. Als großer optischer Lichtkontrast kann zum Beispiel ein helles, klares, offenes Flächenlicht zu einem subtil abgestimmten Stimmungslicht gesehen werden. Bezieht man Schattenwirkungen in die Konzeption mit ein? Braucht man dafür eine suggestive Lichtsituation? Ist es richtig, buntgefärbtes Licht oder abgeschwächtes oder gar Pastellfarbtöne einzusetzen? Ist es angemessen, in einem speziellen Fall Lichtquellen mit verschiedenen Farbtemperaturen zu mischen? In welchem Maße sind diese Vorbereitungen von einer Beleuchtungsabteilung zu bewältigen? Die die alltägliche Wirklichkeit des Theaters bestimmende Situation läßt sicherlich nicht jedem Beleuchtungsfachmann die Zeit dazu, solche Überlegungen in seine Arbeit einfließen zu lassen. Wichtig ist jedoch, daß er weiß, daß seine Tätigkeit von diesen Fragestellungen entscheidend beeinflußt wird. Auch einfache, unkomplizierte Lichteinrichtungen erfüllen eine lichtdramaturgische Funktion. Entscheidend für ein mit Regisseur und Bühnenbildner erstelltes Lichtkonzept ist nicht die Anzahl der verwendeten Scheinwerfer und Lichtwechsel, sondern die Systematik und Logik ihrer Anwendung.

Nun gibt es im professionellen deutschsprachigen Theater eine ungeklärte Situation zum Thema Lichtgestaltung. Diese Problematik entsteht durch den subventionierten Repertoirespielbetrieb, der an den meisten Theatern praktiziert wird. Die englisch-amerikanische Theaterlandschaft, in der sich im wesentlichen die künstlerische Lichtgestaltung entwickelt hat, gliedert die Beleuchtungsaufgaben in zwei eindeutig getrennte Fachrichtungen. Das eine Berufsbild ist für den technischen Teil, das andere für die künstlerische Aufgabe verantwortlich. Es kann aber nicht unsere Aufgabe sein, diese Situation zu kopieren. Notwendig ist, daß die technischen Belange den künstlerischen Möglichkeiten gegenüber keinen Vorrang haben, sondern daß der darstellenden Kunst im Sinne ihrer speziellen Interpretation geholfen wird. Diese Tatsache führt leider zum Mißverständnis über die Herausforderung, die eine so wichtige Arbeit mit sich bringt. Es ist daher unumgänglich, einige Anmerkungen über das allgemein praktizierte Beleuchtungssystem an den deutschsprachigen Theatern zu machen.

In dieser Publikation wird die übliche Berufsbezeichnung des Beleuchtungsmeisters nicht verwendet, da die Ausbildungskriterien und Prüfungsvoraussetzungen für das Erlangen dieser Berufsbezeichnung dem Tatbestand nicht Rechnung tragen, daß die eigentliche Haupttätigkeit – Lichteinrichtungen für Bühne, Show, Film und Fernsehen zu konzipieren und zu gestalten – als künstlerische Komponente maßgeblich zu einem guten Ergebnis beiträgt.

Über die Bewertung dieses Tatbestandes streiten seit Jahren einige Kollegen, die einer Beleuchtungsabteilung vorstehen, mit einer relativ kleinen Gruppe von Beleuchtungsleuten, die meinen, etwas besonderes zu sein. Ebenso lang wird schon in den Fachmedien darüber polemisiert, was

diese Auseinandersetzung denn bezwecken soll: künstlerische Beleuchtungsleute sind wir doch alle! Das vorliegende Fachmaterial soll auch ein Plädoyer dafür sein, daß unter künstlerischer Zusammenarbeit nicht die Selbstverwirlichung einzelner Kollegen verstanden werden kann. Die Wertschätzung seines Arbeitseinsatzes sollte niemand selbst bestimmen wollen, sondern Anerkennung und Akzeptanz eines jeden Arbeitsstils sowie dessen Ergebnis sollte von den Personen kommen, mit denen man zusammenarbeitet. In keinem Fall fand die für deutsche Verhältnisse übliche Berufsbezeichnung eines Beleuchtungsfachmanns Anwendung, die an deutschsprachigen Theatern und öffentlichen Unterhaltungsbetrieben von den Behörden und den administrativen Theaterbetreibern für die Befähigung, einer Beleuchtungsabteilung vorzustehen, gefunden wurde. Gewiß ist es die Pflicht aller, sich an bestimmte Regeln zu halten. Doch darf eine solche Position nicht dazu verleiten, die Kunst zu behindern und Schranken zu errichten. Die Verantwortlichen einer Beleuchtungsabteilung müssen verstehen, daß es für sie selbst von Vorteil ist, wenn sie nicht hartnäckig den obligatorischen Anforderungen ihres vorgeschriebenen Aufgabenfeldes folgen, sondern einsehen, daß ihr Platz vermittelnd zwischen Kunst und Technik angesiedelt ist. Die unnötige Diskussion über die Richtigkeit dieser These wird sich zur Hauptsache durch engagierte Mitarbeit auflösen; als Maßstab gilt allein die Qualität der vorweisbaren Arbeitsergebnisse.

Grundsätzlich scheint es richtig, daß jeder nach seiner Möglichkeit konstruktiv arbeitet und zu seinem Beruf eine persönliche Einstellung hat. Es ist das berufliche Eigenkapital, das auch der Beleuchtungsfachmann im Rahmen seiner Arbeit zur Anwendung bringen muß, um mit dem Medium Licht und Farbe umzugehen. Die Farbmacht des Lichts bietet so vielseitige Anwendungsformen, daß der Beruf, Licht zu gestalten, eine erfüllende Aufgabe darstellt. Räume für optische Wirkungen zu schaffen und zu versuchen, Visuelles zu transportieren, sollte für den Beleuchtungstechniker an erster Stelle stehen. Kreative Mitarbeit bedeutet, selbständig neue Varianten zu entwickeln. Wie Appia und Fortuny die Entrümpelung der Bühnenbilder durchführten, sollte man die gegenwärtige raffinierte Technik zur Umsetzung von Ideen großzügig einsetzen. Künstlich Licht zu machen, ist keinesfalls ein ausschließlich technischer Beruf. Man kann eine optische Wirkung so aufbauen, daß Technik Kunst wird.

Licht und Farbe

Sehen – was ist das?

Sehen ist das Erkennen von:
- – Helligkeitsunterschieden
- – Farbunterschieden
- – Formen
- – Bewegungen
- – Entfernungen

Das Auge erfüllt diese fünf Funktionen.

Eine Allgemeinbeleuchtung hat den Zweck, dem Auge die Erfüllung dieser Funktionen zu ermöglichen. Sie muß technisch den optischen Anforderungen des Auges angepaßt werden. Zum Sehen, Wahrnehmen und Erkennen ist deshalb eine für verschiedene Sehaufgaben unterschiedliche Mindesthelligkeit erforderlich.

Die Wahrnehmung ist ein individueller Vorgang, der eine Empfindung hervorruft. Sie wird ausgelöst durch die psychologisch-physische Wirkung des Zusammenspiels der fünf erwähnten Funktionen.

Was ist Licht?

Licht ist eine Form der Energiestrahlung. Die Ausbreitung von einer Lichtquelle erfolgt gleichmäßig in Wellenform in alle Richtungen. Die Wellen unterscheiden sich in Länge und Frequenz und aus beiden Faktoren ergibt sich die Ge-schwindigkeit. Die Wellenlänge des sichtbaren Lichts reicht von etwa 380 Nanometer für den blauen, bis 720 Nanometer für den roten Bereich. (1 Nanometer (nm) = millionster Teil eines Millimeters.) Die Augenempfindlichkeit am Beginn und am Ende der Skala ist gering; sie reicht nur von 400 nm bis 700 nm. Strahlen aus den unsichtbaren Bereichen können durch bestimmte Mineralien in sichtbares Licht umgewandelt werden.

Das Spektrum des Lichts

Licht mit verschiedenen sichtbaren Wellenlängen erscheint dem Auge als unterschiedliche Farben. Die Zusammensetzung weißen Lichts kann durch sein Spektrum sichtbar gemacht werden (siehe Newton und Goethe). Im Spektrum erscheinen uns folgende Farben:

Violett	=	380–450 nm
Violettblau	=	450–500 nm
Cyanblau	=	500–520 nm
Grün	=	520–550 nm
Gelbgrün	=	550–570 nm
Gelb	=	570–600 nm
Gelborange	=	600–630 nm
Rot	=	630–720 nm

2 Lichtwellen – Farbspektrum des sichtbaren Lichts

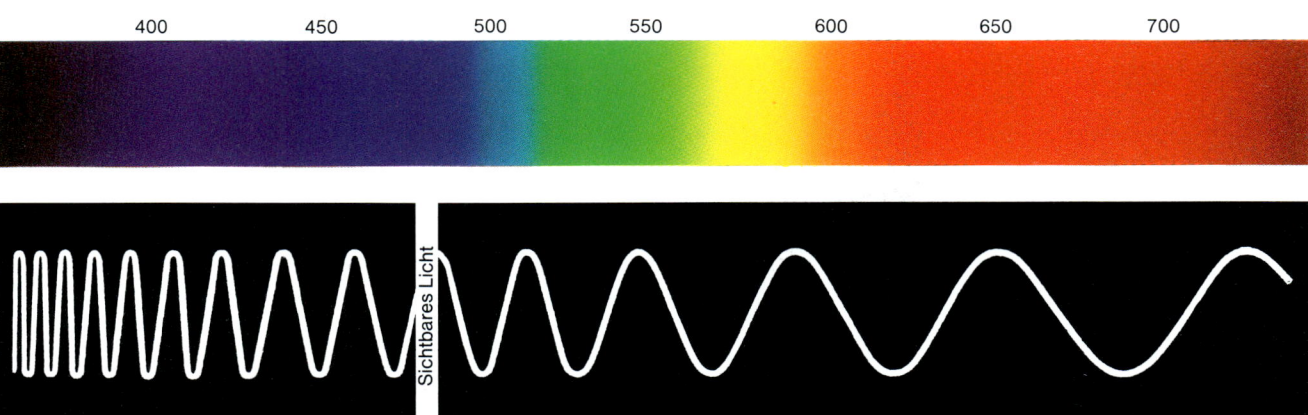

Gammastrahlen   Ultraviolett   Infrarot   Radiowellen

11

Im Spektrum sind folgende Grundfarben zu erkennen:
Violettblau – Cyanblau – Grün – Gelb – Orangerot

Der physiologische Zusammenhang macht ein Erscheinen der sechsten Grundfarbe (Magentarot) im Spektrum unmöglich. Ähnlich wie im Spektrum entstehen die Farben im Regenbogen. Das Sonnenlicht bricht sich in zahllosen in der Luft schwebenden Wassertröpfchen und zerstreut die Energiestrahlen entsprechend ihrer Wellenlängen. Da bei dem Brechungsvorgang in einem Wassertropfen das Licht zweimal gebrochen wird, gibt es einen farblich stärkeren und einen farblich schwächeren Regenbogen. Der Regenbogen entsteht der Sonne gegenüber. Eine imposante, wenn auch »teure« Brechungsart findet sich beim Diamanten, etwas »billiger« bei geschliffenen Gläsern und Spiegeln. Bei der Brechung des weißen Lichts durch ein Prisma werden die Strahlen von ihrer Achse abgelenkt und in verschiedene Richtungen aufgeteilt. Dabei werden die kurzwelligen violetten Strahlen am stärksten abgelenkt, die langwelligen roten am schwächsten.

3 Lichtbrechung an einem Prisma

Was ist Farbe?

Farbe ist das Ergebnis eines physiologischen Vorgangs, der im allgemeinen durch einen physikalischen Reiz (Farbreiz) ausgelöst wird. In der Netzhaut des menschlichen Auges gibt es drei Sehzellentypen, die für Strahlen verschiedener Wellenlängenbereiche empfindlich sind; diese werden als »Zapfen« bezeichnet. Neben den »Zapfen« gibt es andere Sehzellen, die für das Helligkeitsempfinden zuständig sind, nämlich die »Stäbchen«. Die Wahrnehmung der verschiedenen Sehzellen werden durch die Nerven zum Gehirn geleitet, in dem die entsprechende Sinnesempfindung hervorgebracht wird. Die drei »Zapfentypen« haben überlappende Empfindungsbereiche, d. h. sie sind nicht nur für eine ganz bestimmte Wellenlänge zuständig, sondern für einen Spektralbereich. Die Empfindungskräfte, die den drei Zapfentypen zugeordnet sind, sind die Urfarben. Ihre Wellenlängen liegen etwa bei:

– Violettblau –	– Grün –	– Orangerot –
448 nm	518 nm	617 nm

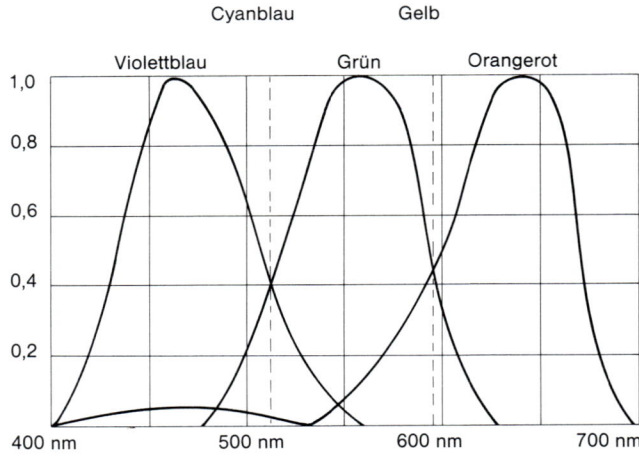

4 Empfindlichkeitsbereich der drei Sehzapfen

Die Grundfarben

Den drei Empfindungskräften (Urfarben) entsprechen die acht Grundfarben. Aus Abb. 5 geht die Zusammensetzung hervor. Die Grundfarben Schwarz und Weiß nennt man »unbunt«, die anderen sind die »bunten«.

Zur Definition der weiteren Farbenerklärung verwenden wir folgende Abkürzungen:

– Weiß	= W	– Orangerot	= O
– Schwarz	= S	– Cyanblau	= C
– Violettblau	= V	– Gelb	= Y
– Grün	= G	– Magentarot	= M

5 Grundfarbensechseck

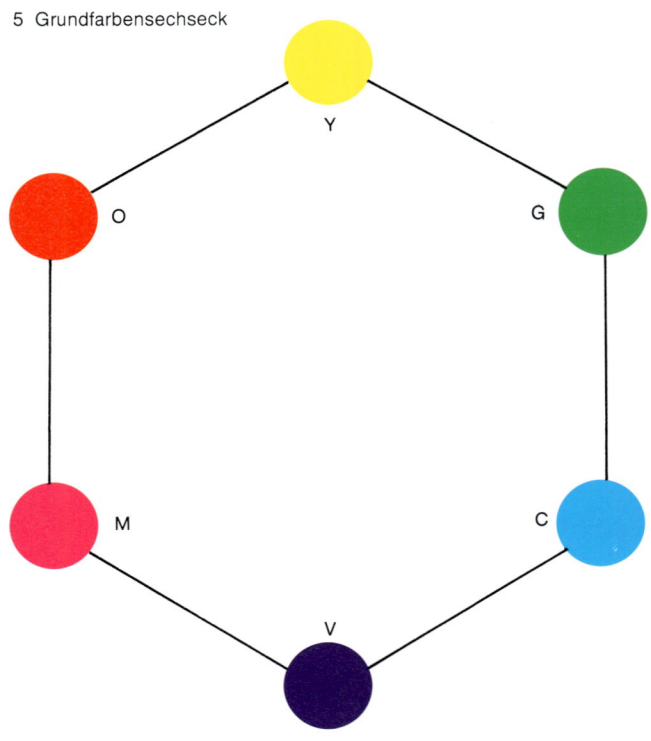

Urfarben-Kennzahl

Zur Kennzeichnung der einzelnen Farbnuancen dient das Urfarben-Kennzahlen-System. Es gibt die Potentiale der drei Urfarben an. Die größtmögliche Farbempfindung wird mit »99« bezeichnet. Zwischen »99« und »00« sind alle Abstufungen möglich. Wenn wir davon ausgehen, daß »99« die extreme Urfarbe ist, ergeben sich die acht nach der Tabelle. Die Maximalwerte einer Farbe werden anstatt mit 100 % mit 99 aufgeführt; denn 1 % Differenz ist unbedeutend. Mit diesem System kann die Farbzusammensetzung einzelner Farben genau angegeben werden.

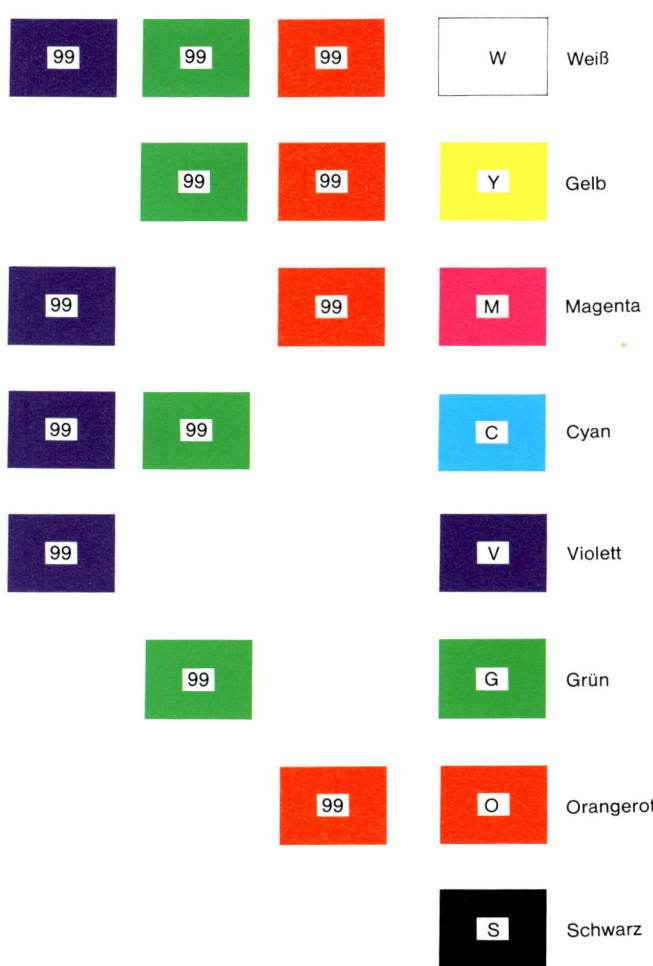

6 Zusammenhang zwischen Ur- und Grundfarben

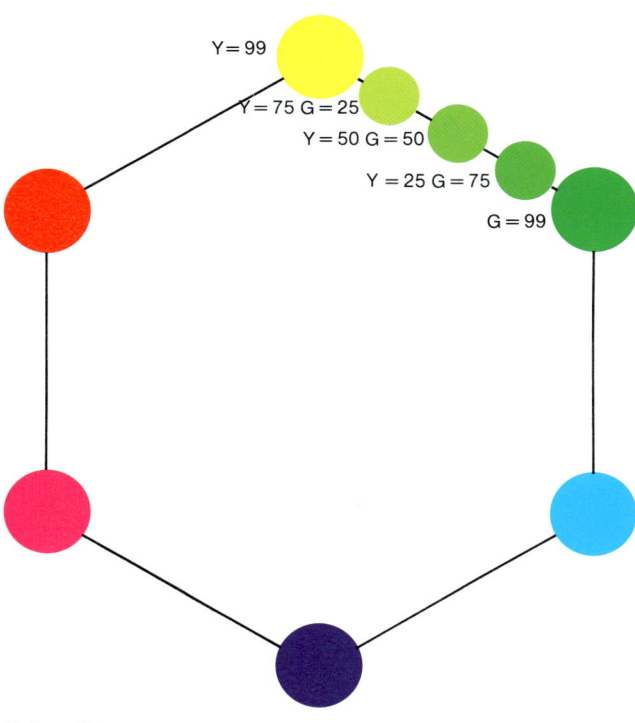

7 Grundfarbensechseck mit Zwischenwerten

Mischfarben

Mischfarben entstehen dadurch, daß Teilmengen der Grundfarben zusammenkommen. Jede Farbnuance besteht aus einem Buntwert und aus einem Unbuntwert. Der Buntwert wird aus bunten Grundfarben gebildet. Der Unbuntwert kann durch bunte oder unbunte Grundfarben zustande kommen.

Die Unterscheidungsmerkmale der Farben

Einer Farbe werden vier Unterscheidungsmerkmale zugeordnet: **Buntart, Unbuntart, Buntgrad, Helligkeit.** Eine Farbnuance läßt sich definieren, indem man mindestens drei Unterschiedsmerkmale ermittelt.

Die Buntart

Bei guten Voraussetzungen lassen sich etwa 200 unterschiedliche Farbnuancen unterscheiden. Die Buntart gibt Auskunft über die Spezifikation des Buntseins.

Die Unbuntart

Bei ebenfalls guten Voraussetzungen lassen sich etwa 50 Unbuntarten unterscheiden. Unbuntarten sind Weiß, sämtliche Graustufen und Schwarz.

Der Buntgrad

Der Buntgrad gibt das Ausmaß des Buntseins an. Je größer der Buntgrad, desto intensiver ist die bunte Farbe.

Die Helligkeit

Der Maßstab der Helligkeit wird durch diejenige Größe dargestellt, die eine Farbempfindung mit einer bestimmten Empfindung der Unbuntarten gleichsetzt.

Die Farbempfindung

Buntart, Unbuntart, Buntgrad und Helligkeit einer Farbnuance führen zu einer bestimmten Farbempfindung. Im Gegensatz zum Ohr arbeitet das Auge integrierend. Das Ohr kann z. B., wenn es geschult ist, das Obertonspektrum eines Klangs heraushören. Das Auge ist jedoch nicht in der Lage, die einzelnen Anteile einer Lichtstrahlung zu erkennen.

Bei gleicher Helligkeit und gleicher Buntart können etwa 120 verschiedene Farbtöne vom Auge unterschieden werden.

Die Farbtemperatur

Die Lehre von der Farbtemperatur gründet sich auf die Feststellung, daß das Verhältnis zwischen der Temperatur eines glühenden Körpers und der Farbe des Lichts, das er aussendet, festliegt. Mit Farbtemperatur bezeichnet man die Farbe des Lichts, die »Lichtfarbe«. Die Farbtemperatur von nichtglühenden Lichtquellen wie z. B. die des klaren blauen Himmels, ist keine echte Farbtemperatur, denn der Himmel glüht ja nicht mit einer Farbtemperatur von 25 000° über dem absoluten Nullpunkt, wie es seiner Farbtemperatur entspräche. Zur Bestimmung der Farbtemperatur einer Lichtquelle vergleicht man die Farbe des von ihr emittierten Lichts mit der des von einem Vergleichsstrahler ausgesandten. Der Vergleichskörper absorbiert jede auftreffende Fremdstrahlung und wird als »Schwarzer Strahler« – auch Planckscher Strahler – bezeichnet und wird so hoch erhitzt, bis er die gleiche Farbe wie die Lichtquelle hat. Diese Temperatur nennt man die Farbtemperatur, sie wird in »Kelvin« angegeben. Dabei entspricht die Gradeinteilung von Kelvin derjenigen von Celsius. Der Unterschied besteht nur darin, daß die Kelvin-Einteilung beim absoluten Nullpunkt beginnt, nämlich bei −273° Celsius. Das erste schwache Leuchten glühender Körper entsteht etwa bei 800 Kelvin. Tägliche Vorgänge, wie Feuer und Glut, zeigen uns, daß ein Körper, der zu glühen beginnt, seine Körperfarbe verändert und eine orangerote Farbe annimmt, die im langwelligen sichtbaren Bereich liegt. Bei stärkerer Erhitzung verändert sich die Farbe und liegt nunmehr im kurzwelligen, blauen Bereich. Niedrige Farbtemperaturen entsprechen also rötlichem Licht, hohe Farbtemperaturen bläulich-weißem Licht. Bei Farbtemperaturen zwischen 7 000 und 10 000 Kelvin überwiegen die kurzwelligen Strahlen beachtlich. Die Lichtfarbe, die sich von Orangerot über Gelb zu Weiß entwickelt hat, verschiebt sich nun nach Violettblau hin.

Um in der Praxis Farbtemperaturprüfungen vorzunehmen, gibt es handelsübliche Meßgeräte. Allerdings sind die abzulesenden Werte nicht unbedingt exakt. Doch um sich zu informieren und zu orientieren, sind solche Geräte durchaus eine wertvolle Hilfe.

Das CIE-System

Große Bedeutung für die Wissenschaft erlangte ein System, das von der internationalen Beleuchtungskommission im Jahre 1931 empfohlen wurde (Commission Internationale de L'Eclairage). Wir müssen uns, obwohl es etwas von der Theorie über Beleuchtungstechnik abweicht, damit beschäftigen; vor allem, um die Zusammenhänge zwischen Farbtemperatur, Farbwiedergabe und Lichtquellen zu verstehen. Ausgegangen wird dabei von der additiven Farbmischung. Die additiven Grundfarben werden allerdings nicht durch Spektralbereiche, sondern durch monochromatische Strahlen ersetzt. Sie heißen »Primärvalenzen« oder »Normalvalenzen«.

Die drei Primärvalenzen nehmen von dem Schwarzpunkt (auch Nullpunkt) aus bis zu ihrer Sättigung an Farbe zu. Da, wo die Sättigung erreicht wird, liegt die Begrenzungsfläche für den Farbenraum. An diesen Begrenzungslinien erreichen die monochromatischen Strahlen:

z = Schwerpunkt Violettblau   435,8 nm
y = Schwerpunkt Grün   546   nm
x = Schwerpunkt Orangerot   700   nm

ihre volle Farbsättigung – ihren absoluten Buntgrad.

Auf Abb. 8 ist der farbliche Verlauf der 3 Primärvalenzen vom Nullpunkt bis zu Farbsättigung und Farbverlauf des Farbenraums dargestellt. Der exakte Ort auf dem Spektralfarbenzug – das ist die Begrenzungslinie des Farbenraums – liegt mit der Bestimmung der Größen X, Y, Z fest. Für die Konstruktion und Berechnung der exakten Werte sind die Vektoren notwendig, die in ihrer Außenposition den kompletten Farbenraum umspannen.

8 Primärvalenzen z, x, y, ausgehend vom Schwarzpunkt bis zur vollen Farbsättigung mit den Vektorlinien

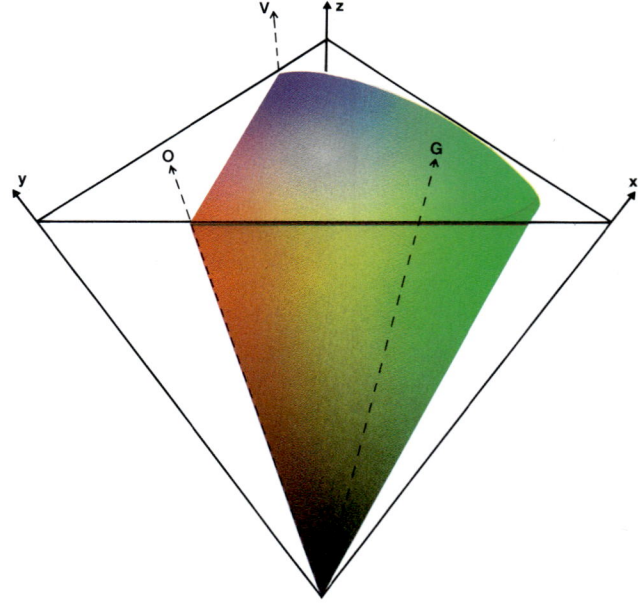

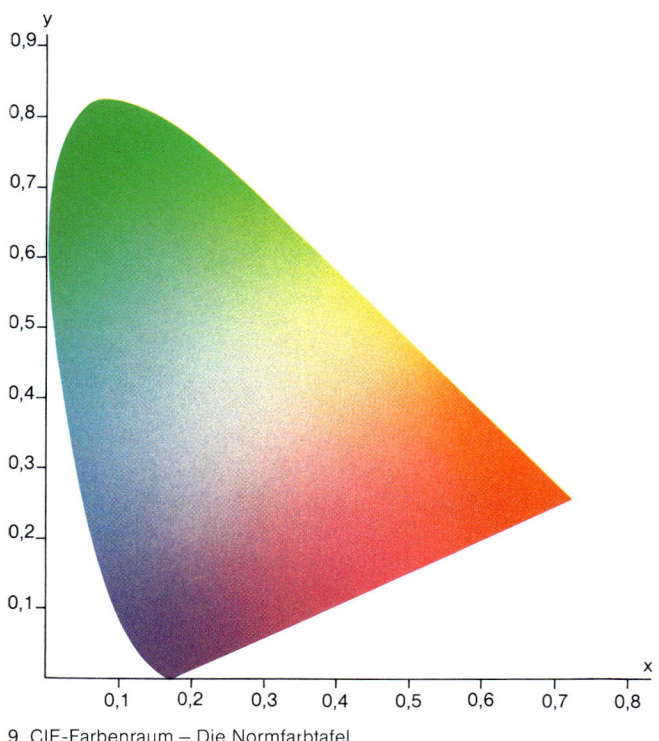

9 CIE-Farbenraum – Die Normfarbtafel

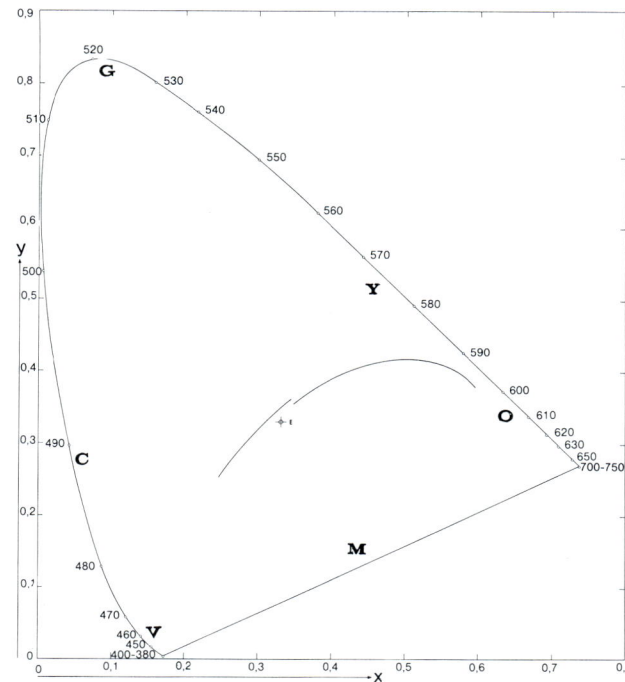

10 Normfarbenraum mit Plankschem Kurvenzug und Unbuntpunkt Weiß

Abb. 9 zeigt die Begrenzungsfläche des Farbenraums von Abb. 8. In der Regel wird auf die Angabe von z verzichtet. Im mittleren Bereich, genau bei x = 0,33 und y = 0,33 liegt der Unbuntgrad weiß. Die Einteilung der Koordinaten ist zwischen 0–1 abgestuft. Diese Einteilung ist festgelegt durch die Definition:

Orangerot + Grün + Violettblau = 1 = (unbunt Weiß)

Je weiter ein Farbort einer zu bestimmenden Licht- oder Körperfarbe in der Farbtafel vom Unbuntpunkt entfernt ist, desto höher ist sein Buntgrad. In dieser Darstellung der Farbzusammenhänge kann man außer dem Buntgrad auch noch sehr einleuchtend die Theorie der Farbtemperatur verstehen. Wie wir im Abschnitt »Farbtemperatur« feststellten, liegen die niedrigen Temperaturen im rötlichen Bereich, mit steigender Temperatur nähert sich die Farbortbestimmung dem Unbuntpunkt. Nun ist es natürlich sinnvoll und nötig, sich im Farbraum zu orientieren und für eine Verständigung die notwendigen Markierungen zu schaffen.

Wie aus dem Abschnitt »Farbtemperatur« zu entnehmen ist, bestimmt der Plancksche Strahler den Ausgangspunkt der Farbtemperaturmessung. Die verschiedenen Farben des Planckschen Strahlers bei unterschiedlichen Temperaturen ergeben im Farbenraum einen Kurvenzug, die Plancksche Kurve. Eine genaue Farbortbestimmung einer Licht- oder Körperfarbe im Bereich der Kurve wird mit Hilfe der Juddschen Grade vorgenommen. Der Kurvenzug teilt sich bei einer Temperaturmessung in zwei Phasen auf. Bis zu einer Temperatur von 5 000 Kelvin ist für die Bezugslichtart der Plancksche Strahler zuständig. Ab 5 000 Kelvin soll als Bezugslicht die Strahlungsverteilung des natürlichen Tageslichts verwendet werden.

Farbwiedergabe-Index, Normlichtart

Für die Bestimmung des Farbwiedergabe-Indexes (Ra) muß vorerst der Farbort im Farbraum festgestellt werden. Lichtquellen werden je nach ihrer gemessenen Farbtemperatur in Lichtarten eingeteilt. Ausgewählte Spektralverteilungen werden als Normlichtarten bezeichnet.

Normlichtart A	=	2 856 Kelvin entspricht einer Glühlampe
Normlichtart B	=	4 874 Kelvin entspricht einer neutralen L-Lampe
Normlichtart C	=	6 774 Kelvin entspricht mittlerem Tageslicht
Normlichtart D_{65}	=	6 504 Kelvin entspricht Tageslicht; durch entsprechende UV-Anteile die geeignete Normlichtart

Die Bewertung der Farbwiedergabe-Eigenschaften bezieht sich auf die verwendete Normlichtart. Für die praktischen Belange der Tageslichtbeleuchtung wird z. B. die

Normlichtart D_{65} verwendet, die durch eine Xenon-Lampe gut simuliert werden kann.

Zur Bestimmung des allgemeinen Farbwiedergabe-Indexes werden 8 bzw. 14 Testfarben verwendet. Der Vergleich zwischen den Normlichtarten und der zu bestimmenden Lichtquelle wird ermittelt und als Farbverschiebung festgestellt. Der höchste erreichbare Wert ist 100, also die bestmögliche Farbwiedergabe. Je niedriger die Zahl, desto schlechter die Farbwiedergabe-Eigenschaft.

Für die Beleuchtungspraxis wurden die Farbwiedergabe-Eigenschaften von Lichtquellen in Stufen eingeteilt:

Stufe	Bereich R_{a}
1	85 – 100
2	70 – 84
3	40 – 69
4	< 40

Die Farbwiedergabe

Im allgemeinen möchte der Betrachter eine möglichst natürliche Farbwiedergabe sehen. Diese ist abhängig von dem Spektrum der Lichtquelle, die das Objekt beleuchtet, zum Beispiel der Sonne, Glühlampen, etc.

Wie wir wissen, hat jede Lichtquelle, die das Objekt beleuchtet, eine individuelle Mixtur von Linienbanden. Körperfarben verändern sich durch das Licht kontinuierlich im Aussehen. Denn vom Objekt können nur die im Licht enthaltenen Strahlungsenergien reflektiert werden. Enthält das Licht keine Strahlungen, die vom Objekt reflektiert werden können, so erscheint es unbunt, bzw. dunkel. Ein Versuch soll diesen Effekt zeigen (siehe Abb. 11, 12, 13).

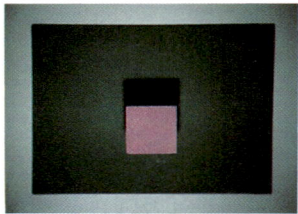

11 Grüner Hintergrund – magentarote Würfelfläche – beleuchtet mit weißem Licht

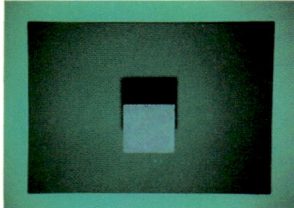

12 Grüner Hintergrund – magentarote Würfelfläche – beleuchtet mit grünem Licht

13 Grüner Hintergrund – magentarote Würfelfläche – beleuchtet mit magentarotem Licht

Farbmischungen

Für den Beleuchtungsfachmann ein wichtiges Thema! Durch die Anwendung von Farben in der Bühnenbeleuchtung wird vieles ausgesagt, und darum ist es wichtig, daß die Farbmischungen genau verstanden werden.

Allen Sorten von Farben, aufgemalt, aufgestrahlt, als Farbdrucke, liegen drei prinzipielle Farbmischgesetze zugrunde:

– Additive Farbmischung
– Subtraktive Farbmischung
– Integrierte Mischung (Pigmente).

Ich habe die Demonstration der Farbmischungen nicht als Druckprodukt vorbereitet, sondern, wie es in der Praxis vorkommt, »geleuchtet«, also die Voraussetzung geschaffen, unter der wir im Theater arbeiten. Bei der additiven Mischung wurden 3 Projektoren, bei der subtraktiven Mischung 1 Projektor benutzt.

Additive Farbmischung

Additive Grundfarben:	Violettblau, Grün, Orangerot, Schwarz
Basisfarbe:	Unbuntfarbe Schwarz
Mischfarben:	Gelb, Magentarot, Cyanblau, Weiß
Erklärung additiv:	Addieren; Zusammenfügen von Einzelfarben zueinander mit dem Ergebnis der Unbuntfarbe Weiß.

Beim Mischen von zwei additiven Grundfarben, die aufgestrahlt werden, erhält man als Mischfarbe eine subtraktive Grundfarbe. Werden alle drei additiven Grundfarben zusammen aufgestrahlt, so entsteht weißes Licht. Die Mischfarben der additiven Mischung sind identisch mit den Grundfarben der subtraktiven Farbmischung.

Bei der Mischung von additiven Farben ist es unerläßlich, mit drei verschiedenen Lichtquellen zu arbeiten, da bei der Verwendung von nur einer eine gegenseitige Absorption stattfinden würde, woraus die Unbuntfarbe Schwarz entstünde. Idealfarben in nm für eine additive Farbmischung:

– Violettblau   448 nm
– Grün   518 nm
– Orangerot   617 nm

Aus den Leuchtbeispielen ist ersichtlich, daß die drei bunten additiven Grundfarben durch Addition drei neue bunte Grundfarben ergeben:

Violettblau + Orangerot = Magentarot
Grün   + Violettblau = Cyanblau
Orangerot   + Grün   = Gelb

14 Weiße Würfelfläche, orange-rotes Licht = Orangerot

15 Weiße Würfelfläche, orange-rotes Licht + grünes Licht = Gelb

19 Weiße Würfelfläche, weißes Licht, magentaroter Farbfilter = Magentarot

20 Weiße Würfelfläche, weißes Licht, magentaroter + gelber Farbfilter = Orangerot

16 Weiße Würfelfläche, violett-blaues Licht + grünes Licht = Cyanblau

17 Weiße Würfelfläche, orange-rotes Licht + violettblaues Licht = Magentarot

21 Weiße Würfelfläche, weißes Licht, gelber + cyanblauer Farbfilter = Grün

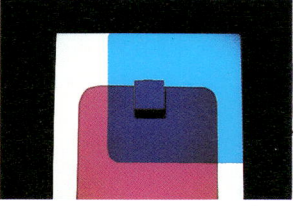

22 Weiße Würfelfläche, weißes Licht, magentaroter + cyan-blauer Farbfilter = Violettblau

18 Weiße Würfelfläche, orange-rotes Licht + violettblaues Licht + grünes Licht = Weiß

23 Weiße Würfelfläche, weißes Licht, magentaroter + cyan-blauer + gelber Farbfilter = Schwarz

Subtraktive Farbmischung

Subtraktive Grundfarben: Cyanblau, Gelb, Magentarot, Weiß
Basisfarbe: Ur buntfarbe Weiß
Mischfarben: Violettblau, Grün, Orangerot, Schwarz
Erklärung subtraktiv: Herausfiltern von Strahlungsbe-reichen, Modulation der Grundfar-ben durch lasierende Filter-schichten.

Filter in den subtraktiven Grundfarben lassen nicht ein Drittel des Spektrums durch, sondern etwa zwei Drittel. Sie sprechen also zwei Zapfentypen an (siehe Tabelle). Somit ist ein Filter einer subtraktiven Grundfarbe transparent für zwei andere Grundfarben. Ergebnis bei subtraktiver Mischung:

Cyanblau + Magentarot = Violettblau
Gelb + Cyanblau = Grün
Magentarot + Gelb = Orangerot

Komplementärfarben

Wir wissen jetzt: Violettblau, Grün und Orangerot zu ziemlich gleichen Teilen vorhanden, additiv eingesetzt, ergibt weißes

Licht. Dasselbe Resultat kann aber auch durch Verwendung einer Grundfarbe mit einer Mischfarbe, die sich aus der Summe der beiden anderen Grundfarben ergibt, entstehen. Zwei solche Farblichter, die durch Addition weißes Licht

24 Weiße Würfelfläche, orange-rotes + cyanblaues Licht = Weiß

25 Weiße Würfelfläche, violett-blaues + gelbes Licht = Weiß

26 Weiße Würfelfläche, grünes Licht + magentarotes Licht = Weiß

ergeben, sind Komplementärfarben. Bei den Farbabbildungen zu den Farbmischungen habe ich Filter der Firma LEE verwendet.

- Violettblau   Nr. 132
- Cyanblau   Nr. 115
- Grün   Nr. 124
- Gelb   Nr. 101
- Orangerot   Nr. 164
- Magentarot   Nr. 113

Additive Farbmischversuche sind mit verschiedenen Farbscheiben herzustellen, wobei für eine theaterwirksame Verwendung nicht unbedingt die absolute physikalische Grundvoraussetzung der Spektralzusammensetzung vorliegen muß, da speziell die Farbe Violettblau sehr dunkel ist und nur wenig optisch wirksames Licht durchläßt. Selbstverständlich ergeben Farbmischungen mit den angegebenen Idealwerten die saubersten Mischergebnisse und sind vor allem für Demonstrationszwecke unerläßlich.

Integrierte Farbmischung

Die integrierte Farbmischung ist ein Farbmischsystem, das auf der subtraktiven Farbmischung basiert. Es geht hier aber nicht darum, Farbschichten übereinander zu legen, sondern Grundfarben zu vermischen, um eine neue Farbnuance zu erzielen. Mit dieser Mischung kann eine darunterliegende Farbschicht überdeckt werden. Für diese Mischform werden sämtliche 8 Grundfarben gebraucht. So kann also eine integrierte Farbmischung sowohl aus bunten, wie auch aus bunten und unbunten Teilmengen zusammengesetzt werden. Das Anwendungsgebiet ist deutlich: ein Farbmischsystem für deckende Farben, die auf eine Grundfläche aufgetragen werden.

Kleines Lichtlexikon

Wir kennen verschiedene Lichtphänomene, von denen einige kurz beschrieben werden sollen:

Absorption:
Verschlucken bestimmter Strahlen. Die Körperfarbe reflektiert ihre eigene Farbe und absorbiert den Rest des Beleuchtungslichts.

Elektrische Entladung:
Farblose Gase, die durch elektrische Beeinflussung bestimmte Farben annehmen.

Fluoreszenz:
Wie bei der Phosphoreszenz sind die Kristallphosphore die Lichtträger für die Wellenbestrahlung. Der Leuchtbelag emittiert während der Bestrahlung durch ultraviolettes Licht eine der Konsistenz der Kristallphosphore entsprechende Lichtfarbe geringer Intensität. Bleibt diese aus, findet kein Nachleuchten statt.

Holographie:
ist ein Aufnahmeverfahren, wobei mittels eines Laserlichts ein dreidimensionales Bild, ein Hologramm, erzeugt wird. Der Bildträger ist eine Glas- oder Kunststoffplatte, beschichtet mit einer lichtempfindlichen Emulsion. Über ein Spiegelsystem wird der Laserstrahl in zwei verschiedene Richtungen aufgeteilt. Der Objektstrahl ist auf das abzubildende Objekt gerichtet und wird von da aus auf die beschichtete Platte reflektiert; der Referenzstrahl fällt direkt auf die Platte. Durch die Interferenz dieser beiden Strahlen entsteht ein Hologramm. Die belichtete Platte wird ähnlich wie eine Photographie entwickelt. Um ein Hologramm sichtbar zu machen, benötigt man eine Lichtquelle, z.B. Glühlampenlicht, die im gleichen Winkel das Hologramm beleuchtet, in dem der Referenzstrahl bei der Aufnahme auf die Platte auftrifft.

Interferenz:
Verstärken oder Verschlucken von Wellen einer Frequenz. Durch diese Erscheinung werden je nach Brechungsweise Farben verstärkt oder abgeschwächt.

Laserlicht:
Lichtverstärkung durch Strahlungsemission. Ein Laser ist ein Selbstleuchter, der scharf gebündeltes polarisiertes und monochromes Licht aussendet. Die meist gebräuchlichen Typen sind: Rubin-, Helium-Neon-, Krypton-Ionen und Argon-Ionenlaser.

Durch einen Vorgang im Basismaterial werden Lichtwellen kohärent. Mit einem Spiegelsystem werden die gerichteten Wellen viele millionenmal hin und her reflektiert. Diese Mehrfachreflexion an den Spiegeln macht die sich bildende Lichtlawine zu einer »stehenden Welle«. Die monochrome Farbe ist abhängig von der Wahl des Basismaterials.

Lumineszenz:
Lichtstrahlung, die keine Temperaturstrahlung ist. Fluoreszenz und Phosphoreszenz sind Lumineszenzerscheinungen. Lichterzeugung durch elektrische Entladung in festen Stoffen nennt man Elektrolumineszenz.

Monochromatisches Licht:
Monochrome Strahlen haben nur eine Wellenlänge und erscheinen als einfarbiges Licht.

Phosphoreszenz:
Ein phosphoreszierendes Licht kommt zustande, wenn eine bestimmte Wellenlänge (254 und 365 nm) im unsichtbaren Ultraviolettbereich auf ein Kristallphosphor fällt. Die Wellenbestrahlung gilt als Anregung für die Kristallphosphore, die je nach ihrer Konsistenz in den Farben Grün, Rot, Gelbrot und Blau leuchten. Dieses Leuchten wird als Fluoreszenz bezeichnet. Kristallphosphore, die nach dem Abschalten der Wellenbestrahlung kurzzeitig nachleuchten, werden als phosphoreszierend bezeichnet (Phosphoreszenz).

Polarisation:
Ein gewöhnlicher Lichtstrahl vibriert in allen Richtungen. Soll dieser Strahl nur in einer Richtung schwingen, muß er polarisiert werden. Das heißt, der Strahl schwingt nur noch in einer Ebene. Wenn unpolarisiertes Licht auf eine reflektierende Fläche auftrifft, erzeugt diese eine »Spiegelung«. Unter Berücksichtigung des Einfallswinkels und der notwendigen Strahlenkorrektur ist mit einer Polarisierung der Strahlen eine Spiegelung zu verhindern. Ein Ausfiltern einer Ebene zieht ca. 50 % Lichtverlust nach sich. Mit einer weiteren Filterung kann auch die andere Schwingungsebene beeinflußt werden, bis zum absoluten Lichtverlust.

Reflexion:
Auf eine Oberfläche auftreffende Strahlen, die zurückgeschickt werden.

Streuung:
Mehrfach gebrochenes Licht durch verschiedene Brechungen in gleichen oder unterschiedlichen Materialien.

Ultraviolette Strahlung:
In bestimmten Fällen können auch ultraviolette Strahlen Lichtveränderungen hervorrufen. Materialien wie Kalkspat, Flußspat, Willemit, Wernerit absorbieren diese Strahlen und verwandeln sie in sichtbares Licht.

Umgang mit Licht und Farbe

Farbtheorie

Isaac Newton (1643–1727)

Den ersten brauchbaren Versuch für eine physikalische Farbtheorie machte Newton. Er führte seine Definition über Spiegelungen, Brechungen, Beugungen und Farbe des Lichts auf die Spektralfarben des sichtbaren Lichts zurück und stellte die Behauptung auf, daß die bei der prismatischen Brechung des Lichtes (siehe Abb. 28) auftretenden farbigen Lichtstrahlen an sich nicht farbig seien, sondern diese nur in Auge und Gehirn verschiedene Empfindungen erregen. Seine erkannten Spektralfarben sind:

– Hochrot – Gelb – Grün – Blau – Blauviolett –

Johann Wolfgang von Goethe (1749–1832)

Die Theorie Newtons wurde von Goethe in polemischer Weise kritisiert. Diese Polemik mag heute unsinnig erscheinen, da die naturwissenschaftlichen Erkenntnisse Newtons nicht ästhetischen Anschauungen entgegengestellt werden können. Auch Goethes Untersuchungen über die Kantenspektren schließen die Richtigkeit der Newtonschen Theorie nicht aus. Während Newton die Spektralfarben auf eine Fläche »projizierte«, beobachtete Goethe die Brechung des Lichtes durch das Prisma (siehe Abb. 29).

Diese schematische Reduzierung der Versuchsanordnung Newtons ermöglichte Goethe die Betrachtung farbiger Linien und Kanten zwischen zwei Farbflächen durch das Prisma. Goethe stellte fest: »Die Ränder zeigen Farben, weil Licht und Schatten an denselben aneinander grenzet; also Farbe wird hervorgebracht zugleich von dem Lichte und was sich ihm entgegenstellt.«

Zunächst betrachtete Goethe durch das Prisma einen schwarzen Streifen auf weißem Grund. Hier bilden sich die Farben:

– Blau – Purpur – Gelb –

Vertauscht man den Hintergrund, also einen weißen Streifen auf schwarzem Grund, so entstehen die Newtonschen Farben

– Hochrot – Grün – Blauviolett –

Goethe erklärte weiter seine Theorie, daß »Licht und Nichtlicht« gefordert wird. Für Licht setzt er die Farbe Gelb, dem Nichtlicht ordnet er die der Dunkelheit naheliegende Farbe Blau zu. Diese beiden Farben geben als Summe der Harmonisierung der Farbpole die neue Farbe Grün. Die beiden Farben Gelb und Blau können aber auch durch ihre Veränderung zum Licht oder zur Dunkelheit neue Erscheinungen mit rötlichem Ansehen hervorbringen.

»Mit diesen drei Farben: Gelb – Blau – Purpur; oder sechs Farben: Gelb – Gelb-rot – Purpur – Rot-blau – Blau – Grün, welche sich auch in einem Kreise einschließen lassen, hat die elementare Farblehre allein zu tun.«

Der aus den Kantenspektren konstruierte Farbenkreis sieht demnach wie in Abb. 30 gezeigt aus.

Farbe ist für Goethe »jederzeit spezifisch, charakteristisch, bedeutend«. Im allgemeinen betrachtet, entscheiden sich die Farben nach zwei Seiten. Sie stellen einen Gegensatz dar, den man eine Polarität nennt und durch ein + und ein − bezeichnen kann.

Plus	Minus
GELB	BLAU
Wirkung	Beraubung
Licht	Schatten
Hell	Dunkel
Kraft	Schwäche
Wärme	Kälte
Nähe	Ferne
Abstoßen	Anziehen
Verwandtschaft mit	Verwandtschaft mit
Säuren	Alkalien

Arthur Schopenhauer (1788–1860)

Die besondere Leistung des Philosophen Schopenhauer für die Farbenlehre ist die gleichzeitige Einbeziehung der Komplementärfarben und ihrer spezifischen Helligkeiten. Er geht von einer graduell verschiedenen Tätigkeit der Retina (Netzhaut) aus, von der vollen Tätigkeit (Licht und Weiß) bis zur Untätigkeit (Finsternis und Schwarz), hingegen aktivieren die bunten Farben nur bestimmte Teile dieser Tätigkeit.

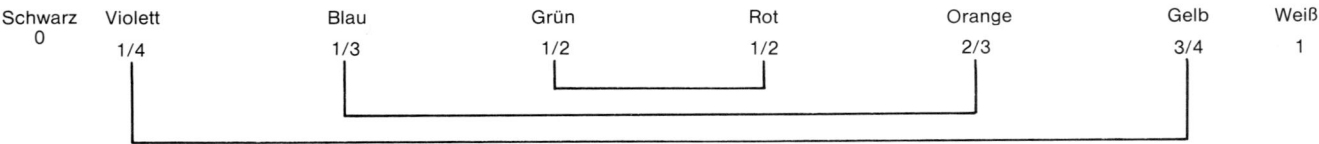

| Schwarz 0 | Violett 1/4 | | Blau 1/3 | | Grün 1/2 | | Rot 1/2 | | Orange 2/3 | | Gelb 3/4 | Weiß 1 |

27 Empfindlichkeitsskala der Retina bei Schopenhauer

Schwarz und Weiß, da sie keine Verbindung haben, sind keine Farben. »Die wahre Farbtheorie hat es stets mit Farbpaaren zu tun, und die Reinheit einer gegebenen Farbe beruht auf der Richtigkeit des ihr sich darstellenden Bruches. Farbe erscheint immer als Qualität, da sie die qualitative Zweiteilung der Tätigkeit der Retina ist.«

Weiter sagt Schopenhauer: »Wenn nun die Retina durch einen äußeren Reiz zur Teilung ihrer Tätigkeit gezwungen wird, folgt der vom Reiz hervorgerufenen Hälfte die andere von selbst nach, da nämlich die Retina den natürlichen Trieb hat, ihre Tätigkeit ganz zu entfalten.« Durch diesen Zusammenhang wird der bereits von Goethe beschriebene sukzessive Kontrast, die sogenannten Nachbilder, verständlich, wobei jede Farbe ihre komplementäre Gegenfarbe herausfordert. Ein auf die Praxis bezogenes Phänomen beschreibt Schopenhauer wie folgt: »Warum die künstliche Beleuchtung der Lichtflamme das Auge mehr angreift als das Tageslicht, wird durch meine Theorie erst eigentlich verständlich. Die Lichtflamme beleuchtet alles rötlich-gelb (daher auch der blaue Schatten). Folglich sind, solange wir beim Licht sehen, immer nur etwa über ⅔ der Tätigkeit der Retina erregt und tragen die ganze Anstrengung des Sehens, während beinahe ⅓ feiert.«

Philipp Otto Runge (1777–1810)

Runge war der erste Maler, bei dem die Farbtheorie einen hohen Stellenwert hatte. Seiner Theorie liegen gedachte Idealfarben zugrunde, die er mit verwandten, nicht so rein darstellbaren Materialfarben vergleicht. So sind auch die Farben in der von ihm entwickelten Farbkugel als Idealfarben zu verstehen, wie auch die Farbkugel selbst kein Kunstprodukt, sondern eine mathematische Figur auf der Grundlage philosophischer Überlegungen ist. Es ging Runge dabei nicht nur um ein Farbordnungssystem von der psychologischen Seite her und auch nicht bloß um eine konkret anwendbare Farbtabelle, sondern in dem Globuscharakter der Farbkugel zeigt sich die Möglichkeit einer Weltanschauung.

Von Goethes Farbkreis, der den Äquator bildet, ausgehend, fügte Runge die beiden Pole »Weiß« oben und »Schwarz« unten hinzu. Da er beim Aufbau der Kugel die Mischung der Buntfarben mit Schwarz und Weiß, nicht aber die für unsere Empfindung andersartige Intensitätsveränderung durch Aufhellung mit Licht und durch Verdunklung mit Finsternis darstellen konnte, weil es dazu einer vierten Dimension bedurft hätte, nahm er an, daß die Farbe ihrer Natur nach in doppelter Art, d. h. durchsichtig und undurchsichtig, vorkommt. Wenn man jetzt eine Farbkugel mit durchsichtigen Farben annimmt, so stellt man fest, daß die Pole mit dem Mittelpunkt zusammenfallen und sich so die ganze Form auflöst. So beschränkt sich die Darstellung der Farbkugel auf undurchsichtige Farben, die durchsichtigen Farben jedoch können nur in unserer Vorstellung existieren. Dies von ihm als »Doppelheit der Farbe« bezeichnete Phänomen war auch Grund zur Kritik an Goethes Farbenlehre, da diese Unterscheidung dort fehlte. Trotzdem beinhaltet seine gleichzeitig mit Goethe entstandene Farbenlehre wesentliche Grundsätze, die er fast mit den gleichen Worten wie Goethe definierte, und die bis heute ihre Gültigkeit behalten haben.

Eugène Delacroix (1798–1863)

Im Gegensatz zu Runge war Delacroix ein Maler, der sich der Farbtheorie ausschließlich als eines technischen Hilfsmittels bediente. Er forderte, daß ein echter Colorist nicht bloß die Farben verwende, wie sie ein Laie in Wirklichkeit sieht, sondern fähig sein sollte, gewisse farbige Wirkungen von gesteigerter Ausdruckskraft zu erreichen und ganz andere Farben zu gebrauchen als die, die im Endeffekt sichtbar werden.

Ausgangspunkt dieser praktischen Überlegungen war das von ihm benutzte Farbdreieck, welches im Gegensatz zum sechsteiligen Farbenkreis Goethes Rot – Gelb – Blau als Grundfarben und Orange – Grün – Violett als Mischfarben enthält. Auch die komplementären Verhältnisse der Farben zueinander wurden von ihm praktisch angewandt, da zum Beispiel intensiv bunte Körper in starkem Licht einen komplementärfarbigen Schatten entwickeln. Nun war es Delacroix möglich, alle Schattenphänomene, die früher grau oder braun gemalt wurden, in die Farbigkeit mit einzubeziehen. Der Komplementärkontrast wurde schon von Goethe erwähnt, aber keiner hat wie Delacroix diese Tatsache zur Grundlage seiner Malerei erhoben.

Ein besonders deutliches Beispiel der Arbeit mit Komplementärfarben sind die Wassertropfen auf einem Frauenleib des 1822 entstandenen Bildes »Vergil und Dante«. Diese reinen Komplementärfarben verschwinden schon, wenn man das Bild aus geringer Entfernung betrachtet und erwekken den Eindruck glitzernder Nässe. In dem von ihm benützten Farbdreieck fehlen aber Schwarz, Weiß und die für viele Maler wegen ihrer Wärme wichtige Farbe Braun. Diente früher Weiß zur Aufhellung und Schwarz zur Darstellung von Schatten, so erhielten diese beiden nun eine neue Bedeutung als Eigenfarbe. Weiß behielt die Aufgabe des Aufhellens, Schwarz dagegen wurde als Schattenfarbe ausgespart.

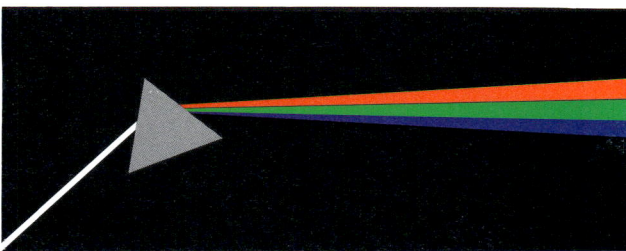

28 Newtons Theorie

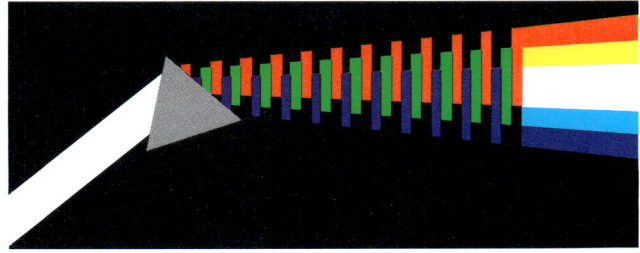

29 Prinzip der Goetheschen Versuchsanordnung

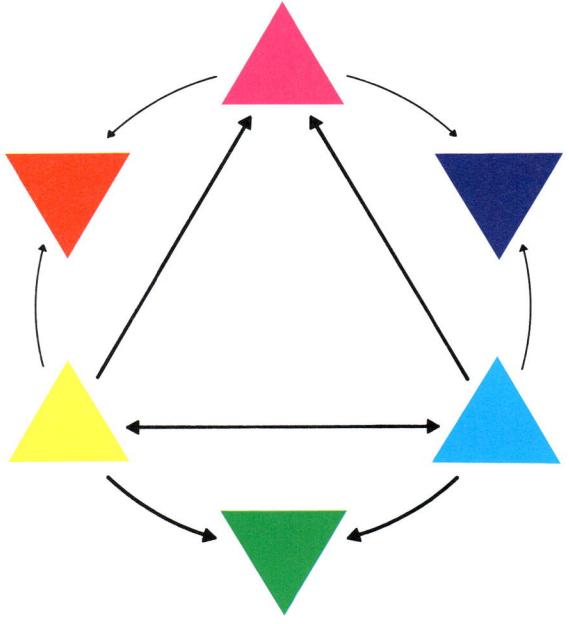

30 Farbenkreis mit Farbzusammenhang bei Goethe

31/32 Runges Farbkugel und Schnitt durch die Äquatorebene mit Grauwerten

33 Anwendung von Komplementärfarben bei Delacroix

Schwarz bereicherte nun farbig abgetönt die Palette als Eigenfarbe. Dieses farbig belebte Schwarz gewann später für Manet und die Impressionisten eine neue Wichtigkeit. Braun wurde von Delacroix mehr und mehr zugunsten einer gesteigerten Farbigkeit aufgegeben.

Wassily Kandinsky (1866–1944)

In Kandinskys langer und sehr produktiver Karriere als Künstler und Theoretiker nahm die Lehre über Farbe und Form einen bedeutenden Platz ein. Erstmals wird von ihm die Farbe nicht nur isoliert betrachtet, sondern er entwickelt darüber hinaus eine Form- und Farbensprache. Da erst die Form die Darstellung von Farbe durch Eingrenzen derselben ermöglicht, entsteht »ein unvermeidliches Verhältnis zwischen Formen und Farben«. Als erstes teilt Kandinsky die Farben in Warm – Kalt und Hell – Dunkel. Wärme oder Kälte der Farbe bedeutet im allgemeinen eine Neigung zu Gelb, bzw. Blau; Helligkeit bzw. Dunkelheit der Farbe neigt zu Weiß, bzw. zu Schwarz. Für ihn stellte jedoch Gelb und Blau den größten Gegensatz dar, was sich am ehesten an den räumlichen Wirkungen der Farben zeigen läßt. Ein gelber Kreis erscheint größer als ein gleichgroßer blauer Kreis. Diese Wirkung vergrößert sich, wenn man den Unterschied zwischen Hell und Dunkel hinzufügt, d. h. die Wirkung von Gelb wird gesteigert durch Beimischung von Weiß, ebenso die von Blau durch die Beimischung von Schwarz. Wenn man nun Grün aus Gelb und Blau mischt, heben sich die in Gelb und Blau enthaltenen Kräfte auf, es entsteht »volle Unbeweglichkeit und Ruhe«. »Dieses Grün ist wie eine dicke, sehr gesunde, unbewegliche Kuh, die, nur zum Wiederkäuen fähig, mit blöden stumpfen Augen die Welt betrachtet.«

Im Gegensatz zu Grün steht Rot, das zwar ebenfalls keine räumliche Ausdehnung hat, dafür aber ein »starkes, aktives Glühen in sich«. Der letzte farbige Gegensatz sind Orange und Violett. Sie besitzen beide die »Bewegung in sich« der roten Farbe; Orange hat aber vom Gelb das Streben, sich dem Betrachter zu nähern, Violett dagegen hat vom Blau das Streben, sich vom Betrachter zu entfernen.

Das Zusammenspiel von Formen und Farben wird am deutlichsten über die Verbindung von Farbe und Winkel gezeigt. Der spitze Winkel ist der wärmste, also Gelb; der stumpfe Winkel der kälteste, also Blau; dazwischen liegt der rechte Winkel, dem das statische Rot zugeordnet ist. Da aber die typischen Winkel in ihrer weiteren Entwicklung sich zur Fläche gestalten können, drängen sich die weiteren Beziehungen zwischen Linie – Fläche – Farbe von selbst auf. So kann nun folgende schematische Andeutung aufgestellt werden:

- spitzer Winkel   Dreieck   Gelb
- rechter Winkel   Quadrat   Rot
- stumpfer Winkel   Kreis   Blau

»All diese Behauptungen sind Resultate empirisch-seelischer Empfindungen und basieren auf keiner positiven Wissenschaft.«

Johannes Itten (1888–1967)

Der wesentliche Bestandteil Ittens theoretischen Werkes war die genaue Festlegung der sechs Grundfarben und das Kontrastverhalten von Farbe überhaupt. Bezeichnend dafür ist eine Tagebuchnotiz der letzten Lebensjahre: »So, wie ein Wort erst im Zusammenhang mit anderen Worten seine eindeutige Bedeutung erhält, genauso erhalten die einzelnen Farben erst im Zusammenhang mit anderen Farben ihren eindeutigen Ausdruck und genauen Sinn.«

Als Farbe »erster Ordnung« bezeichnete er Gelb, Rot und Blau. Die Mischfarben daraus, Farben »zweiter Ordnung«, erklärte er mit Orange, Grün und Violett.

Er zeigt insgesamt folgende 7 Farbkontraste auf:

- Der **Farbe-an-sich-Kontrast** ist der einfachste. Zu seiner Darstellung sind mindestens 3 nebeneinander liegende Farben notwendig. Der stärkste Kontrast ist Gelb – Rot – Blau, er nimmt ab, je mehr sich die Farben davon entfernen.

- Der **Hell-Dunkel-Kontrast** basiert auf dem Helligkeitswert zweier verschiedener Farben, der stärkste ist Schwarz-Weiß.

- Der **Kalt-Warm-Kontrast** bezieht sich auf die Farbtemperatur. Zum Beispiel ist Orange eine warme Farbe, Blau eine kalte.

- Der **Komplementär-Kontrast** entsteht zwischen zwei Farben, die sich komplementär ergänzen, d. h. als farbiges Licht zusammen ein weißes ergeben.

- Der **Simultan-Kontrast** bezeichnet die Erscheinung, daß unser Auge zu einer gegebenen Farbe immer gleichzeitig, also simultan, die komplementäre Farbe selbständig erzeugt, auch wenn sie nicht gegeben ist. Die simultan erzeugte Komplementärfarbe entsteht als Farbempfindung im Auge des Betrachters und ist nicht real vorhanden (vergleiche Sukzessiv-Kontrast bei Schopenhauer).

- Der **Qualitäts-Kontrast** bezeichnet den Unterschied zwischen 2 Farben, die verschiedene Reinheitsgrade besitzen; d. h., die prismatischen Farben als Farben mit größter Sättigung im Gegensatz zu grauen, trüben Farben.

- Der **Quantitäts-Kontrast** bezieht sich auf das Größenverhältnis und das Verhältnis der Leuchtkraft zwischen zwei Flächen. Zum Beispiel hat eine gelbe Fläche die gleiche Quantität wie eine dreimal so große violette Fläche.

Wirkungen von Farben

Die Verwendung von Farben, gemalt, als Material oder geleuchtet, bewirkt eine ganz bestimmte Aussage. Wie wir wissen, entsteht Farbe durch Licht. Demnach ist alles, was wir sehen, ein Zusammenwirken von bunten Farben. Die Unbuntfarben Schwarz und Weiß kommen im Spektrum nicht vor, sie sind demnach nur als Körperfarben vorhanden und bilden den stärksten, radikalsten Gegensatz. Innerhalb der bunten Farben sind durch das physikalische Zusammenspiel viele Zwischenfarben erkennbar. All diese Zwischentöne, wie auch die sechs Grundfarben, üben eine psychologische Wirkung auf uns aus, Kälte, Wärme, Freude, Leid, Schönes, Häßliches, Härte und Sanftheit. Mit diesen Erkenntnissen wird heute auf breiter Basis gearbeitet. Die Werbung und die Verpackungsindustrie nützen z.B. die psychologische Wirkung von Farbe aus und setzen sie gezielt ein. Selbstverständlich überträgt sich diese Art von Gefühlsvermittlung auch aufs Theater. Ein Farbzusammenspiel von Bühnenraum und Kostümen ist zum großen Teil auf diesem Wirkungsprinzip aufgebaut, obwohl sicherlich manche Farbentscheidung auch emotionell getroffen wird. Hierbei spielen die individuelle Stimmungsbewertung, situationsbedingte und symbolisierte Assoziationen und persönliche Beziehung zur Farbe eine bedeutende Rolle. Bei meiner Übersicht über die wesentlichen Grundfaben habe ich mich auf: Gelb – Orangerot – Magentarot – Violettblau – Cyanblau – Grün beschränkt und Zwischentöne der am nächsten liegenden Farbe zugeordnet. Hinzu kommen noch die beiden Unbuntfarben Schwarz und Weiß.

Warme Farben

Warme Farben sind jene, die die Farbe Gelb enthalten. Die Wärmezuordnung erfolgt durch die Assoziation von Sonne und Feuer:

Gelborange – Rot – Gelbgrün

Kalte Farben

Kalte Farben enthalten die Farbe Blau. Es entsteht die Gedankenverbindung zum eisblauen Bergsee und der bläulichen Farbe des Stahls.

Grünblau – Blau – Violett

Die Farbe Grün ist vermittelnd. Sie kann sowohl eine kalte als auch eine warme Farbe sein. Im allgemeinen tendiert sie aber zur kalten Richtung hin.

Hochgesättigte Farben

Farben, die nicht mit Schwarz, Grau oder Weiß gemischt sind, also einen hohen Buntgrad haben, erzielen kräftige, aggressive Eindrücke, vermitteln Kraft und Macht, rufen heftige Stimmungen im Positiven wie im Negativen hervor.

Blasse Töne, Pastellfarben

Farben, die stark mit Weiß oder Grau gemischt sind, eignen sich besonders für zarte, kultivierte Wirkung und um vornehme, dezente Stimmung zu vermitteln.

Richtungsbegriffe der Farben

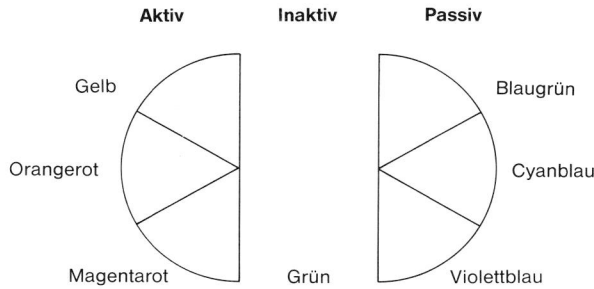

34 Farbkreisaufteilung in: aktiv – inaktiv – passiv

negativ	positiv
kalt	warm
dunkel	hell
schattig	sonnig
durchsichtig	undurchsichtig
beruhigend	erregend
dünn	dick
fern	nah
hart	weich
leicht	schwer
feucht	trocken

Schwarzweißkontrast

Farbeffekte in Schwarzweißausführung erwecken eine schlichte, aber harte Erscheinung. Diese grundelementaren Farben dokumentieren eindeutig, daß Licht und Schatten in der Beleuchtungstechnik die Basis bilden. Diese Erscheinung spiegelt sich als klare Formation, nüchtern und bestimmt.

Farbige Schatten

Reden wir vom Schatten, denken wir an ein Objekt, das durch seinen Körper dem Licht im Wege steht. Auf der lichtabgewandten Seite des Objekts entsteht ein Körperschatten, auf oder an der Umgebungsfläche entsteht der Schlagschatten. Unter Schatten allgemein wird die Farbe Schwarz verstanden, denn Schatten ist Nichtlicht. Experimente und Farbtheorie zeigen, daß dies anders ist. Goethe schreibt: »Zu dem farbigen Schatten gehören zwei Bedingungen: erstlich, daß das wirksame Licht auf irgendeine Art die weiße Fläche färbe, zweitens, daß ein Gegenlicht den geworfenen Schatten auf einen gewissen Grad erleuchte.« (Siehe auch Schopenhauer und Delacroix)

Die farbigen Schatten sind das Ergebnis eines Simultan-Kontrasts. Dem farbigen Führungslicht folgt der komplementärfarbige Schatten.

gelbes Licht	= violettblauer Schatten
orangefarbenes Licht	= blauer Schatten
grünes Licht	= roter Schatten

»Jedes farbige Licht erzeugt bei Tageslicht einen Schatten in der komplementären Farbe.« (Itten)

Führen wir diesen Versuch weiter, so wird erkennbar, daß bei der Verwendung von zwei verschiedenen farbigen Lichtquellen sich beide Schatten addieren und am Kreuzpunkt eine dritte Farbe entsteht. Dies ist nichts anderes als die additive Farbmischung. Beweisen läßt sich dieses Phänomen nur in absoluter Dunkelheit.

37 Praktische Anwendung der Farbperspektive: Aufführung »Platonov«, Münchner Kammerspiele

35 Zwei Projektoren leuchten über Kreuz auf einen vor der Wand stehenden weißen Würfel. Der linke Projektor mit der Farbe Gelb, der rechte mit der Farbe Violettblau. Die entstehende Farbe ist Weiß. Die an der Wand entstehenden Schatten nehmen jeweils die zu ihnen komplementären Farben an.

 Gelb

 Violettblau

 Cyanblau   Orangerot

36 Linker Projektor mit der Farbe Cyanblau, rechter Projektor mit der Farbe Orangerot

38 Praktische Anwendung der Luft- und Farbperspektive: Aufführung »Sommer«, Münchner Kammerspiele

Luft- und Farbperspektive

Die Luft- und Farbperspektive, die seit ihrer Entdeckung am Anfang des 15. Jahrhunderts ein wesentlicher Faktor der Landschaftsmalerei ist, spielt auch im Theater eine wichtige Rolle. Da das kurzwellige blaue Licht durch die Atmosphäre gestreut wird, wodurch unter anderem auch die blaue Farbe des Himmels entsteht, erscheinen in der Ferne liegende Objekte bläulich. Die zwischen dem Betrachter und dem Objekt liegende Luft bewirkt eine Filterung der Farbe, die mit zunehmender Distanz verstärkt wird.

Erlebnisbericht von Farben

Die verschiedenen Untersuchungen über die Auswirkung der Farben liegen in einem weit breiteren Spektrum in der einschlägigen Fachliteratur vor. Wie anfangs schon erwähnt, reduzierte ich die Zusammenfassung auf die wesentlichen Farben. (Zusammengestellt aus: Heimendahl, »Licht und Farbe«)

Erlebnisbericht der Farben

	Bedeutung	Wirkung	Auswirkung	Psychologischer Farbenschlüssel
WEISS		Offenheit		Reinheit, Frieden, »Ja«
GELB	Lichtausweitung Übersteigerung Leichtsinn	Aufregung Loslösung	Befreiung Verschwendung	anregend, befreiend, erleichternd Geistigkeit, Intuition, Kontaktaufnahme
ORANGEROT	Lichtkraft-entspannung Lust, Freude	Genuß	Entspannung Erleichterung Zerstreuung	festlich-freudig, erwärmend Glanz, Reichtum, Sonne, Fruchtbarkeit
ROT	Lichtkraft Kraft	Erregung Antrieb	Kräftigung Stärkung	kräftig, stark, mächtig, prächtig, würdig Feuer, Gefahr, Macht, Liebe, Kraft, Blut
VIOLETT	Lichtgrund-spannungskraft Spannung, Unlust	Beunruhigung Beschwerung	Verzicht Melancholie	mystisch, unruhig, beschwerend Magie, Unruhe, Rausch, Hoher Anspruch, Sorge, Besonderheit
BLAU	Lichtgrund Beständigkeit Ernst	Ruhe Frieden Beharrung	Sammlung Vertiefung Zurückhaltung	vertiefend, konstruktiv, sehnend, gemütvoll Ernst, Philosophie, Himmelsweite, Klarheit, Wasser, Eis, Kälte
GRÜN	Hoffnung Zufriedenheit Lichtung	Anregung Beruhigung	Bergung Bewahrung	giftig-triebhaft, naturhaft, zart, weich Ruhe, Schonung, Feuchtigkeit, Knospung
SCHWARZ		Verschlossenheit		Finsternis, Tod, Magie, »Nein«

39–42 Aufführung: »Der Park«, Münchner Kammerspiele

Malen mit Licht

Jede Art von visuellem Erleben ist abhängig vom Licht. Licht ermöglicht nicht nur Sichtbarmachung, sondern vermittelt Atmosphäre und Dramatik. Anhand der Malerei läßt sich die Lichtwirkung deutlich erklären. Es geht hier nicht darum, Gemälde auf die Bühne zu übertragen, sondern die vier ausgewählten Beispiele sollen nur einige Möglichkeiten zeigen, die man bei der Arbeit mit Licht hat.

Die Kerze in dem in Abb. 44 gezeigten Bild bestimmt als einzige Lichtquelle die Situation. Die Thematik der Darstellung »Bei der Kupplerin« rechtfertigt die Überstrahlung der Brustpartie im Verhältnis zum Gesicht bei der rechts gezeigten weiblichen Figur. Dadurch, daß man den im Schatten stehenden Werber nicht erkennen kann, wird die Atmosphäre dieser »Liebesbeziehung« unterstrichen. Beleuchtet ist von der mittleren Person die linke Hand, die den Geldbeutel hält und die Feder am Hut. Durch das Seitenlicht, das auf der Feder entsteht, gewinnt die Figur an Plastizität. Mit der partiellen Beleuchtung dieser Person wird sie in die intime Runde, die um die Kerze entsteht, einbezogen.

Im Gegensatz zu dem oben beschriebenen Bild herrscht bei Rembrandt (siehe Abb. 43) reines Tageslicht in eindrucksvoller Weise, welches begrenzt durch das Fenster in den dunklen Raum eindringt. Nur mühsam erkennt man den

43 Rembrandt, »Gelehrter in hohem Innenraum«

44 Gerret van Honthorst, »Bei der Kupplerin«

im Dunkeln am Tisch sitzenden Mann. Die Dramatik der Situation entsteht durch das von außen einfallende Licht und nicht durch das Beleuchten der Person, also eigentlich durch das Nichtbeleuchten derselben. Dies zeigt, daß die Aufgabe des Lichtgestalters nicht immer nur »das ins rechte Licht rücken« der Darsteller ist, sondern daß das Leuchten des Raums und der Situation vorrangig ist, das Ausleuchten einzelner Darsteller sogar falsch sein kann.

In dem im Jahre 1874 entstandenen Gemälde von Edgar Degas hat das Licht einerseits die Funktion, die Personen zu beleuchten, andererseits die dramatische Situation herzustellen. Im Gegensatz zu den vorher beschriebenen Bildern handelt es sich bei diesem um eine künstliche, nur im Theater vorkommende Beleuchtung. Diese theaterspezifische Beleuchtung definiert zugleich Raum und Situation. Degas Eindrücke bei seinen Theaterbesuchen zeigen sich in vielen seiner Bilder, wobe die wichtigste Lichtquelle, die Gasfußrampe, die Figuren prägt (siehe Abb. 45).

Edward Hoppers »Sommer in der Großstadt«, entstanden 1949, führt die Hauptlichtquelle von außen in den Raum. Das einfallende Licht schafft eine geometrische Überbetonung der Komposition. Die Lichtatmosphäre erzeugt ein ernüchterndes Klima und setzt die zwei Personen in ein trostloses Dasein. Das Licht der Sommersonne verwandelt sich im Raum zu einer sterilen Licht-Schatten-Dramatik (siehe Abb. 46).

Die vier besprochenen Bilder zeigen die vielseitigen Anwendungsmöglichkeiten von Licht. So, wie die Maler Licht erfinden, um eine Stimmung auszudrücken, so sollte der Lichtgestalter in Übereinstimmung mit dem Raum und der Situation ein eigenes Konzept entwickeln.

45 Edgar Degas, »Répétition d'un Ballet sur la scène«

46 Edward Hopper, »Summer in the City«

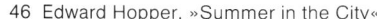

47–51 Aufführung: »Torquato Tasso«, Münchner Kammerspiele

Farbimpressionisten

Einige der wesentlichen Farbtheoretiker haben wir kennengelernt. Doch die Theorie sagt nur an, wie etwas wäre, wenn... So liegt es nahe, daß durch theoretische Ausführungen Künstler und Denker angeregt werden, sich persönlich über dieses Gebiet zu äußern.

Drei verschiedene Farbimpressionisten führe ich als Beispiel an, die sich neben anderen Forschungsarbeiten auch mit der »Farbe« beschäftigten. Verschieden in ihrer Ausdrucksart, zeigen sie, welche Unmengen von Möglichkeiten sich eröffnen, Farbe zu empfinden und Farbe zu erklären.

Aldous Huxley – Schriftsteller und Philosoph (1894–1963)

Neben Romanen und Erzählungen schrieb Aldous Huxley eine spannende Abhandlung über mystische Visionen, stellte Psychologie und Kunst einander gegenüber und untersuchte die visuelle Wahrnehmungsfähigkeit durch eine Veränderung des Bewußtseins, die mit der Droge Meskalin bewirkt wird.

Huxley geht von der Voraussetzung aus, daß die meisten Menschen in ihrem Verhalten die Sehnsucht zeigen, mehr erleben zu wollen, als das normale Bewußtsein hergibt. Um in diesen Erlebnisbereich jenseits der Alltagserfahrungen vorzustoßen, begibt sich der Neugierige an einen Veranstaltungsort, um etwas zu erleben. Besonders zu den Zeiten, als das Medienangebot noch nicht in die Wohnzimmer ausgestrahlt wurde, pilgerte man zu Volksbelustigungen, Feuerwerken, Festzügen und ins Theater.

Die Darbietungen hingen jeweils von den technischen Möglichkeiten ab. Als Beispiel für die visionären Erlebnisbedürfnisse führt Huxley unter anderem die Römer an, die sich an ihren gewaltigen Triumphzügen, Feuerspielen und Arenaveranstaltungen vergnügten, und Jahrhunderte später übten in der katholischen Kirche Heiligsprechung und Papstbegräbnisse laut Huxley eine enorme Faszination auf die Zuschauer aus. Die prachtvollen Gewänder, die funkelnden Kronen und die Zierstäbe boten eine beeindruckende visionäre Kunst der Farbigkeit. In der Verwendung starkfarbigen Glases im Rahmen gotischer Sakralarchitektur erkannte Huxley ein Stimulans, das, hervorgerufen durch das in den Kirchenraum einfallende, farbig modulierende Sonnenlicht, dem Gläubigen visionäre Erlebnisse vermitteln sollte. Ebenfalls im Zusammenhang mit der religiös-visionären Vorstellung steht das Fasten. Hauptsächlich im Mittelalter kam diesem »Abtöten des Leibes« große Bedeutung zu. Bei einer allgemeinen Unterernährung und anschließendem Fasten stellten sich Ekstasen und visionäres Erleben ein.

Huxley stellte fest, daß im Theater zwei unterschiedliche und separate Künste ausgeübt werden – »die menschliche Kunst, die das Drama, und die visionäre, die das Schauspiel beinhaltet«.

Die visionären Künste, das farbige Bühnenbild, die bunten Kostüme, die ausdruckstarken Masken lösten eine oft fesselnde, magische Inspiration beim Betrachter aus. Zur elisabethanischen Zeit wurden besonders das Maskenspiel und die technischen Theatereinrichtungen von Schnürböden und Versenkungen ausgenützt. Die erzielte Wirkung in Verbindung mit dem Licht vermittelte einen dämonenhaften Eindruck. Allein eine brennende Kerze breitet ein magisches Licht und phantastische, lebendige Schattenwirkung aus. Huxley empfand, daß bei der heutigen Theaterlichttechnik die Farben übernatürlich werden und an Bedeutsamkeit überwiegen. Die in einem späteren Kapitel erwähnte »Laterna magica« beschrieb er als Antipoden des Alltagsbewußtseins. Huxley berichtete auch über ein Farberlebnis bei einem Experiment mit einem Stroboskop, was die meisten von uns schon selbst unbewußt erlebt haben: mit geschlossenen Augen, vor einem Stroboskop sitzend, werden verschiedene Farben, je nach der Blitzgeschwindigkeit, in den leuchtendsten Qualitäten sichtbar.

Die Anhänger der indischen Philosophie, die ihren körperlichen und seelischen Zustand mit Atemübungen des Yoga verbessern, wissen, daß durch systematisch betriebene Atemübungen die Unterbrechungen des Atmens länger werden. Die erhöhte Konzentration von Kohlensäure in Lunge und Blut steigert die Fähigkeit, visionäre Erlebnisse zu empfinden.

Bevor über Huxleys Farberlebnisse im Zustand der drogenbedingten Bewußtseinsveränderung berichtet wird, müssen ebenfalls die von ihm in diesem Zusammenhang gebrachten realen Tatsachen erwähnt werden, die für den Leser als allgemeine Information zu verstehen sind. An Rauschmitteln, die wir kennen und kennen dürfen, gibt es Alkohol und Tabak. Die vielen Leiden und Spätfolgen dieser Genußmittel sind hinlänglich bekannt. Für die meisten Menschen ist Meskalin jedoch völlig unschädlich. Ein Mensch, der unter Einfluß von Meskalin steht, benimmt sich sehr ruhig und kümmert sich um sein eigenes Erlebnisspektrum; im Gegensatz dazu steht der Alkoholgenuß, der die Menschen häufig aggressiv macht. Neben den beglückenden Erlebnissen erlebt die Mehrzahl der Anhänger von Meskalin eine ungeheuer verstärkte Wahrnehmung von Farbe und sieht eine Welt von visionärer Schönheit. Huxley, der die Einnahme von Drogen in ihrer bewußtseinserweiternden Wirkung auszuwerten versuchte, schreibt: »An erster und wichtigster Stelle steht das Erlebnis des Lichtes. Alles, was von denjenigen gesehen wird, die die Antipode der Psyche aufsuchen, ist aufs hellste erleuchtet und scheint von innen heraus zu erstrahlen. Alle Farben sind weitaus kräftiger, als wenn man sie im Normalzustand sieht, und gleichzeitig ist die Fähigkeit, Tonhöhen zu unterscheiden, merklich gesteigert.«

Huxleys genaue Erklärungen über seine vielseitigen Erlebnisse, Träume und Visionen führen zu einer ausschweifenden Aufzählung. Wichtig ist für uns zu wissen, daß Farbe nicht gleich Farbe ist. Abhängig von der chemischen Substanz und den physikalischen Gesetzen gilt zuvor die Substanz der Farbe für jedermann. Das heißt, in ihrer Wirkungsweise ist sie abhängig von der Erlebnisbereitschaft und -intensität jedes einzelnen Wieweit die Farbe Wirkungen auf unser Empfinden hat, ist vielfach beschrieben worden. Durch das Zuhilfenehmen einer Droge wird, wie Huxley ausführt, die Wahrnehmungsfähigkeit durch die zeitlich begrenzte Drogenwirkung extrem verstärkt. Die Wahrnehmung von Farben kann aber auch ohne Drogen sensibilisiert und erweitert werden durch ein bewußtes und aktiviertes Reaktionsvermögen.

Rudolf Steiner – Begründer der Anthroposophie (1861–1925)

Aus seiner universellen geistigen Welt- und Menschenkenntnis heraus wirkte Rudolf Steiner, der Begründer der Anthroposophie, im ersten Viertel dieses Jahrhunderts erneuernd auf vielen Lebensgebieten. Seine Impulse für Pädagogik (Waldorfschulen), die Medizin, die Landwirtschaft (biologisch-dynamisch) und im sozialen Bereich finden heute zunehmende Beachtung und Anerkennung. Aber auch im künstlerischen Bereich zeigte er neue Wege für die Malerei, Architektur, Plastik, Schauspielkunst und vieles andere. Er war selbst vielseitig schöpferisch tätig und gab den Künstlern durch Beispiele und in Kursen Anregungen für ihre eigene Arbeit.

Mit der »Eurythmie« schuf Rudolf Steiner eine ganz neue Bewegungskunst, die er von ihren ersten Anfängen im Jahre 1912 bis zum Ende seines Lebens immer weiter ausgestaltete. Heute gibt es dafür zahlreiche Ausbildungsstätten, und die Gastaufführungen dieser Künstlergruppen finden in der ganzen Welt ein interessiertes Publikum. Die Eurythmie will das, was an Gesetzmäßigkeiten, an Bewegungen und Lautstimmungen in der Sprache, in einer Dichtung oder in einem Musikstück enthalten ist, durch das Instrument des Menschen selbst in künstlerisch gestalteten Bewegungen zum Ausdruck bringen. Rudolf Steiner bezeichnete diese neue Kunstform als eine Fortbildung der Goetheschen Metamorphosenanschauung (Formumwandlung) im Bereich der menschlichen Bewegung. So nennt er die zu einer Rezitation ausgeführte Laut-Eurythmie eine »sichtbare Sprache«, die zu einem Musikstück gestaltete Ton-Eurythmie einen »sichtbaren Gesang«.

Für die bühnenkünstlerische Ausgestaltung der Eurythmie entwickelte Rudolf Steiner in den Jahren nach 1920 eine völlig neuartige eigenständige Beleuchtungskunst: eine »Licht-Eurythmie«. Die solistisch oder durch Gruppen eurythmisch dargestellten Dichtungen und Musikstücke sollten von wechselnd farbigen Beleuchtungen begleitet werden. Das Licht wurde aber nicht, wie auf den Theaterbühnen üblich, durch Scheinwerfer in konzentrierter Form auf die Bühne gerichtet, sondern es sollte mit seinen Farben möglichst gleichmäßig den ganzen Bühnenraum erfüllen und so einen Lichtraum bilden, in den die Bewegungsvorgänge eingehüllt sind. Um das geforderte Ziel einer weichen, diffusen, aber äußerst intensiven Ausleuchtung des ganzen Raumes zu erreichen, mußte für die Bühne im ersten Goetheanum in Dornach bei Basel eine neuartige Beleuchtungsanlage geschaffen werden, eine unter den damaligen technischen Voraussetzungen schwierige Aufgabe, da keine der gebräuchlichen Beleuchtungseinrichtungen verwendet werden konnte. Mit der Lösung dieses Problems beauftragte Rudolf Steiner einen jungen, in elektrotechnischen Fragen versierten Mitarbeiter, Ehrenfried Pfeiffer, der später auch der erste Beleuchter an der Goetheanum-Bühne wurde. Er entwickelte und realisierte die ganze Anlage nach Steiners Intentionen. Um eine gleichmäßige, dem Tageslicht möglichst nahekommende Wirkung zu erreichen, wurden Scheinwerfer mit konvexen statt konkaven Reflektoren gebaut, die zudem mit einer weißen Kreideschicht belegt waren, um den gewünschten maximalen Streueffekt zu erzielen. Die Lichtquellen waren in einer Höhe von 6 Metern auf beiden Seiten des Bühnenraums verteilt, dazu kam das Licht der Fußrampe über die ganze Bühnenbreite.

Diese Intentionen der Beleuchtungstechnik gehen bis in die jetzige Zeit, und es läßt sich leicht ausrechnen, wie viele Beleuchtungsgeräte verwendet werden müssen, um die Hauptbühne für Eurythmie im Goetheanum in Dornach damit zu bedienen (Bühnengröße: Portalbreite 24 Meter, Tiefe 17,5 Meter, Höhe 22 Meter).

Um die gewünschte Intensität und die vielfältigen Wirkungen durch das Mischen der Farben zu erreichen, standen sowohl von oben wie von der Rampe aus jeweils sechs Farben zur Verfügung: Weiß, Rot, Gelb, Blau, Grün und Violett. Dadurch ließen sich je nach der Mischung und Helligkeit unendlich viele Farbklänge und Nuancen erzielen. Es kam Rudolf Steiner dabei aber nicht nur auf die Wirkung des mit farbigem Licht erfüllten Raums an, sondern auch darauf, wie sich die Farben der von den Darstellern getragenen Kleider und Schleier je nach der eingesetzten Lichtfarbe für das Auge des Betrachters veränderten, hervortraten oder fast zum Verschwinden gebracht wurden. Es traten hierbei die Gesetze der Goetheschen Farbenlehre im künstlerischen Bereich in Erscheinung.

Wie wurde nun diese farbige Beleuchtung bei den Eurythmie-Aufführungen eingesetzt? Rudolf Steiner selbst hat dafür keine Regeln aufgestellt, sondern stets aus dem unmittelbaren künstlerischen Empfinden heraus gestaltet. Es liegen von ihm oder nach den Aufzeichnungen von E. Pfeiffer die Beleuchtungsangaben zu mehr als 400 Gedichten und zahlreichen Musikstücken vor. Er notierte sie, oftmals zusammen mit den Farbangaben für die Kleider und Schleier der Darsteller. So machte er z. B. für das Goethe-Gedicht »Gefunden« folgende Angaben:

Ich ging im Walde so für mich hin, und nichts zu suchen, das war mein Sinn.	Weiß oben, Blau unten
Im Schatten sah ich ein Blümchen stehn, wie Sterne leuchtend, wie Äuglein schön.	dazu Rot oben
Ich wollt es brechen, da sagt es fein: Soll ich zum Welken gebrochen sein?	dazu Blau unten
Ich grub's mit allen den Würzlein aus, zum Garten trug ich's am hübschen Haus.	Weiß unten, Rot oben
Und pflanzt es wieder am stillen Ort; nun zweigt es immer und blüht so fort.	dazu Rot unten

Kostüme: I blauer Schleier, gelbes Kleid
II grüner Schleier, rotes Kleid.

Das Gedicht wurde von zwei Darstellern ausgeführt. Meistens bleibt eine Beleuchtung während der ganzen Strophe erhalten, nur in Ausnahmefällen erfolgt ein Farbwechsel dazwischen. Auch Beleuchtungsangaben zum Mischungsverhältnis der Lichtquellen waren oft notiert, z. B.:

»helles Licht« = unten halb und oben voll
oder
»mäßig Weiß unten« = Die Farbe oben dominant und Weiß unten nur wie ein Kontrapunkt, ohne die Farbe von oben zu zerstören.

Bei den Angaben zur Musik richten sich die Beleuchtungswechsel nach dem Charakteristischen eines Stücks, nach der Phrasierung, der Melodieführung oder den dynamischen Veränderungen durch Aufhellen oder Abdunkeln der Farbe. In der Regel sollte aber das Licht ruhig bleiben, die Wechsel von einer Farbe zur anderen jedoch rasch erfolgen. Von dem Beleuchter verlangte dies ein großes künstlerisches Einfühlungsvermögen. Rudolf Steiner wollte mit den farbigen Beleuchtungen ein zusätzliches künstlerisches Element zu den bewegten Darstellungen hinzufügen. Die Farben sollten die seelische Grundstimmung einer Dichtung oder eines Musikstücks erlebbar machen. So entsprechen der Seelenstimmung von Freude, Heiterkeit, Aktivität, Dur, eher die rot-gelb-weißen Farbtöne; Trauer, Schwere, Moll,

mehr den dunklen Farben. Eine Farbsymbolik oder gar die naturalistische Wiedergabe von Farben, wie sie vielleicht im Inhalt eines Textes vorkommen (blaues Meer = Blau) lehnte Rudolf Steiner als unkünstlerisch entschieden ab.

Wie er selbst die farbige Beleuchtung verstanden wissen wollte, kann aus folgenden Worten deutlich werden:

»Diejenigen verehrten Zuschauer, die öfter hier unsere eurythmischen Vorstellungen gesehen haben, werden in letzter Zeit unser Bemühen bemerkt haben, zu dem Bühnenbild, das durch die bewegten Impulse der Menschen oder Menschengruppen entsteht, Beleuchtungswirkungen hinzuzufügen. Die Beleuchtungen sind nicht in naturalistischer Weise auf die einzelne Geste zu beziehen, sondern wie das Musikalische, das Melodiöse in der Aufeinanderfolge der einzelnen Töne gesucht werden muß, so muß hier in der Eurythmie in der Aufeinanderfolge der Beleuchtungswirkungen dasjenige gesehen werden, was eigentlich angestrebt wird. Das bewegte eurythmische Bild ist hineingestellt in dazugehörige Beleuchtungsfolgen, die nun selber wieder eine Art Licht-Eurythmie sind.«

Ludwig Wittgenstein – Philosoph (1889–1951)

Er selbst hat des öfteren geäußert, daß es nicht der Sinn seiner Schriften sei, sie zu verstehen, sondern daß zu einem späteren Zeitpunkt jemand das Gelesene selbst nachvollzieht und sich dann freuen kann, daß er, Ludwig Wittgenstein, es schon formuliert hat!

Wittgensteins Lebenslauf setzt sich aus vielen wichtigen Epochen zusammen, und es ist nicht unwichtig zu ergründen, warum seine philosophischen Bemerkungen so unverständlich, teilweise polemisch formuliert sind.

Seine Ausbildung (Studium des Maschinenbaus und der Mathematik) ist sicherlich eine Grundlage für seine späteren Gedankenverbindungen bei der Interpretation seiner philosophischen Arbeiten. In frühen Jahren schrieb er sein wichtigstes Werk, die logisch-philosophische Abhandlung »Tractatus Logico-Philosophicus«. Seine geistigen Aktivitäten entwickelte er in der Hauptsache in England, wo er auch als Professor für Philosophie unterrichtete. Rastlos, mit sich sehr oft unzufrieden, übte er unter anderem auch den Beruf des Volksschullehrers aus, arbeitete als Architekt und Hobbybildhauer. 1914 meldete er sich freiwillig zum Kriegsdienst; im Zweiten Weltkrieg arbeitete er als Laborassistent bei der medizinischen Betreuung. Er war viel unterwegs, besuchte oft Norwegen und seine Heimatstadt Wien, aber auch die USA. Während seiner Reisen arbeitete er immer wieder an seinen verschiedenen Schriften. »Wittgenstein stellt unter anderem fest, daß eine Farbe, die blau ist, auch rot oder grün sein kann. Zu behaupten, daß es eine dieser Farben sei, ist falsch, aber nicht sinnlos, daß es laut oder

schrill ist, hieße Unsinn reden. Eine solche Reihe von Möglichkeiten nennt Wittgenstein einen ›Raum‹. Es gibt auf diese Weise einen ›Raum‹ der Farben und einen ›Raum‹ der Töne. Zwischen den Farben gibt es nun verschiedene Beziehungen, die die Geometrie dieses ›Raumes‹ darstellen.«
(zit. Bertrand Russell 1930)

Wittgensteins philosophische Erkenntnisse beziehen sich oft auf die Grundlage der Mathematik. In seinem Todesjahr schrieb er seine »Bemerkungen über Farbe«, eine seiner letzten Aufzeichnungen.

Diese philosophischen Gedanken über Farben sind in einer sehr einfachen und klaren Sprache geschrieben, und dennoch ist es äußerst schwierig, darin einen Gesamtzusammenhang zu entdecken. Dem unvorbereiteten Leser erscheinen seine Worte vereinzelt, und oft sind Behauptungen ergänzt durch eine an ihn selbst gerichtete Frage. Wittgensteins Behauptungen über Licht und Farbe entfernen sich von der Realität und haben mit unseren naturwissenschaftlichen Erkenntnissen nichts zu tun. Er versuchte, einen eigenen Weg zu gehen. Seiner philosophischen Interpretation von »Farbe« gilt auch die Anmerkung zu seiner wichtigsten Arbeit, der logisch-philosophischen Abhandlung: »Dieses Buch wird vielleicht nur der verstehen, der die Gedanken, die darin ausgedrückt sind — oder ähnliche Gedanken — schon selbst einmal gedacht hat.«

Aus den »Bemerkungen über Farbe«:

34. Es gibt Rotglut und Weißglut: Wie aber sähe Braunglut und Grauglut aus? Warum kann man sich diese nicht als einen schwächeren Grad der Weißglut denken?

35. »Das Licht ist farblos.« Wenn, dann in dem Sinne, wie die Zahlen farblos sind.

42. Man redet von einem ›dunkelroten Schein«, aber nicht von einem »schwarzroten«.

65. »Braunes Licht«. Angenommen, es werde vorgeschlagen, ein Lichtsignal auf der Straße sollte braun sein.

76. Runge sagt, es gebe durchsichtige und undurchsichtige Farben. Aber ein Stück grünes Glas wird in einem Bild darum nicht mit einem anderen Grün gemalt als grünes Tuch.

90. Ich bezweifle, daß Goethes Bemerkungen über die Charaktere der Farben für einen Maler nützlich sein können. Kaum für einen Dekorateur.

152. Könnten nicht auch glänzendes Schwarz und mattes Schwarz verschiedene Farbnamen haben?

234. Man könnte Halbdunkel im Halbdunkel malen. Und die »richtige Beleuchtung« eines Bildes könnte Halbdunkel sein (Bühnenmalerei).

Instrument Licht

von Erich Wonder

Wenn ich über Licht nachdenke, so bedeutet das für mich die Beschäftigung mit zwei extrem unterschiedlichen Erfahrungen: das Erlebnis des Lichts in Bildern, wie sie in den Museen hängen, und die direkte, körperliche und psychische Begegnung mit Licht, wie es in meiner Umwelt auftritt.

Was die erste Erfahrung angeht, kann man nur von Malerei reden, und zwar von der Malerei der großen alten Meister. Daß die aktuelle Malerei so wenig mit Licht im Sinn hat, hat mit der Verselbständigung ihrer Aufgaben zu tun: Farbe und Fläche, Gegenstand und Raum, das so kompliziert gewordene System zwischen dem originellen Einfall und seinem Rezipienten.

Dagegen muß heutiges Theater dem Publikum Geschichten erzählen, wie es die »Alten Meister« getan haben. Zuerst für die Kirche und ihre Heiligen, dann für die Könige und ihre Herzöge, dann für die Großbürger und ihre Museen, schließlich nur noch für sich selbst.

Aber alle mußten ihre Geschichten ins rechte Licht rücken. In der Absicht der Wirkung unterscheiden sie sich, in der Technik, das Licht wie ein Instrument zu behandeln, sind sie einander nahe: Altdorfer mit seinen Erzählungen kosmischer Weltlandschaften, Grünewald mit seinem apokalyptischen Licht, Caspar David Friedrich mit seinem existentiellen Zwielicht, Georges de la Tour mit seiner einzigen und deshalb einzigartigen Lichtquelle, Runge mit seinem Sphärenlicht, Millet, der seine Bauern dem Gegenlicht aussetzte (später wird van Gogh dunkle Kartoffelesser in wahnsinnig leuchtende Sonnenblumen verwandeln), William Turners Landschaftslichträume, Giorgio de Chirico mit seinen Schatten, die auf den heißen leeren Plätzen des Nichts braten, Monet, der seine Seerosen in Lichtteichen ertrinken läßt... Diesen allen ist das Licht etwas Drittes — ein fernher wirkendes, dennoch im Moment seines Aufpralls Konkretes.

Etwas Konkretes, das dazu zwingt, sich zu verhalten. Die Impressionisten gingen ins Freie und stellten dort ihre Staffeleien auf. Sie wollten das Licht malen, wie es das Auge wirklich sieht. Mark Rothko — vielleicht der wichtigste Farb-Licht-Maler der Moderne — und vor ihm und vor allen Vermeer van Delft, der wahrscheinlich der größte Lichtmaler überhaupt ist, hat er doch durch das Mischen der drei Grundfarben das weiße, realistische Licht entdeckt und damit den Kodacolor-Film-Effekt vorweggenommen, der mir in meiner Arbeit mit und für die Bühne ermöglichte, neue Dinge zu sehen — alle diese Bilder und Bildner waren die eine extreme Erfahrung mit dem Licht.

Die andere: Ende der 60er, Anfang der 70er Jahre entdeckte das amerikanische Kino eine neue Romantik im künstlichen Licht der Neonstädte und im tiefblauen Himmel der endlosen amerikanischen Landschaft. Martin Scorsese dreht »Taxi Driver« und »Mean Street«, die damals die optische Phantasie beflügelten. Buntes, aggressives flakkerndes Neonlicht, nächtliche Imbißbuden, flimmernde Spielhöllen, nackte Glühbirnen an dünnen Leitungen – all das gehörte zu den Eindrücken, die einen optisch, räumlich und körperlich überraschten und in einer deutschamerikanischen Stadt wie Frankfurt mit stechender Brutalität überfielen.

Und dann die neuen Fotografen. Die Fotografie, lange unbeachtet von Kritik und Kunsthandel, wurde als wichtiges Kunstmittel wiedererkannt. Allen voran Joel Meyerowitz, dessen klare und strenge Bilder ein neues Lichtempfinden gleichzeitig mit den Filmemachern vermittelt haben. Dieses neue Realismuskonzept, in dem das Licht eine so wichtige Rolle spielte, setzte sich auch bei den amerikanischen Malern und Bildhauern durch, und deshalb wurde ein Lichtmaler entdeckt, der längst tot war und bis dahin von der offiziellen Kritik übersehen oder verheimlicht wurde: Edward Hopper.

Der Einfluß dieser Entwicklungen auf eine Gruppe deutscher Theaterleute war enorm. Langsam entstanden andere Bühnenräume, die der Regie größere Differenzierungen und den Schauspielern andere sinnliche Empfindungen ermöglichten. Sie wurden nicht mehr »herausgeleuchtet«, sondern konnten für die Dauer der Aufführung die darzustellenden Menschen erleben und sein. Grübers »Winterreise« war der vorläufige Endpunkt dieser Realitätssuche, auf deren Weg Kubrick mit neuartigem Filmmaterial historische Szenen ausschließlich in Kerzenlicht drehte und Alexander Kluge einen Zigaretten rauchenden Mann, der sich in einigen Kilometern Entfernung in einer Winterlandschaft aufhält, von einem neuentwickelten Zeiss-Objektiv fotografiert, näherbrachte. So hatte das menschliche Auge Licht noch nie gesehen.

Die zwei radikalsten Licht-Inszenierungen dieser Zeit waren sicherlich Grübers »Im Dickicht der Städte« und Nels »Antigone« in Frankfurt. Grüber und sein Bühnenbildner, der spanische Maler Arroyo, tauchten die Bühne in ein trübes, fahles Großstadtlicht und setzten so Brechts Stück mit dem Dickicht in Frankfurt am Main gleich. Das Innere des Theaters war nicht mehr der Ort des »schönen Scheins«, sondern der für eine erzeugte Realität, die man auch beim Verlassen des Theaters zu betreten meinte. Hier war es vor allem das Licht, das wir alle gut kannten, – das Licht der nächtlichen Stadtautobahnfahrten, das Licht einer Eisenbahnfahrt nachts über die deutsch/deutsche Grenze, das Licht der einsamen nächtlichen Gänge durch unsere vom Kommerz und nicht von Leben geprägten Großstädte. Dies alles sind Erlebnisse und Empfindungen, die ständig da sind, die man aber bis dahin auf dem Theater nicht zeigen konnte oder wollte.

Auch die »Antigone«-Inszenierung bedeutete eine Umsetzung des damals aggressiven Frankfurter Ambientes. Wie ein Scheibenwischer bewegte sich ein riesiger gleißender Lichtzeiger über den Bühnenausschnitt und verwischte die vorausgegangenen Szenen, verstörte schmerzhaft blendend den Blick des Zuschauers und reizte das Organ Auge, um eine traumatische dunkle Endlosigkeit entstehen zu lassen, in der Antigone in einem weiten trüben Lichtmeer untertauchen konnte. Das Licht »blickte« den Betrachter an und zeichnete einen schwankenden Eindruck auf sein Auge, – ein blinder Punkt blieb zurück.

Horst Laube hat den daraus entstehenden Effekt einmal so beschrieben: »Tatsächlich ist die Bewegung des Menschen in solchen Räumen/Tableaus eine auslaufende, die kein starres theatralisches Gegenüber mehr darstellt, sondern einen Übergang in die beruhigte tödliche Lebendigkeit des Raumes, ein Hinübergleiten, ein Sich-gehen- und Fallenlassen, tatsächlich ein Grenzübertritt. Das ist geschehen durch die Stärkung des Auges als Organ, das nun wie eine Faust eine Papierwand zerschlagen kann.«

Das Zitat verweist auf den materiellen, den instrumentalen Charakter dieses neuen Bühnenlichts. Es ist nichts Wesenloses, das Menschen und Gegenstände umfließt, umschmeichelt und drapiert. Es greift ein, schafft neue Spannungen, die die Erzählung neuartiger Geschichten oder die alter neu möglich macht.

Denn weil es seine beiden Wurzeln in der Malereigeschichte des Lichts von Altdorfer bis Rothko und in der vielfältig changierenden Außenwelt dieser zweiten Jahrhunderthälfte hat, ist es erzählkräftig und viel mehr als Beleuchtung. Freilich ist es niemals Licht an sich, wie es die Impressionisten, Divisionisten und Pointillisten unter Auflösung des Gegenstands in Fläche und Farbe zu fassen versuchten.

Dieses Licht fordert den Raum seines Auftritts heraus und erhebt ihn. Die sprachliche Wendung, nach der »Fragen in einem neuen Licht« gesehen werden können, beschreibt durchaus eine seiner Eigenschaften. Es hüllt Dinge und die zwischen ihnen agierenden Menschen nicht ein und vermengt sie nicht, vielmehr wird von ihm jedes Element der großen poetischen Maschine, die wir Theater nennen, vereinzelt und so erst in seiner einmaligen Bedeutung sichtbar gemacht. Wenn ich Begriffe wie Instrument, Maschine oder Vereinzelung gebrauche, könnte leicht der Verdacht entstehen, daß ich mit dem Licht, wie ich es meine, einer kalten, rein materiellen Sache das Wort rede. Das Gegenteil ist der Fall. Denn wenn diese helle und unfaßbare Erscheinung, die in der Natur vom Himmel kommt, von unseren Scheinwerfern erzeugt in der Lage sein soll, Geschichten zu erzählen, dann muß es auch ein Geheimnis haben, sind doch Geschichten ohne Geheimnis nicht mehr wert als Wasserstandsmeldungen oder Gebrauchsanleitungen für Kühlschränke. Dieses Geheimnis meinte wohl Giorgio de Chirico, als er den Satz aufschrieb: »Im Schatten eines Mannes, der in der Sonne geht, sind viel mehr Rätsel als in allen Religionen der Vergangenheit, Gegenwart und Zukunft.«

Technische Optik

Optik

Die Ausdrucksform, optisch Licht zu lenken, zu sammeln oder zu zerstreuen, ist auch in der Theaterbeleuchtung immer mit den physikalischen Gesetzen der optischen Abbildung verbunden. Darum ist es notwendig zu wissen, wie sich die Gesetzmäßigkeiten der Optik in Verbindung mit den in der Beleuchtungstechnik verwendeten Geräten verhalten. Nicht immer ist die uns allen bekannte »Linse« der Geheimnisträger, sondern auch Spiegel und Linsenkombinationen helfen, die vielseitigen Möglichkeiten zu verwirklichen.

Grundbegriffe

Optische Achse: Verbindungslinie der Krümmungsmittelpunkte der brechenden Fläche einer Linse. Mittelpunktslinie für Linsenkombinationen. Konstruktionsachse für Spiegel.

Brennpunkt: Vereinigungspunkt der parallel zur optischen Achse verlaufenden Strahlen.

Brennweite: Der Abstand des brechenden Mediums zum Vereinigungspunkt der abgelenkten Strahlen.

Grundsätzlich ist Licht eine Form der Energie, die ohne ein festes Medium transportiert werden kann. Einen vom Licht durchlaufenen und mit ihm in Wechselwirkung tretenden Stoff nennt man Optisches Medium. Innerhalb eines Mediums findet eine Veränderung der Ausbreitungsgeschwindigkeit aufgrund der Optischen Dichte statt. Zur Kennzeichnung dieser für die Optik außerordentlich wichtigen Materialeigenschaft dient die Brechzahl »n«. Sie ist das Verhältnis der Ausbreitungsgeschwindigkeit des Lichts im Vakuum zu derjenigen im jeweiligen Medium. Die Brechzahl hängt außer vom Medium selbst auch noch von der Wellenlänge des Lichts, von der Temperatur und, insbesondere bei gasförmigen und flüssigen Medien, vom Druck ab. Wenn nun Lichtstrahlen von einem in ein anderes Medium geschickt werden, verändern sie ihre Ursprungsrichtung entsprechend der Brechzahl des Mediums. Sie werden von ihrer Anfangsrichtung zur optischen Achse hin- oder weggelenkt. Innerhalb des Mediums breiten sich die Lichtstrahlen immer linear aus. Wird von einer Kombination zweier durchflossener Medien mit unterschiedlichen Brechzahlen gesprochen, so bezeichnet man das Medium mit der größeren Brechzahl als optisch dichter und das Medium mit der kleineren Brechzahl als optisch dünner. Als homogenes Medium wird ein Material bezeichnet, in dem das gesamte durchlaufende Licht in seiner Richtung erhalten bleibt.

Brechzahlen einiger wichtiger Stoffe ohne Berücksichtigung besonderer Druck- und Temperaturverhältnisse:

– Luft: $n = 1,00$
– Wasser: $n = 1,33$
– Glas: $n = 1,45–1,8$
– Diamant: $n = 2,42$

Treffen sich die durch ein optisches Medium abgelenkten Strahlen in einem Vereinigungspunkt, so bezeichnet man diesen Punkt als Brennpunkt. Werden durch einen Sammelspiegel die einfallenden Lichtstrahlen zu einem Punkt vereint, so wird auch hier von einem Brennpunkt gesprochen. Der Abstand von einem brechenden oder reflektierenden Medium zum Brennpunkt wird als Brennweite bezeichnet.

Reflexion – Sphärische Spiegel

Reflexion

Ein Lichtstrahl wird reflektiert, wenn er nicht in ein Medium eindringt, sondern an dessen Oberfläche abgelenkt, abgestrahlt wird. Der einfallende und der reflektierende Strahl haben, auf das Einfallslot bezogen, einen gemeinsamen Winkel.

Einfallswinkel = Ausfallswinkel

Ist der Einfallswinkel = 0°, so wird der Lichtstrahl in die Ursprungsrichtung reflektiert.

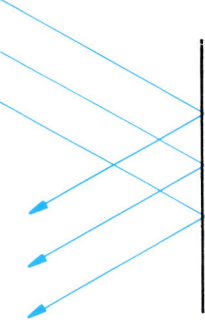

52 Reflexion an einer geraden Fläche

Reflexion an einer kugelförmigen Fläche

Das Reflexionsgesetz findet bei allen Spiegeln Anwendung, ob wir es mit einer reflektierenden Sammelfläche (Konkavfläche) oder einer reflektierenden Zerstreuungsfläche (Konvexfläche) zu tun haben.

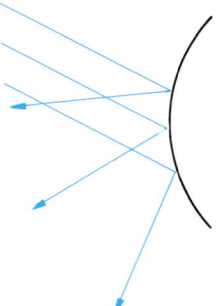
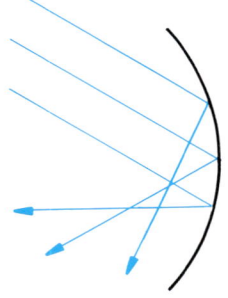

53 Reflexion an einer kugelförmigen Zerstreuungsfläche (Konvexspiegel)

54 Reflexion an einer kugelförmigen Sammelfläche (Konkavspiegel)

Abbildung an einem gekrümmten Konkavspiegel

Die Abbildung flächenhafter Objekte ist am Beispiel der Abb. 55 zu sehen.

Diese Anwendung kommt im Theater nicht oft vor, ist jedoch wichtig zu kennen, da Kugelspiegel in der Scheinwerfer- und Projektionstechnik verwendet werden.

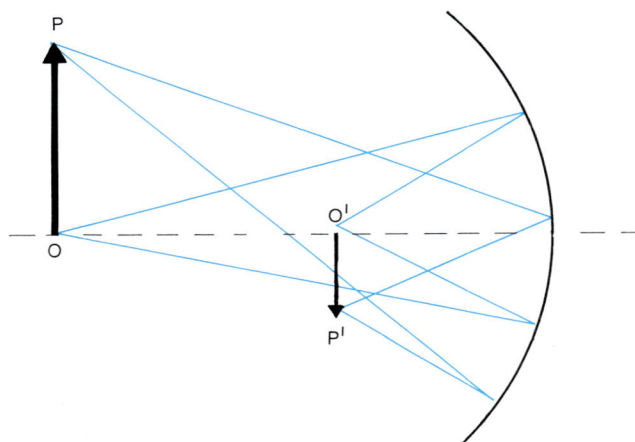

55 Abbildung an einer gekrümmten Fläche

Kugelspiegel

Beim Kugelspiegel wird das Licht einer Lampe wieder in Richtung Brennsystem reflektiert. Der Kugelspiegel wird als Hilfssystem verwendet, um das nach hinten abgestrahlte Licht auszunützen. Dabei muß das Brennsystem im Brennpunkt des Spiegels liegen und die reflektierte, seitenver-

kehrte, kopfstehende Wendel leicht seitlich zur Lampenwendelfläche eingestellt werden.

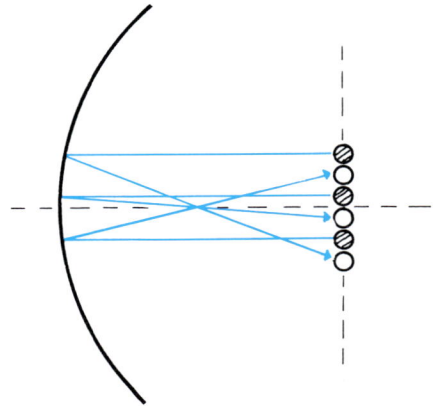

56 Lampenwendelabbildung in einem Kugelspiegel

Asphärische, symmetrische Spiegel

Parabolspiegel

Der Parabolspiegel ist ein asphärischer, symmetrischer Spiegel mit einem Brennpunkt. Befindet sich die Lichtquelle im Brennpunkt des Spiegels, so tritt achsparalleles Licht aus dem Reflektor aus, das um so enger gebündelt ist, je kleiner die Lichtquelle und je größer die Brennweite des Reflektors ist. Um eine größtmögliche Leuchtdichte zu erreichen, werden Lampen in Niedervoltausführung verwendet.

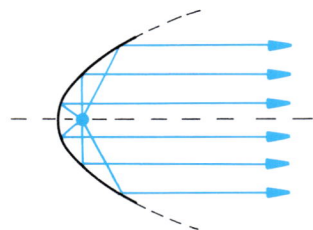

57 Strahlengang in einem Parabolspiegel

Ellipsenspiegel

Symmetrisch, asphärisch ist auch der Ellipsenspiegel. Er hat zwei Brennpunkte. In einem liegt die Lampe, der andere wird

58 Strahlengang in einem Ellipsenspiegel

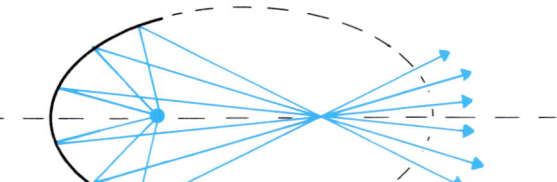

als »nutzbarer« Brennpunkt für Projektionszwecke verwendet. In der Scheinwerfertechnik wird dieser Reflektor als sammelndes System für Profilscheinwerfer eingesetzt und ist eine hervorragende, wenn auch nicht ganz billige Grundlage für eine Scheinwerferkonzeption.

Rinnenspiegel

Für linienförmige Glühwendel findet der Rinnenspiegel Anwendung. Hier entspricht der Querschnitt des Spiegels in den meisten Fällen einer Parabol- oder Ellipsenform, jedoch als Rinne ausgeführt. Dadurch läßt sich eine Lichtverteilung nur quer zur Lampenachse beeinflussen, zum Beispiel bei einem parabolischen Querschnitt als eine bandförmige Lichtabstrahlung.

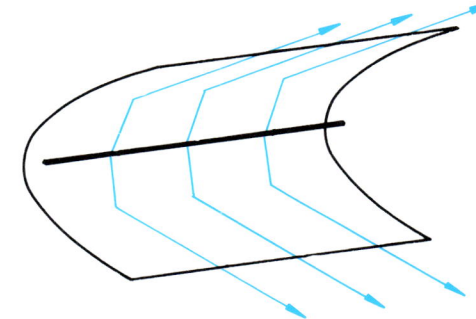

59 Strahlengang in einem symmetrischen Rinnenspiegel

Asphärischer, unsymmetrischer Rinnenspiegel

Ein asphärischer, unsymmetrischer Rinnenspiegel lenkt das Licht nicht gleichmäßig in beide horizontalen Abstrahlrichtungen. Dieser Spiegel hat die Aufgabe, die Lichtverteilung ungleichmäßig, nach einer der beiden Seiten verstärkt, umzulenken.

60 Strahlengang in einem unsymmetrischen Rinnenspiegel

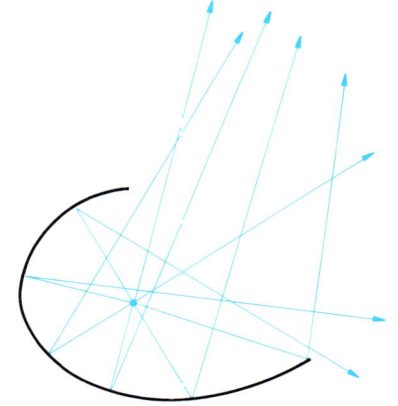

Kaltlichtspiegel

Als Kaltlichtspiegel bezeichnet man spiegelnde Reflektorschichten, die direkt auf den Glaskörper der Lampe aufgedampft sind. Dieser Belag besteht aus einer großen Anzahl Interferenzschichten, die für Infrarotstrahlen durchlässig sind. Dadurch wird die Wärmestrahlung nach hinten abgestrahlt und die Wärme im Strahlenbündel um etwa 75 % geschwächt.

Spiegelmaterial

Die heute im allgemeinen verwendeten Spiegelsysteme sind aus Aluminium hergestellt. Je nach Verwendungszweck werden die Spiegel glänzend poliert oder matt gerauht angefertigt. Bei sehr hohen Ansprüchen an die Präzision werden auch Glassilberspiegel verwendet.

Linsen

Was ist eine Linse?

Zur Sammlung und Streuung von Lichtstrahlen werden außer Spiegeln und anderen Reflexionsflächen auch Gläser in Form optischer Linsen verwendet. Eine Linse ist ein von geschliffenen, kugelförmigen Flächen begrenzter Glas- oder Kunststoffkörper. Eine Lichtbrechung erfolgt jeweils nur an der Begrenzungsfläche der Linse, bedingt durch den Wechsel des Mediums. Es werden hier zwei Kategorien unterschieden:

61/62 Formen optischer Linsen

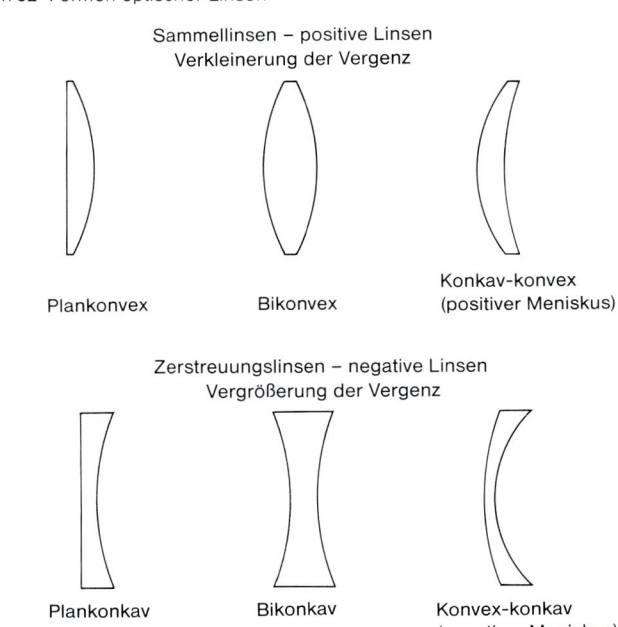

Sammellinsen – positive Linsen
Verkleinerung der Vergenz

Plankonvex   Bikonvex   Konkav-konvex (positiver Meniskus)

Zerstreuungslinsen – negative Linsen
Vergrößerung der Vergenz

Plankonkav   Bikonkav   Konvex-konkav (negativer Meniskus)

Sammellinsen = Konvexlinsen

Eine Sammellinse verringert die Vergenz (Öffnungswinkel) des Strahlenbündels. Als Erkennungsmerkmal: Eine Sammellinse hat eine größere Mitteldicke als Randdicke.

Zerstreuungslinsen = Konkavlinsen

Die Zerstreuungslinse vergrößert die Vergenz. Die Mitteldicke der Linse ist hier kleiner als die Randdicke.

Positiver Meniskus = Konvex-Konkav-Linse

Diese Ausführungsart wird vor allem bei der Projektionstechnik verwendet, wenn in einem optischen System eine Brennweitenverkürzung verlangt wird. Auch Stufenlinsen werden oft in dieser Linsenform hergestellt.

Farbfehler von Linsen

Aufgrund der physikalischen Eigenschaften des Lichts wird die Brechung verschiedener Wellen durch optische Linsen nicht gleichstark abgelenkt. Die kurzwelligen blauen Strahlen werden stärker gebrochen als die langwelligen roten. Dieses »Sekundär«-Spektrum zeigt außen einen roten, innen einen blauen Rand. Die Erscheinung ist bei einfachen Linsenscheinwerfern besonders deutlich zu sehen.

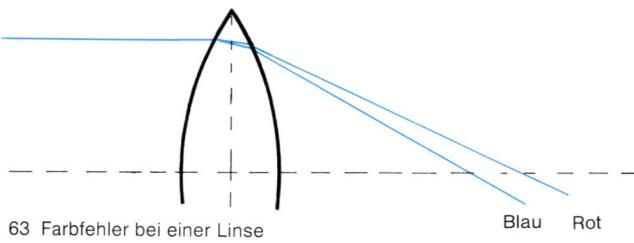

63 Farbfehler bei einer Linse   Blau   Rot

Reflexions- und Absorptionsverluste durch eine Linse

Beim Durchlaufen des Lichts durch ein Medium treten Absorptionsverluste auf. Beim Ein- wie auch Austreten durch das Medium wird ein Teil reflektiert. Der Reflexionsverlust wird durch die Brechzahl des Glases bestimmt (siehe Abb. 74).

Stufenlinse

Diese Sammellinse wurde um 1800 vom französischen Physiker Augustin Fresnel entwickelt und ab Anfang 1930 im Theater als Sammellinse in der Scheinwerfertechnik eingesetzt. Diese Linse ist in konzentrische Ringe aufgeteilt, die einen gemeinsamen Brennpunkt haben. Durch die jeweilige Krümmung der Ringflanken wird die Lichtbrechung auf den gemeinsamen Brennpunkt bewirkt, was den Vorteil hat, daß die Linsendicke vernachlässigt werden kann. Aus diesem Grund ist es möglich, die Linsendicke zu reduzieren, was

speziell für die Herstellung großer Linsendurchmesser von Wichtigkeit ist. Durch die Verdünnung des Glases wird auch die Wärmeabsorption vermindert. Das Glas ist aufgerauht und undurchsichtig, um die Projektion der Stufenringe zu verhindern. Darum wirkt ein Lichtstrahl aus einem Fresnellinsenscheinwerfer sehr diffus. Durch die sehr weichzeichnenden Lichtstrahlen ist eine genauere optische Übereinstimmung vom Brennpunkt zur Linse nicht von größter Wichtigkeit, was vor allem den Großscheinwerfern zugute kommt. Durch diese Brechungsart ist auch der Farbfehler der Linse nicht mehr wahrzunehmen. Im Gegensatz zu einer Plankonvexlinse ist die Dicke einer Fresnellinse unabhängig von Durchmesser und Brennweite.

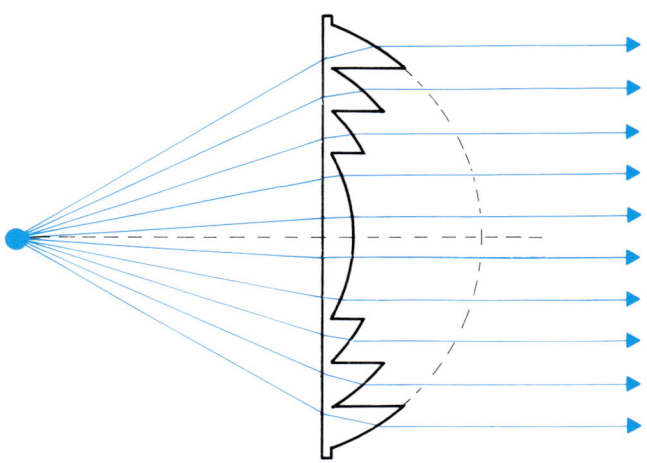

64 Strahlengang bei einer Stufenlinse

Strahlenbündel – Vergenz

Beim Abbildungsvorgang kommt nur ein begrenzter Teil von Lichtstrahlen zur Wirkung. Diese Begrenzung erfolgt durch mechanische Öffnungen wie z. B. Irisblende, Objektiv, Spie-

65 Vergenz bei einem Strahlenbündel

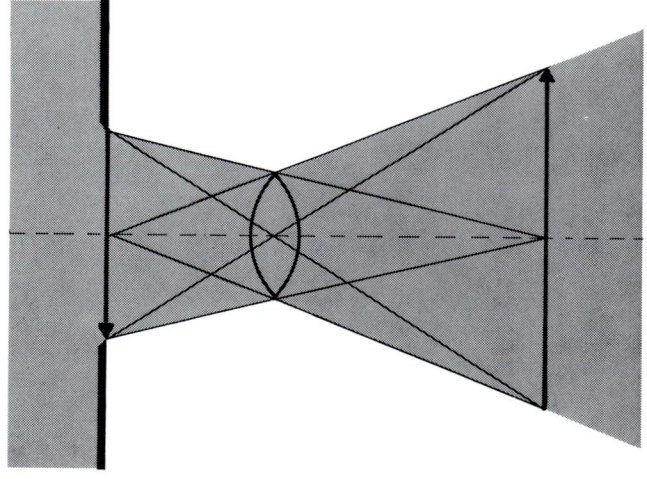

gel, etc. Ein so beschnittener Strahlengang wird als Strahlenbündel bezeichnet. Die Größe dieses Bündels wird durch den Öffnungswinkel, die Vergenz bestimmt. Geht das Strahlenbündel von einem Objektpunkt auseinander und vergrößert sich der Winkel, so wird von einem divergenten Strahl gesprochen. Verengen sich die Strahlen, so ist der Strahlengang konvergent. Die Vergenz der Strahlen eines Bündels bestimmt also die Art der Abbildung.

O	=	Objektpunkt axial	O' =	Bildpunkt axial
P	=	Objektpunkt außeraxial	P' =	Bildpunkt außeraxial
y	=	Objektgröße ($P_1 - P_2$)	y' =	Bildgröße ($P'_1 - P'_2$)
F	=	Objektbrennpunkt	F' =	Bildbrennpunkt
f	=	Objektbrennweite	f' =	Bildbrennweite
z	=	Abstand: Objektpunkt – Objektbrennpunkt	z' =	Abstand: Bildpunkt – Bildbrennpunkt
s	=	Abstand: Objektpunkt – Linse	s' =	Abstand: Bildpunkt – Linse
n	=	Brechungsindex Luft	n' =	Brechungsindex Medium

r = Radius der Linsenkrümmung
d = Linsendurchmesser
e = Linsendicke

Aufstellen einer Linse in den Strahlengang

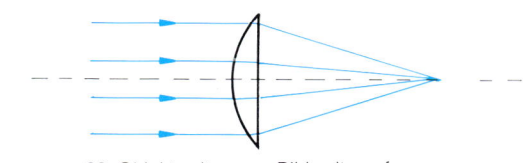

66 Objektweite = ∞, Bildweite = f

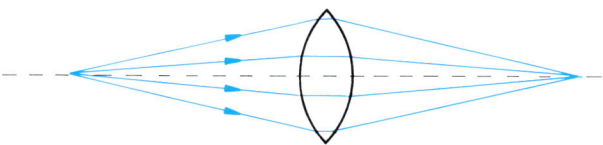

67 Objektweite = Bildweite, unabhängig von f

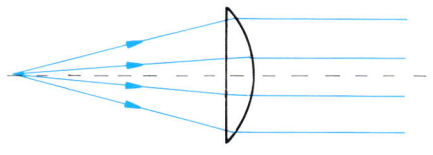

68 Bildweite = ∞, Objektweite = f

Optische Größen

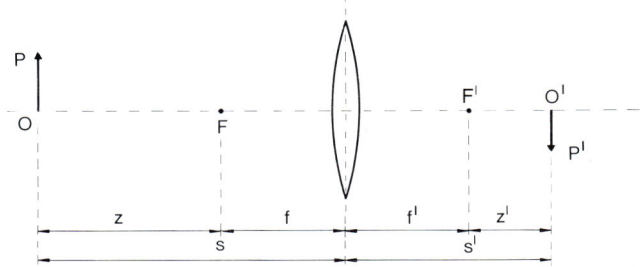

Optische Abbildung

In der Scheinwerfertechnik finden meist positive, sammelnde Linsen Verwendung. Um zum Beispiel ein optisches Bild mit einer Bikonvexlinse zu erzeugen, sind drei Anwendungsmöglichkeiten von Wichtigkeit.

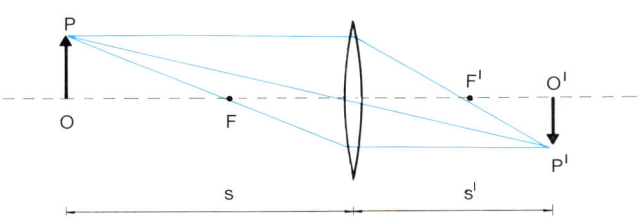

70 Optische Verkleinerung

Ist die Weite s größer als s', so wird das projizierte Bild gegenüber dem Objekt verkleinert. Das Bild ist reell, kopfstehend. s > 2 f

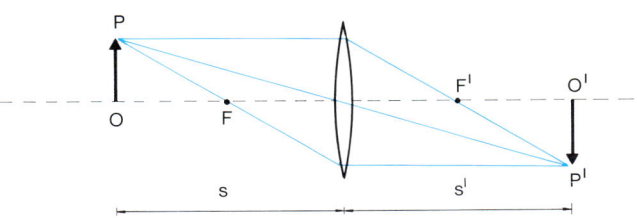

71 Optische Abbildung 1 : 1

Liegen die axialen Objekt- und Bildpunkte: s = s' und f = f', so ist der Abbildungsmaßstab 1 : 1. Das Bild ist reell, kopfstehend. s = 2 f

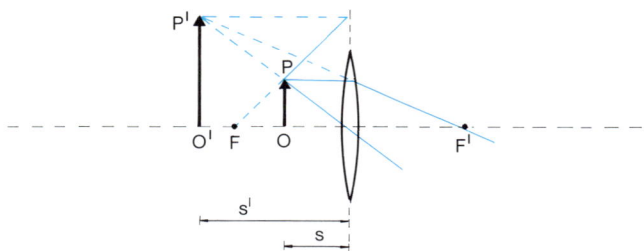

72 Optische Vergrößerung

Ist die Weite s kleiner als f^l, vergrößert sich das projizierte Bild. Es entsteht eine virtuelle Abbildung hinter dem Objektbrennpunkt (Funktionsweise einer Lupe). $s < f^l$

Brennweitenberechnung

Neben dem Bestimmen einzelner Linsenbrennpunkte liegt für uns die Handhabung eines Objektivs oft näher. Außer der rechnerischen Ermittlung einer Brennweite für eine Sammellinse oder ein Objektiv ist auch eine schnelle, unkomplizierte Beurteilungsmethode möglich. Als Hilfsmittel wissen wir, daß die Brennweite einer Konvexlinse bei gleichem Durchmesser um so kleiner ist, je mehr die Konvexlinse gekrümmt ist. Halten wir eine Sammellinse oder eine Linsenkombination unter eine Glühlampe mit einem aufgedruckten Markenstempel, so kann diese Markierung auf einer hellen darunterliegenden Fläche scharf abgebildet werden. Die Distanz zwischen der Projektionsfläche und dem abbildenden System ist die Brennweite in cm.

Bei der rechnerischen Brennweitenbestimmung (f) einer Plankonvexlinse müssen zuerst der Linsendurchmesser (d) und die Linsendicke (e) ermittelt werden.

$$r = \frac{d^2}{8e} + \frac{e}{2} \qquad \frac{1}{f} = \frac{n^l - n}{r} \qquad f = \frac{r}{n^l - n}$$

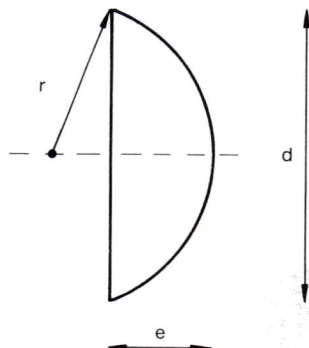

73 Plankonvexlinse mit Berechnungsgrößen für Brennweitenbestimmung

Objektive

Projektionsobjektive ähneln im Aufbau dem eines Photoobjektivs. Wegen des Zusammenwirkens von Objektiv und Beleuchtungssystem bevorzugt man Bauarten mit großen Öffnungen. Die Wirkung des Projektionsobjektivs ist genau umgekehrt wirksam wie beim Photoobjektiv. Das kompakte optische Linsensystem hat die Aufgabe, den Strahlengang entsprechend dem gewünschten Bildabstand und der Bildgröße herzustellen. Lange Projektionsentfernungen benötigen eine lange Brennweite, kurze Entfernungen setzen ein Weitwinkelobjektiv voraus.

Die Lichtstärke eines Projektionsobjektivs richtet sich nach dem Verhältnis vom Linsendurchmesser zur Brennweite. Je größer das Verhältnis zueinander ist, um so heller zeichnet das Objektiv die Bilder ab.

Vario-Objektive

Vario- oder Zoom-Objektive sind Linsensysteme mit veränderbarer Brennweite. Das System ändert seine Brennweite durch Verschieben einzelner Linsenglieder, ohne daß die Bildebene verändert wird. Durch die veränderliche Brennweite ist eine Verkleinerung oder Vergrößerung des projizierten Bildes möglich. Allerdings ist die Helligkeit dem Normalobjektiv gegenüber etwas geringer, da die Zusatzlinsen auch Licht schlucken.

Projektionsapparat

Der Projektionsapparat dient zur Erzeugung von stehenden Lichtbildern. Der optische Aufbau des Projektionsapparats ist unabhängig von der Größe des zu projizierenden Bildes. Das von der Lichtquelle ausgehende Licht wird durch das optische System der Beleuchtungseinrichtung, den Kondensor, gesammelt. Das gerichtete Strahlenbündel durchleuchtet das Dia gleichmäßig und vollständig und verläuft konvergent zum Projektionsobjektiv. Dieses erzeugt je nach gewählter Brennweite die gewünschte Bildgröße. Der Kondensor nimmt also lampenseitig die Strahlen auf, d. h. das Strahlenbündel zur Lampe hin bestimmt den Öffnungswinkel. Einfache Kondensoren für einen lampenseitigen Öffnungswinkel von 30–40° bestehen aus zwei Plankonvexlinsen. Vergrößert sich der Winkel, so wird eine dritte Linse in Form einer positiven Meniskuslinse hinzugefügt. Ein Kugelspiegel nützt das nach hinten abgestrahlte Licht der Projektionslampe zusätzlich aus. Da die thermische Belastung für die Kondensorlinsen erheblich ist, wird zur Wärmeabsorption oft wärmefestes Glas eingebaut. Die früher üblichen Kühlküvetten werden heute nicht mehr verwendet (Kühlküvetten waren wassergefüllte durchsichtige Behälter zur Wärmeabsorption).

74 Lichtbrechung an einer Plankonvex-Zylinderlinse ▶
Die Lichtstrahlen stammen von einem Argon-Ionen-Laser, der Strahlung bei zwei Wellenlängen emittiert – im grünen und im blauen Bereich. Die Strahlung ist aufgespalten in vier Teillichtstrahlen und trifft von unten kommend auf eine schräggestellte Plankonvex-Zylinderlinse. Sehr deutlich zu sehen sind der Reflexionsverlust der nach links reflektierenden Strahlen und das beim Durchgang durch die Linse fokussierte Lichtbündel. Auch der Farbfehler der Linse ist genau zu erkennen, die blauen Strahlen werden stärker gebrochen als die grünen.

Die Ermittlung der Brennweite f bei einer Projektionsabbildung:

f = Objektivbrennweite
y = $P_1 - P_2$ = Diagröße
y' = $P_1^I - P_2^I$ = Projizierte Bildgröße
s' = Distanz: Objektivbrennpunkt – Projektionsfläche
s = Distanz: Objektivbrennpunkt – Diaebene

Diese Größen verhalten sich untereinander:

$$\frac{\text{Bildgröße cm}}{\text{Diagröße cm}} = \frac{y'}{y} = V = \text{Vergrößerungsverhältnis}$$

Außerdem gilt: $\quad \frac{y'}{y} = \frac{s'}{s} = V$

Wird nach der Objektivbrennweite f gesucht, finden folgende Formeln Anwendung:

$$\frac{1}{f} = \frac{1}{s} + \frac{1}{s'} \quad \text{oder} \quad f = \frac{s' \times s}{s' + s}$$

In der Praxis empfehlen sich nachstehende Formeln:

$$f = \frac{s'}{V + 1} \quad \text{oder} \quad f = \frac{s' \times y}{y' + y}$$

Filmapparate

Beim Film wird dem Betrachter ein »lebendes« Projektionsbild vermittelt. Dem Auge werden einzelne Phasen eines Bewegungsvorgangs in so schneller Reihenfolge dargeboten, daß sie scheinbar miteinander verschmelzen und eine Bewegung vortäuschen. Bei den allgemein üblichen Projektoren wird jedes Bild des Films eine kurze Zeit ruhend auf die Filmleinwand projiziert. Während das nächste Bild an die Stelle des vorgehenden rückt, wird der Strahlengang der Lichtquelle verdeckt. Der Film wird mit einem sogenannten »Malteserkreuz« bewegt. Der optische Aufbau eines Filmprojektors entspricht einer normalen Lichtbildprojektion. Die im Theater üblichen Filmgeräte mit großer Leistung sind meistens mit Xenon-Lampen ausgerüstet. Aber auch Halogenlampen und tageslichtähnliche Entladungslampen finden hier Verwendung.

75 Optische Größen für eine Bildprojektion

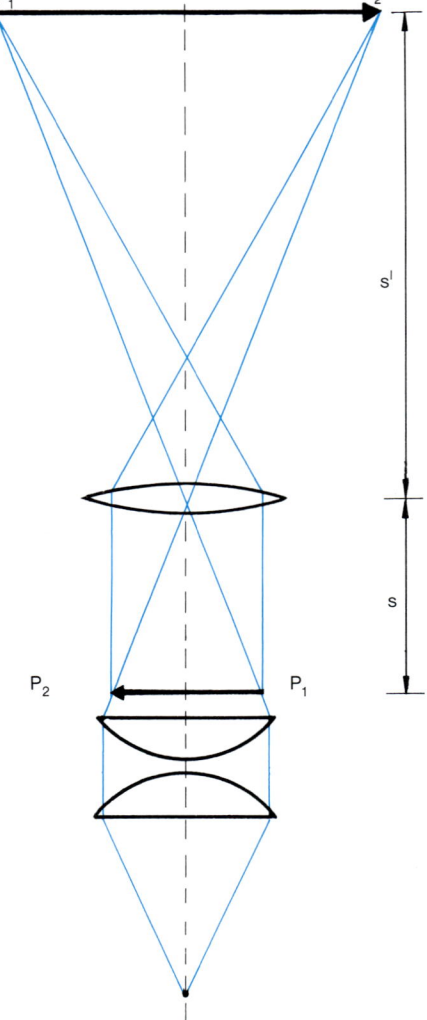

76 Projektionsapparat – optischer Aufbau

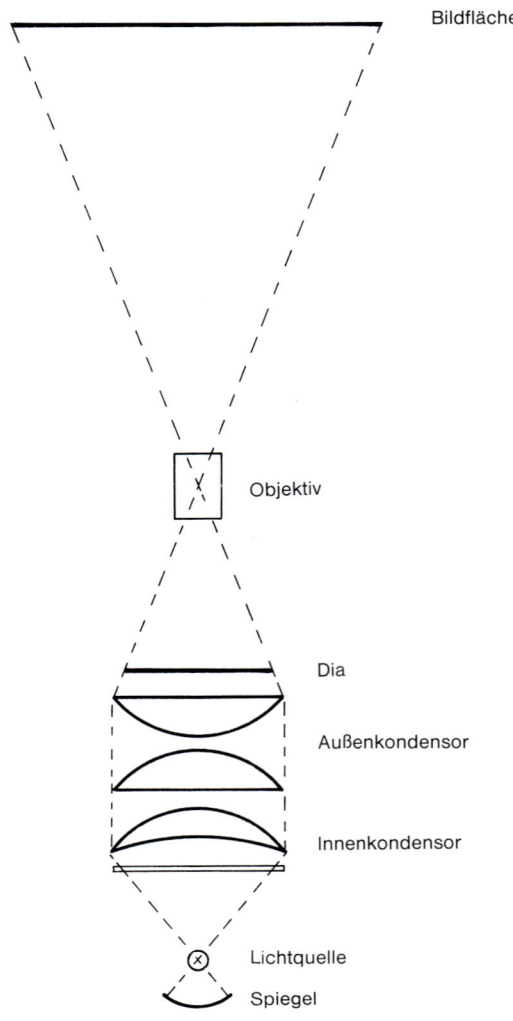

Lampen und Licht

Lichttechnische Grundgrößen

Etwas trocken erklärt sich das Maßsystem für die Lichttechnik. Damit wir entscheiden können, in welchem Zusammenhang eine Glühlampe zu ihrer Umgebung steht, sind einige Grunddefinitionen notwendig.

Der Lichtstrom

Der Lichtstrom ist die Licht eistung der Lichtquelle für allseitig abgestrahltes Licht.
Maßeinheit: Lumen (lm)/Kurzzeichen: »Phi« Φ

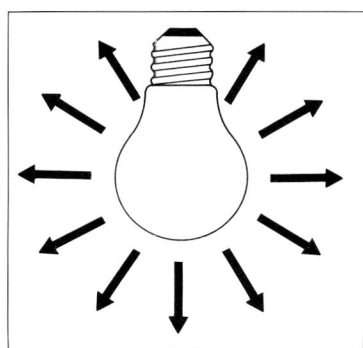

Die Lichtstärke

Die Lichtstärke ist das Maß für die Lichtausstrahlung in einer bestimmten Richtung. Candela, die Lichtstärke, ist international als Grundgröße festgelegt. Die Darstellung der Lichtverteilung erfolgt in der Form eines Polardiagramms.
Maßeinheit: Candela (cd) / Kurzzeichen: I

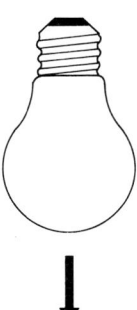
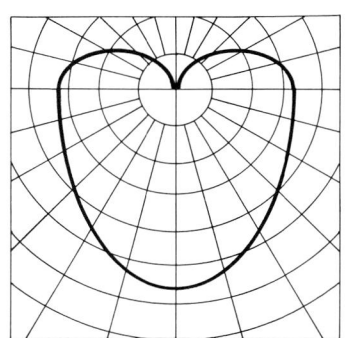

Die Beleuchtungsstärke

Sie gibt an, wie stark eine Fläche unter Berücksichtigung des Einfallswinkels beleuchtet wird.
Maßeinheit: Lux (lx) / Kurzzeichen: E
1 Lux ist 1 Lumen pro m^2

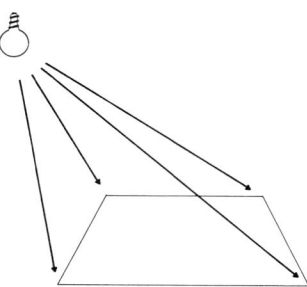

Die Leuchtdichte

Die Leuchtdichte ist das Maß für den Helligkeitseindruck, den eine beleuchtete Fläche selbst oder eine beleuchtete Fläche durch Reflexion bewirkt.
Maßeinheit: Candela/m^2 (cd/m^2)

$$\text{Die Leuchtdichte} = \frac{\text{Lichtstärke (cd)}}{\text{leuchtende Fläche (m}^2)}$$

unter Berücksichtigung des Sehwinkels

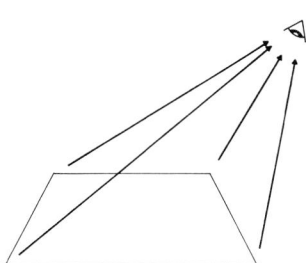

Die Lichtausbeute

Sie gibt das Verhältnis zwischen dem abgestrahlten Lichtstrom und der aufgenommenen elektrischen Leistung an.

Maßeinheit: Lumen/Watt $(\frac{lm}{W})$

81 Leuchtstofflampenbeleuchtung in das Bühnenbild integriert, Aufführung: »Klotz am Bein«, Münchner Kammerspiele

82 Bühnenhauptlicht mit HMI-Scheinwerfern, Aufführung: »Seltsames Zwischenspiel« Teatro Stabile, Turin

83 HMI®-Rücklicht für realistisches Tageslicht, Aufführung: »Das weite Land«, Théâtre des Amandiers, Nanterre

84 HMI®-Gassenlichter Weiß, Aufführung: »Käthchen von Heilbronn«, Münchner Kammerspiele

85 Aufführung: »Nathan der Weise«, Münchner Kammerspiele, Fußbodenlicht mit steuerbaren Leuchtstofflampen

Lampen

Lampen unterscheiden sich je nach vorgesehenem Verwendungszweck in der Versorgungsspannung, Leistungsaufnahme, äußerer Form und Sockelung, Aufbau und Lage des Leuchtkörpers bzw. Größe und Form des Lichtbogens, Lichtausbeute und Lebensdauer sowie der spektralen Energieverteilung ihres Lichts. Die Art der Lichterzeugung trennt man in zwei Gruppen:
- Glühlampen
- Entladungslampen

Was ist eine Glühlampe?

Eine Glühlampe ist ein Temperaturstrahler. Durch Erhitzung eines Wolframdrahts erzeugt dieser nebst Wärmestrahlung auch eine Lichtstrahlung. Nur 5–10 % der Leistungsaufnahme werden in Lichtstrahlung umgesetzt, der Rest in Wärme!

Wie funktioniert das?

Als Leuchtkörper dient ein einfach oder mehrfach gewendelter Wolframdraht. Die Länge und der Durchmesser des Drahts sind auf die gewünschte Betriebsspannung, Leistungsaufnahme und Glühtemperatur abgestimmt. Im luftleeren oder mit Edelgas gefüllten Raum ist die Wendel durch elektrischen Strom auf Weißglut (2 800° Celsius) erhitzt. Der Schmelzpunkt des Wolframdrahts liegt bei ca. 3 400° Celsius bzw. 3 650 Kelvin. Der nichtgewendelte Wolframdraht ist in einer 60-Watt-Glühlampe $\frac{1}{100}$ mm stark und über einen Meter lang. Mit steigender Temperatur nehmen Lichtausbeute und Farbtemperatur zu, die Lebensdauer nimmt jedoch ab. Dieser Rückgang ist dadurch bedingt, daß das

Drahtmaterial bei höheren Temperaturen rascher verdampft und immer dünner wird, bis es an einer Stelle schmilzt und damit das natürliche Ende der Lampe gekommen ist. Mit der Wolfram-Glühlampe lassen sich Farbtemperaturen, die 3 400 Kelvin übersteigen, nicht erreichen. Bei höheren Temperaturen würde man zu nahe an den Schmelzpunkt des Wolframs heranrücken (siehe: Farbtemperatur).

Das verdampfte Wolfram bestimmt aber nicht nur die Lebensdauer, sondern schlägt sich auch auf die Kolbenwand nieder. Dieser Belag absorbiert Licht und drückt die Farbtemperatur im Laufe der Zeit immer mehr; der Glaskörper der Lampe dunkelt ein.

Durch Füllung der Lampenkolben mit Gasen (Stickstoff, Argon, Krypton oder Mischungen daraus), welche die Leuchtdrähte auch bei hohen Temperaturen nicht angreifen, wird der Verdampfung entgegengewirkt. Auch hat man durch entsprechende große Kolben den Schwärzungsbelag dünn gehalten. Bei Spezialtypen wurde durch die Kolbenform dafür gesorgt, daß sich das Wolfram nur an solchen Stellen niederschlägt, wo es den Lichtaustritt nicht behindert. Bei besonders kostspieligen Lampen, wie Projektionslampen, wurde früher zur Reinigung des Lampenkolbens Schrot eingefüllt. Im Betriebszustand der Lampe lag dieser unterhalb der Wendel. Bei größerer Schwärzung der Lampe konnte diese durch Schwenken des Schrots von der Wolframablagerung gereinigt werden, was eine größere Konstanz der Farbtemperatur und des Lichtstroms garantierte.

Der Halogen-Wolfram-Kreisprozeß

Dieser Prozeß stellt einen entscheidenden Schritt gegen die Kolbenschwärzung dar. Die modernen Halogen-Glühlampen finden seit ca. 1960 auf allen Gebieten immer stärkere Verbreitung. Anfangs fand das Halogen Jod, derzeit finden meist Brom oder Bromverbindungen Anwendung. Beim Betrieb der Lampe spielt sich folgender Vorgang ab:

Die von dem heißen Leuchtdraht (bis ca. 3 000° C) verdampfenden Wolframatome gelangen in einigem Abstand in den Temperaturbereich unter 1 400° C. Hier verbinden sie sich mit den Halogenatomen. Diese Verbindung bleibt bis zu 250° C gasförmig. Sorgt man durch kleine Kolben dafür, daß deren Innenwand rasch diese Mindesttemperatur überall annimmt, so schlägt sich die Wolfram-Halogen-Verbindung nicht darauf nieder. Sie gelangt mit der thermischen Strömung des Füllgases in die Nähe der heißen Wendel, wo sie wieder in ihre Bestandteile Wolfram und Halogen zerfällt. Das Halogen steht dem Kreisprozeß erneut zur Verfügung, das Wolfram lagert sich auf der Wendel ab, und zwar bevorzugt an den eher kühlen, dicken Stellen und nicht an den relativ heißen, dünnen und zum Durchbrennen neigenden. Um zu gewährleisten, daß alle Stellen der Kolbeninnenwand die für den Kreisprozeß erforderlichen Mindesttemperaturen schnell erreichen, müssen die Lampen klein und aus schwer schmelzbarem Glas (Quarz, Vycor, Hartglas) gefertigt werden. In den kleinen, stabilen Kolben läßt sich ohne Gefahr für

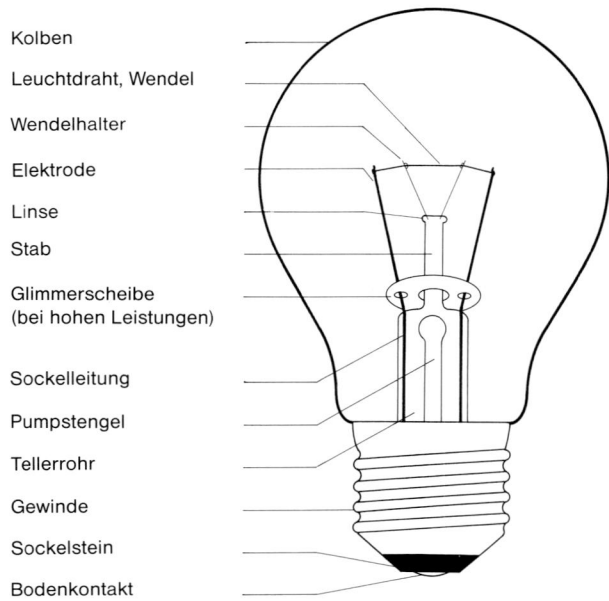

86 Aufbau einer Glühlampe

Kolben

Leuchtdraht, Wendel

Wendelhalter

Elektrode

Linse

Stab

Glimmerscheibe
(bei hohen Leistungen)

Sockelleitung

Pumpstengel

Tellerrohr

Gewinde

Sockelstein

Bodenkontakt

den Benützer ein höherer Fülldruck anwenden. Dieser höhere Druck vermindert die Verdampfungsgeschwindigkeit an allen Stellen des Leuchtdrahtes, auch an den dünnen, zum Durchbrennen neigenden. Damit ergibt sich eine höhere Lebensdauer, und es läßt sich die Lichtausbeute erhöhen.

Somit ergeben sich für die Halogenglühlampe folgende wesentliche Vorteile:
– konstanter Lichtstrom
– gleichbleibende Farbtemperatur während der gesamten Lebensdauer
– höhere Lichtausbeute und/oder Lebensdauer
– kleine Abmessung

Bühnenanwendung

Wie wir aus dem Kapitel der Farbtemperaturdefinition wissen, ist eine sorgsame Beachtung dieser Temperatur in bezug auf Theater-Scheinwerferlampen, speziell für Halogen- und Entladungslampen, wichtig.

Im Theater ist es für den Betrachter nicht entscheidend, wieviel Kelvin das Licht auf der Bühne hat. Auf die Farbtemperaturunterschiede stellt sich das Auge des Betrachters ein. Es kann gleichzeitig die Flamme einer Kerze mit 1 500 Kelvin und eine Xenon-Entladungslampe mit 6 300 Kelvin wahrnehmen. Für ihn ist es zwar ein stimmungsmäßiger Unterschied, das Auge ist jedoch nicht an eine »Normtemperatur« gebunden.

Dagegen ist diese Normtemperatur für das Fernsehen und den Film entscheidend. Bei der Studiobeleuchtung wird auf eine einheitliche Farbtemperatur aller Lichtquellen geachtet. Für Aufnahmen mit Kunstlicht ist die allgemein verwendete Farbtemperatur 3 200 Kelvin.

Die Farbtemperatur von Glühlampen stellt einen Kompromiß zwischen:
– langer Lebensdauer – niedriger Farbtemperatur
– kürzerer Lebensdauer – höherer Farbtemperatur
dar.

Bei Lampen mit einer Farbtemperatur von 3 000 Kelvin liegt die erreichbare Lebensdauer bei ca. 600 Stunden. Bei Lampen mit 3 200 beträgt sie nur noch 300 Stunden. Bei einer weiteren Farbtemperaturanhebung auf 3 400 Kelvin reduziert sich die Lebensdauer auf 15 Stunden.

Aus diesem Grund können im Theaterbetrieb Lampen mit 3 000 Kelvin Farbtemperatur einen recht guten und kostengünstigen Platz einnehmen. Verständlich wird nun, warum z. B. Photolampen ein helles, weißes Licht abgeben, aber auch meist nur wenige Stunden brennen.

An dem Planckschen Kurvenzug ist in einer Auswahl wichtiger Lampensorten aufgezeigt, in welchem Spektralbereich das jeweils abgestrahlte Licht zu finden ist.

87 CIE-Farbenraum mit Planckschem Kurvenzug und Juddschen Graden für die Bestimmung der x-y-Werte von Temperaturstrahlern mit einer Auswahl von Lichtquellen, die im Theater verwendet werden

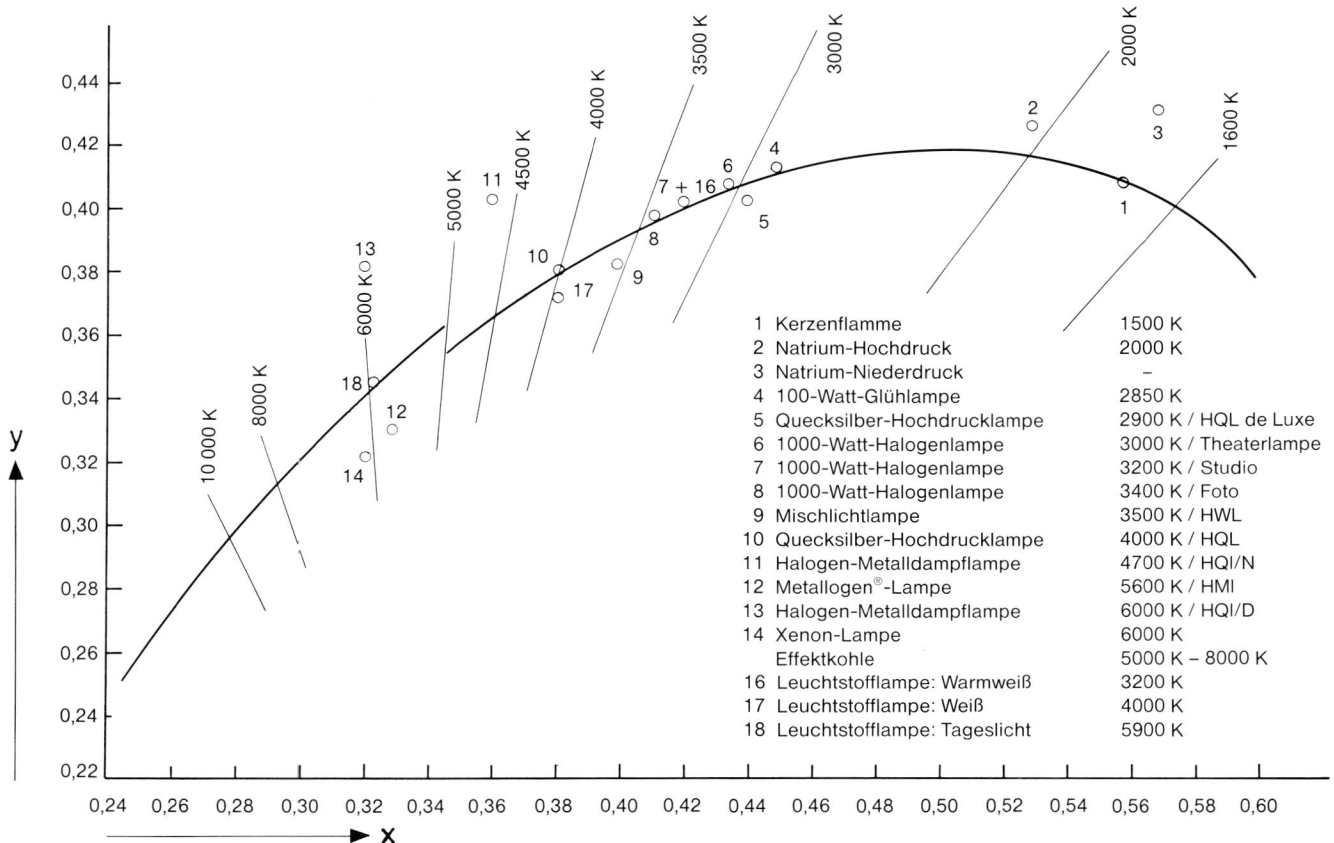

1	Kerzenflamme	1500 K
2	Natrium-Hochdruck	2000 K
3	Natrium-Niederdruck	–
4	100-Watt-Glühlampe	2850 K
5	Quecksilber-Hochdrucklampe	2900 K / HQL de Luxe
6	1000-Watt-Halogenlampe	3000 K / Theaterlampe
7	1000-Watt-Halogenlampe	3200 K / Studio
8	1000-Watt-Halogenlampe	3400 K / Foto
9	Mischlichtlampe	3500 K / HWL
10	Quecksilber-Hochdrucklampe	4000 K / HQL
11	Halogen-Metalldampflampe	4700 K / HQI/N
12	Metallogen®-Lampe	5600 K / HMI
13	Halogen-Metalldampflampe	6000 K / HQI/D
14	Xenon-Lampe	6000 K
	Effektkohle	5000 K – 8000 K
16	Leuchtstofflampe: Warmweiß	3200 K
17	Leuchtstofflampe: Weiß	4000 K
18	Leuchtstofflampe: Tageslicht	5900 K

Spektrale Strahlungsverteilungen

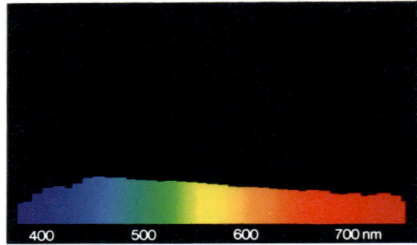

88 Tageslichtspektrum

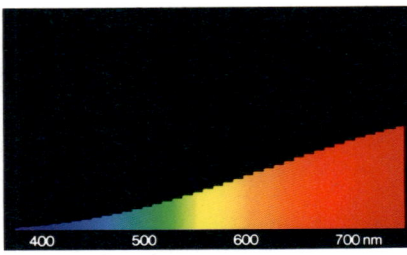

89 Glühlampenspektrum

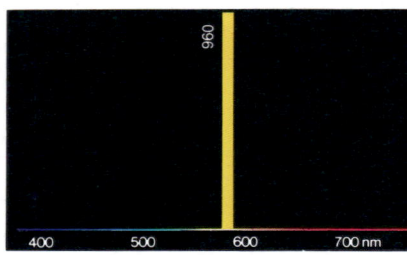

90 Natrium-Niederdrucklampe

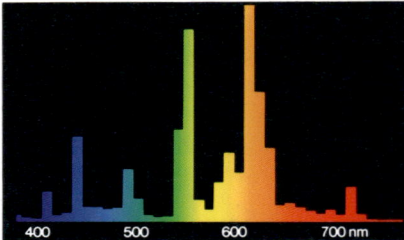

91 Leuchtstofflampe
Strahlungsspektrum Warmweiß

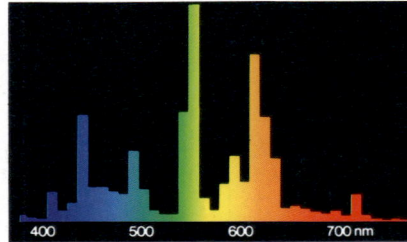

92 Leuchtstofflampe
Strahlungsspektrum Weiß

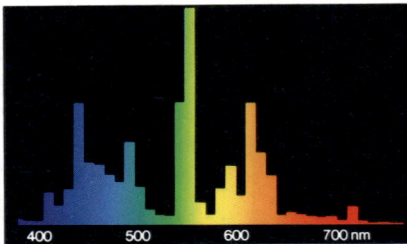

93 Leuchtstofflampe
Strahlungsspektrum Tageslichtweiß

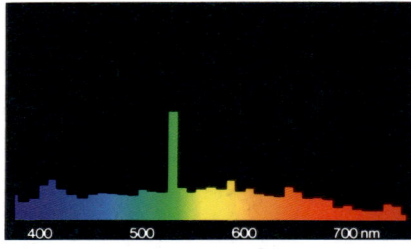

94 Halogen-Metalldampflampe – Daylight

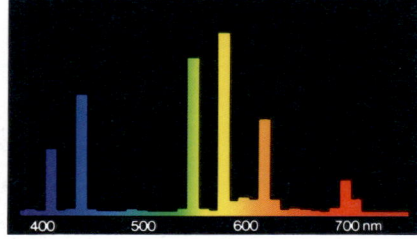

95 Quecksilberdampf-Hochdrucklampe

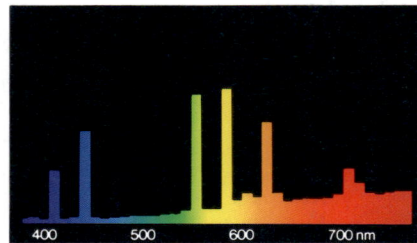

96 Mischlichtlampe

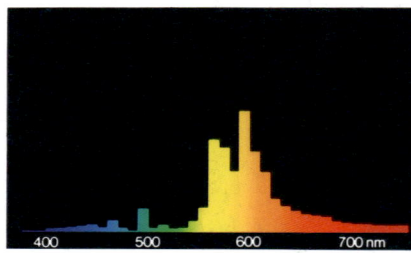

97 Natrium-Hochdrucklampe

98 Metallogen®-Lampe HMI

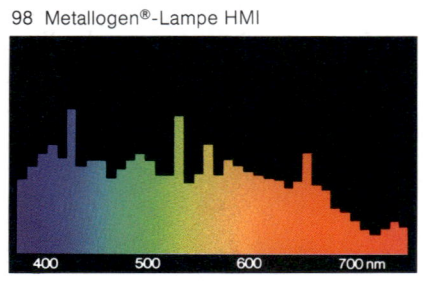

99 Xenon-Lampe

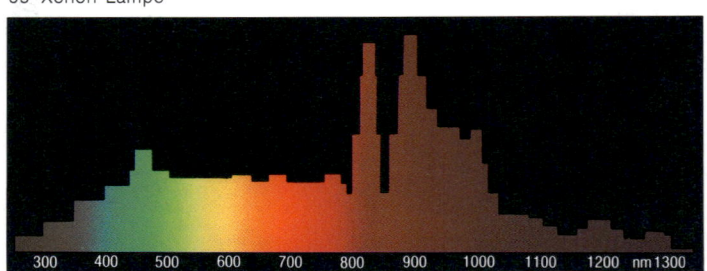

48

Glühlampen als Temperaturstrahler im Theater

Mehr noch als bei den Lampen für die Allgemeinbeleuchtung werden an die Spezialtypen für die Bühne folgende strenge Anforderungen gestellt:
- hoher Lichtstrom (Lumen)
- hohe Lichtausbeute (Lumen/Watt)
- konstante Farbtemperatur und konstanter Lichtstrom
- exakte Leuchtkörperlage und -form
- Sockelung mit hohem Bedienkomfort

Nach Angaben von Herstellern wurden für das Gebiet der Glühlampen Typen bis zu 20 000 Watt gebaut. Auch heute sind derartige Lampen noch in Gebrauch, obwohl ein Trend zu niedrigen Leistungsstufen erkennbar ist. Nicht zuletzt war das Problem der Regelung dafür maßgebend. In der modernen Halogenausführung werden deshalb nur noch Typen bis zu 10 000 Watt gebaut.

Höhere Lichtausbeute (lm/W) bringt nicht nur mehr Licht bei gleicher Leistungsaufnahme, sondern vergrößert auch den Anteil des sichtbaren Lichts im Verhältnis zur infraroten Wärmestrahlung. Diese kommt in der höheren Farbtemperatur zum Ausdruck. Vergleicht man z. B. eine Allgebrauchslampe mit Photo- und Glühlampen gleichen Lichtstroms, so sieht man, daß Allgebrauchslampen etwa 80 % mehr Wärmestrahlung abgeben, wofür auch eine höhere Leistungsaufnahme notwendig ist.

Um die Belastung der Akteure mit unvermeidlicher Wärmestrahlung so klein wie möglich zu halten, sind Lampen höherer Lichtausbeute unbedingt erforderlich. Der Nachteil kürzerer Lebensdauer bei Lampen höherer Lichtausbeute wird dort, wo hohe Beleuchtungsstärken notwendig sind, von den Vorteilen geringerer Wärmebelastung und niedrigerer Leistungsaufnahme mehr als aufgewogen.

Enger und heller

Leuchtdichte

Je höher die Leuchtdichte einer Lichtquelle, desto besser läßt sich das von ihr emittierte Licht mit Hilfe von Reflektoren oder Linsen in die gewünschte Richtung lenken, und desto kleiner werden unerwünschte Streueffekte. Die Lichtstärke eines Scheinwerfers steigt mit der Leuchtdichte. Eine hohe Leuchtdichte erhält man mit kleinen Leuchtkörpern. Praktisch erreicht man dies dadurch, daß die Leuchtdrähte gewendelt und die einzelnen Teile so nebeneinandergelegt werden, daß sie sich in der Hauptstrahlrichtung nicht gegenseitig abschatten. Dies führt zur Anordnung der einzelnen Wendelteile in einer Ebene, der sogenannten monoplanen Anordnung der Wendelschenkel. Mit biplaner Anordnung läßt sich die Breite des Leuchtkörpers noch weiter verringern, was zu einer nochmaligen Steigerung der Leuchtdichte beiträgt. Die Abstände der einzelnen Wendelschenkel

müssen aber immer mindestens so groß bleiben, daß kein elektrischer Überschlag zwischen ihnen erfolgen kann. Bei Lampen für Netzspannung 220 Volt sind daher die Abstände größer als bei Niedervoltlampen, z. B. 24 Volt, bei denen auch die erforderlichen Leuchtdrahtlängen kürzer sind.

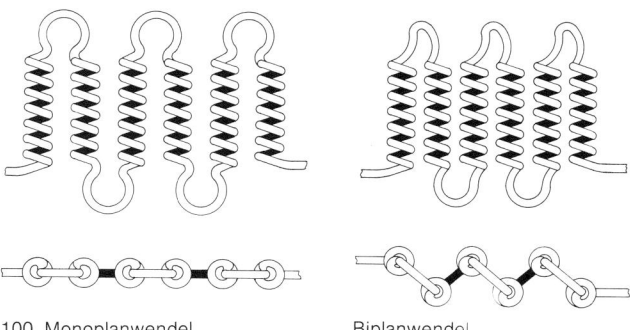

100 Monoplanwendel   Biplanwendel

Spezial-Glühlampen

Inzwischen sind uns Begriffe geläufig, mit denen wir einige genaue Definitionen über Glühlampen festsetzen können. Eine Glühwendel, die das Licht abgibt, ist die Ausgangsbasis. Neben den Allgebrauchslampen beschäftigt uns natürlich die Scheinwerferlampe. Unterschiede von Spannung, Sockelung, Strahlengang und Farbtemperatur lassen

101 Glühlampensortiment für Linsenscheinwerfer, Profil- und Flächenleuchten, Niedervolt-Parabolspiegelscheinwerfer

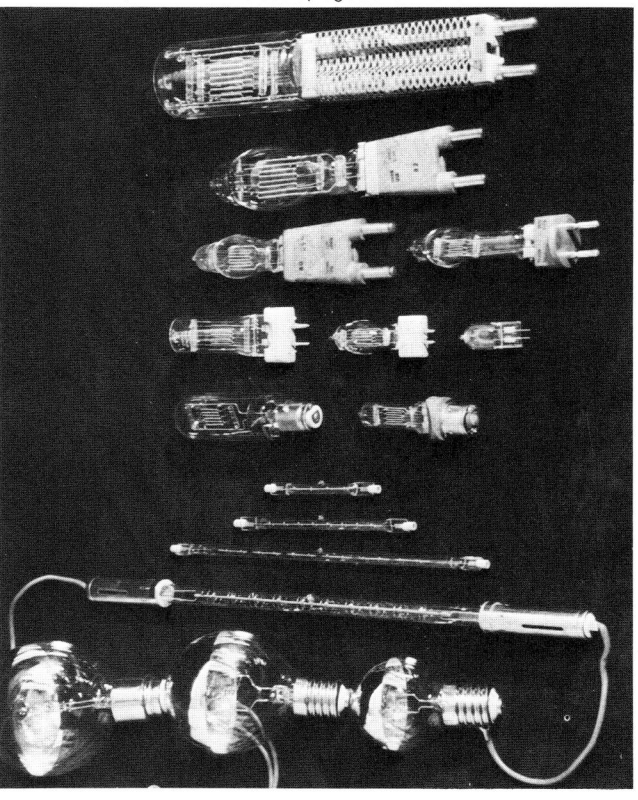

uns jeweils in einer bestimmten Richtung suchen. Eine große Palette von Speziallampen steht zur Verfügung, die wir für Effektgeräte benützen können. Unter diesem Gesichtspunkt fällt im Theaterbetrieb die Spiegellampe schwer ins Gewicht. Die Wendel ist in ein Spiegelsystem des Lampenkörpers eingebaut. Dadurch ergibt sich eine optimale Übereinstimmung zwischen dem gespiegelten und dem abgestrahlten Licht. So haben z. B. Preßglaslampen (auch PAR-Lampen genannt) einen Stammplatz bei der Auswahl der Beleuchtungsgeräte. Exakte Vorstellungen und Anregungen vermitteln uns jeweils die Spezialisten der Lampenhersteller.

Es ist unmöglich, sämtliche Glühlampen aufzulisten, die für einen Bühneneinsatz geeignet sind. Ein Querschnitt soll zeigen, in welchem Umfang sich die Glühlampenausführungen bewegen.

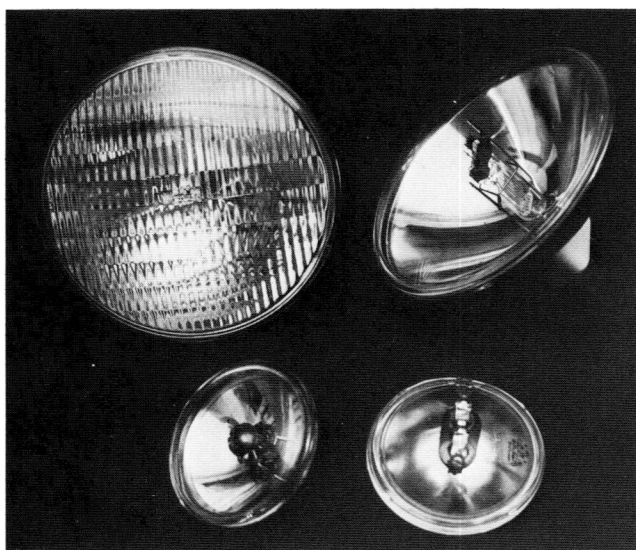

102 Preßglaslampensortiment, oben PAR 64, unten PAR 36

Entladungslampen

In den letzten Jahren finden Gas- und Metalldampflampen im Theater wachsende Verbreitung. Warum? Gegenüber der Glühlampe – außer der Natriumdampflampe – hat eine Entladungslampe folgende Unterschiede:
- Tageslichtspektrum
- höhere Lichtausbeute
- geringe mechanische Empfindlichkeit
- Anlaufzeit bis zur vollen Lichtleistung maximal 3 Minuten

Was ist eine Entladungslampe?

Entladungslampen sind Lampen, in denen die Lichtabstrahlung durch elektrische Entladung von gasförmigen, flüssigen

oder festen Stoffen entsteht. Die unterschiedliche Farbigkeit der Strahlung entsteht durch die Wahl dieser Stoffe und mittels Lumineszenzstrahlung.

Niederdruck- und Hochdrucklampen

Innerhalb dieses Bereichs lassen sich die
- Kurzbogenlampe
- Mittelbogenlampe
- Langbogenlampe
voneinander unterscheiden.

Niederdrucklampen

Kurzdefinitionen:
- Bogenentladung mit heißer Kathode (seit 1854)
- großvolumige Lampen
- mittlere Lichtströme
- lange Entladungsröhre
- kleine Rohrdurchmesser
- gleichmäßige, niedrige Leuchtdichte im ganzen Entladungsraum

Niederdrucklampen sind langgestreckt und stabförmig. Die größte Gruppe bilden die Leuchtstofflampen. Auch die Natrium-Niederdrucklampe gehört zu dieser Lampenart.

Wie funktioniert das?

Zur Anregung der Leuchtstoffe in der im Sprachgebrauch allgemein als Leuchtstofflampe oder L-Lampe bezeichneten Niederdruck-Leuchtstofflampe in Röhrenform dient eine Quecksilberdampfentladung. Beim Sättigungsdampfdruck des Quecksilbers entspricht die Temperatur der Röhrenwand in der Regel der Umgebung der Zimmertemperatur von 25° C. Zum Erleichtern der Zündung ist ein Edelgas, meist Neon-Argon, bzw. Krypton mit einem geringen Druck zugesetzt. Die Entladung brennt in einem Röhrenkolben zwischen zwei Elektroden, die in der Regel als Glühwendel ausgeführt sind. Die Innenwand des Rohrs ist mit einem Leuchtstoffgemisch beschlämmt. Durch die UV-Strahlung des Quecksilbers wird das beschlämmte Leuchtstoffgemisch angeregt und zum Leuchten gebracht.

Um die Zündung der Entladung zu bewirken, werden die jeweils an zwei Sockelstiften des Sockels angeschlossenen Wendel über einen Heizstromkreis oder getrennte Heiztransformatoren vorgeheizt. Dabei wird die Emittersubstanz, die sich zwischen den Windungen befindet, auf die Emissionstemperatur von 600–800° C erhitzt. Vor den Elektroden bilden sich Raumladungen, die die Zündspannung der Lampe unter die Netzspannung herabsetzen. Die Lampe wird dann bei Anlegen der Spannung gezündet, oder es kann dies mittels eines Spannungsimpulses bis 1 500 Volt erfolgen (Starter-Schaltung).

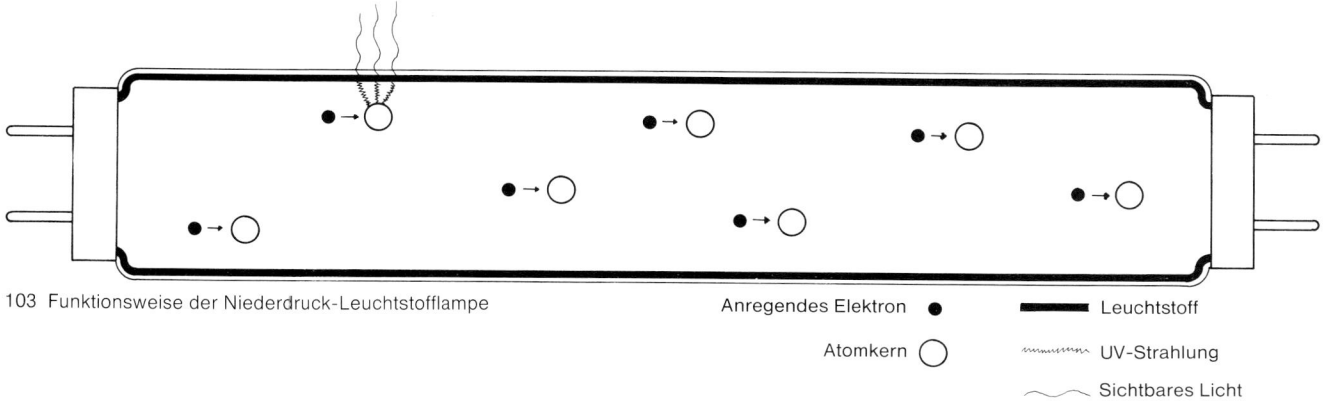

103 Funktionsweise der Niederdruck-Leuchtstofflampe

Anregendes Elektron ●

Atomkern ○

▬▬▬ Leuchtstoff

〰〰〰 UV-Strahlung

〰 Sichtbares Licht

Hochdrucklampen

Kurzdefinition:
- Bogenentladung mit heißer Kathode (1906)
- Entladungsrohre mit kleinen Volumen
- hohe Leuchtdichte
- eingeschnürter, konzentrierter Lichtbogen

Hochdruck-Entladungslampen haben in der Regel kurze Entladungsstrecken. Bei der Hochdruckentladung im Quecksilberdampf entsteht weniger UV-Strahlung und mehr Licht als bei Niederdruck-Entladungslampen. Durch die höhere Temperatur der Entladung entsteht ein höherer Druck in dem Entladungsrohr.

Wie funktioniert das?

Die Gasentladung wird über eine Zündung zwischen den Elektroden in Gang gebracht. Die zur Lichterzeugung benötigten Füllsubstanzen – w e z.B. Quecksilber – müssen in einem geeigneten Mischungsverhältnis in der Lampe vorhanden sein, um die gewünschte Lichtcharakteristik erzeugen zu können. Eine wesentliche Farbverbesserung und dazu eine Erhöhung der Lichtausbeute läßt sich durch Hinzufügen von Metall-Jodid oder den Jodiden der »seltenen Erden« erreichen. Solche Lampen werden als Halogen-Metalldampflampen bezeichnet.

Zum Betrieb aller Lampen sind Drosselspulen zur Strombegrenzung notwendig. Die Zündung wird entweder durch in die Lampen eingebaute Hilfselektroden oder durch gesonderte Zündeinrichtungen erreicht. Im Gegensatz zu Leuchtstofflampen sind Hochdrucklampen nach dem Erlöschen in vielen Fällen nicht sofort wieder betriebsbereit. Die Lampen müssen abkühlen, ehe sie erneut gezündet werden können. Durch kurzzeitiges Anlegen sehr hoher Spannungen, die mit besonderen Zündgeräten erzeugt werden, lassen sich jedoch die meisten Lampen auch in heißem Zustand sofort wieder zünden. Hochdrucklampen sind temperaturempfindlich und benötigen eine ausreichende Kolbentemperatur.

Kurzbogenlampen

Die Bezeichnung sagt aus, daß die Länge des Lichtbogens zwischen den Elektroden gering ist. Darum ist die Leuchtdichte hier extrem hoch und die Lichtquelle punktförmig.

Mittelbogenlampen

Hier ist der Elektrodenabstand etwas größer. Der Lichtbogen ist ellipsenförmig zwischen den beiden Elektroden, die Leuchtdichte ist etwas geringer als bei Kurzbogenlampen.

Langbogenlampen

Bei Langbogenlampen liegen die Elektroden weit auseinander. Es kann nicht mehr von einem Brennpunkt gesprochen werden, denn die Leuchtdichte ist im ganzen Entladungsraum fast gleichmäßig.

Das Lampen-ABC

Niederdruck-Leuchtstofflampen

Sie werden schon beschrieben in der Erklärung »Niederdrucklampen«. Die Gasentladung im Glasrohr entwickelt über den Quecksilberdampf überwiegend unsichtbare starke Ultraviolettstrahlung von 253,7 nm. Durch den Leuchtstoffbelag auf der Innenseite des Entladungsrohrs werden die kurzwelligen Strahlen in längerwellige, sichtbare Strahlen transformiert. Durch verschiedene Zusammensetzungen des Leuchtstoffbelags können die Lichtfarben variiert werden. Das Angebot bietet ein weitgefächertes Sortiment von verschiedenen Längen, Formen und unterschiedlichen Leistungen. Auch unter verschiedenen Lichtfarben kann gewählt werden; von 2 800 bis 6 000 Kelvin.

Interessant ist hierbei noch zu wissen, daß der Lichtstrom der Leuchtstofflampe temperaturabhängig ist. Optimale Betriebsverhältnisse erreicht sie bei einer Umgebungstemperatur von 20–25° C.

Leistung:	4 Watt–215 Watt
Sockelung:	G 5, G 13, R 17d, Fa 6, 4 Stift spez.
Brennlage:	beliebig
Sofortige Wiederzündung:	ja
Einbrennzeit:	keine
Regelbarkeit:	ja
Mittlere Lebenszeit:	7 500–10 000 Stunden
Spektrum/Kelvin:	je nach Leuchtstoffschicht zwischen 2 800–6 000 K (siehe Abb. 91, 92, 93)
Farbwiedergabe:	je nach Beschlämmung Stufe 1–2

Bühnenanwendung

Die »Volkslampe« ist nicht uninteressant, jedoch auch nicht ganz problemlos. Die für den Beleuchtungsfachmann interessanten Ausführungen sind die Typen 40 Watt/120 cm und 20 Watt/60 cm. Diese beiden Röhrenlängen besitzen das beste Steuerverhalten. Es ist so gut, daß über die Lichtstellanlage eine sprung- und flackerfreie Regulierung möglich ist. Um die Zusammenhänge besser verstehen zu können, müssen wir etwas detaillierter werden.

Stufenlose Helligkeitssteuerung von Leuchtstofflampen

Zur Zeit ist jede Leuchtstofflampe im Durchmesser von 38 mm steuerbar. Lampen mit Rohrdurchmesser von 26 mm oder weniger sind es auch, doch sind die dafür notwendigen Geräte noch so teuer, daß der Vorteil der Lampe durch die teure Regelungstechnik aufgehoben wird. Die Idealtypen haben wir schon erwähnt, doch auch Rohrlängen von 150 cm/65 Watt oder solche mit gebogenem Entladungsrohr (U-förmig) sind regelbar. Für diese ist aber ein etwas kostspieligerer Regelaufbau nötig. Bei der Planung ist wichtig, daß jeweils gleiche Lampentypen zu Gruppen zusammengeschlossen werden, um eine unterschiedliche Helligkeit zu vermeiden. Bei neuen Leuchtstofflampen kann manchmal eine wirbelnde Entladung auftreten, die auf Unreinheiten in der Entladungsstrecke zurückzuführen ist. Durch Einbrennen der Lampe (zwischen 10–50 Std.) ist dies zu beheben.

Die Industrie bietet zur Helligkeitssteuerung auch spezielle Leuchtstofflampen an, die mit einem Aluminiumstreifen versehen sind. Leider gibt es diese Lampensorten nicht in allen Farbabstufungen. Grundsätzlich sind bei helligkeitsgesteuerten Leuchtstofflampen neben den üblichen oder den speziellen Vorschaltgeräten Heiztransformatoren erforderlich. Diese Trafos haben zwei getrennte Sekundär-Wicklungen, die jeweils eine der beiden Lampenelektroden mit einer Spannung von etwa 6,5 Volt, bzw. 4 Volt vorheizen und damit das Durchzünden nach jeder Netzhalbwelle ermöglichen. Im Normalbetrieb wird diese Aufgabe durch den Starter erfüllt, der nach Anlegen der Spannung an das Vorschaltgerät die Leuchtstofflampe praktisch kurzschließt,

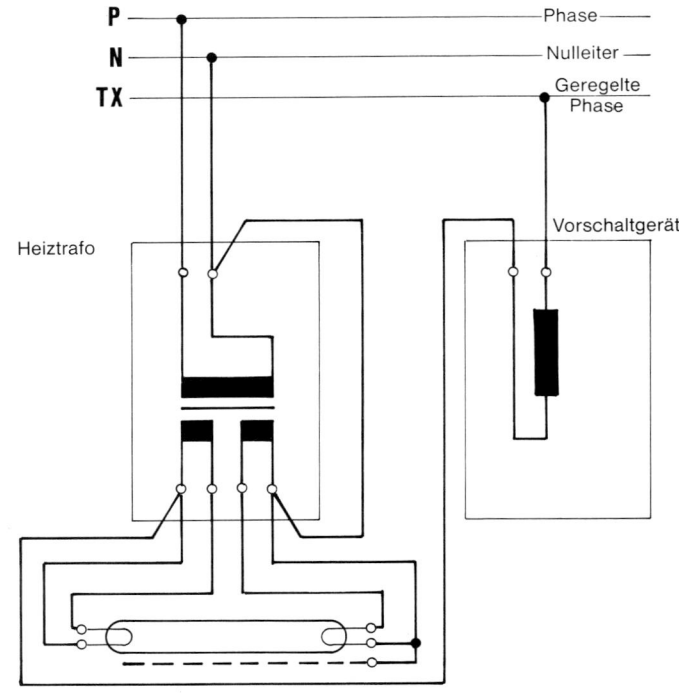

104 Schaltplan für steuerbare Leuchtstofflampen

durch Selbstinduktion in der Drossel einen Strom-Spannungsstoß erzeugt und die Lampe zündet. Bei helligkeitsgesteuerten Leuchtstofflampen fällt nun der Starter weg und der Heiztrafo übernimmt die Vorheizung der Wendel. Da die Heizspannung sehr niedrig ist, muß bei der Installation der

105 Schaltplan für schwer steuerbare Leuchtstofflampen

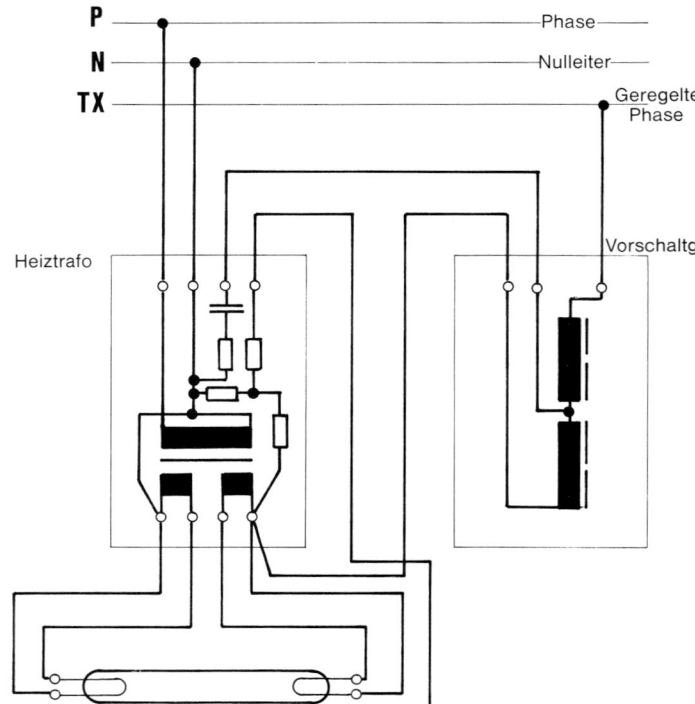

Lampenanschlüsse an die Versorgungsspannung auf eine einwandfreie Kontaktgabe geachtet werden. Zu empfehlen sind darum spezielle Fassungen für helligkeitsgesteuerte Leuchtstofflampen, die von der Industrie angeboten werden. Um weiterhin möglichst günstige Voraussetzungen zu schaffen, sollte auch auf das Flimmern geachtet werden. Flimmern hängt von der Phosphoreszenz, d. h. von der Nachleuchtzeit des jeweils verwendeten Leuchtstoffs ab, die bei den Lichtfarben verschieden ist. Lampen mit tageslichtähnlichem Licht haben einen größeren Flimmerfaktor als Warmtonlampen. Letztere sind deshalb bei Helligkeitssteueranlagen vorzuziehen. Das Nachleuchten ist erforderlich, um die stromlosen Pausen zwischen den Netzhalbwellen zu überbrücken. Besonders im heruntergeregelten Zustand sind diese Pausen größer als im Normalbetrieb. Um die Zündfähigkeit zu verbessern, wird eine kapazitive Zündhilfe ver-

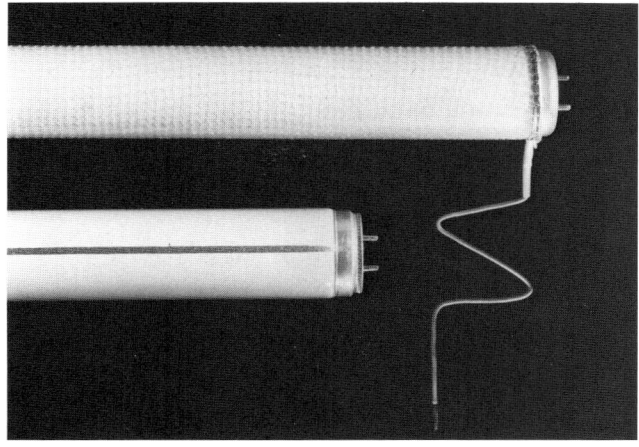

107 Leuchtröhre mit Zündgitter und Zündstreifen

106 Heiztrafo (links), Vorschaltgerät (rechts) für schwer steuerbare Leuchtstofflampen

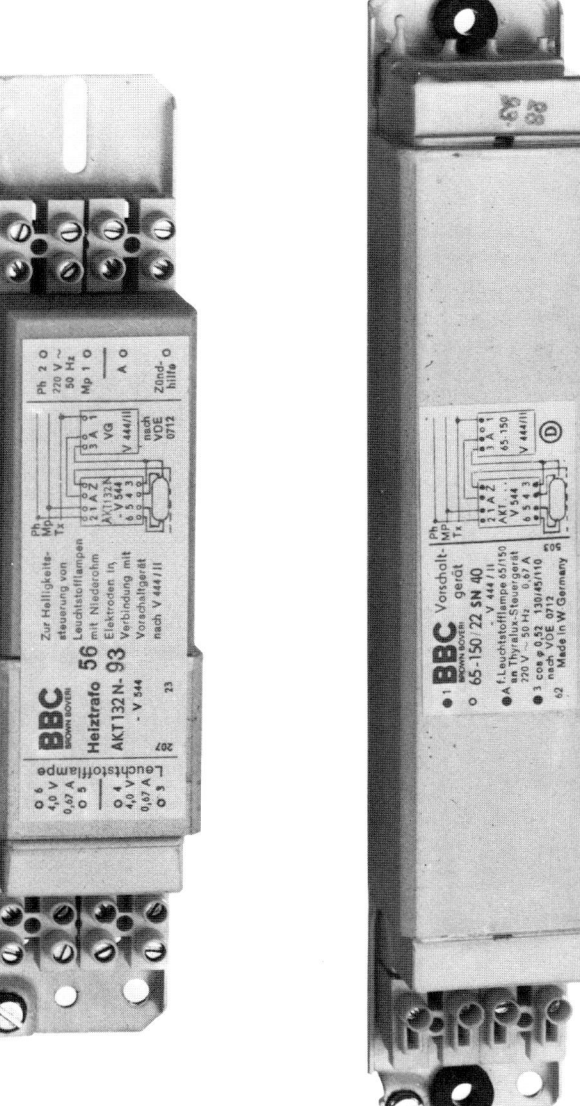

wendet, die parallel zum Entladungsrohr liegen muß. Durch ein Zündgitter mit Clips aus einem weitmaschigen Drahtgewebeschlauch, der über das Lampenrohr gezogen und über eine Anschlußklemme am drosselseitigen Lampenende an den Mittelpunktleiter gelegt wird, erzielt man eine gleichmäßige Feldverteilung und eine höhere Kapazität gegenüber der Entladungssäule als mit einem Zündstreifen. Zur weiteren Verbesserung der Steuerqualität ist zu empfehlen, an den Lastausgang eines Lichtsteuergeräts eine Grundlast in Form eines Ohmschen Verbrauchers anzuschließen. Bei der Konzipierung von Spezialanlagen ist es wichtig, sich vor der Bestellung der Heiztrafos zu informieren, ob die Leuchtstofflampenwendel nieder- oder hochohmig ausgelegt sind. Sichere Angaben sind leider nur bei wenigen Typen erhältlich, z. B. für Lampen mit Zündstreifen. Wird eine Lampe aus einer anderen Baureihe verwendet, so ist Vorsicht geboten.

Den ganz Sorgfältigen soll abschließend geraten werden, das Zündgitter mit einem Pantharollack auf dem Lampenrohr festzukleben. Diese Maßnahme garantiert, daß das Gitter bei Schwingungen nicht zum Klirren kommt.

108 Verschiedene Leuchtstofflampenhalterungen und Lampenfassungen

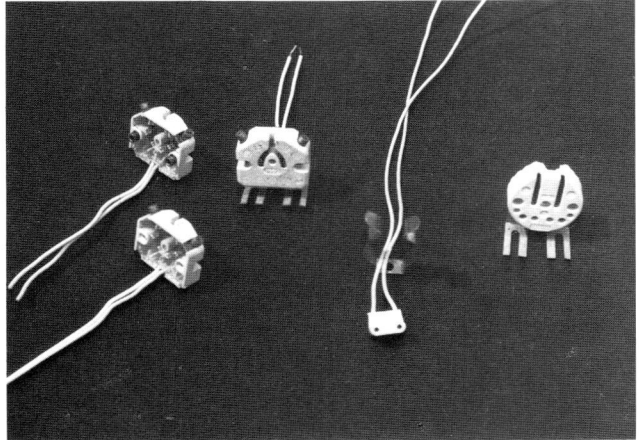

Helligkeitssteuern – aber wie?

Ganz einfach geht das leider nicht! Es kann nicht wie bei einem Ohmschen Verbraucher durch eine Spannungsabsenkung (Amplitudensteuerung) eine Reduzierung der Helligkeit vorgenommen werden. Aber eine elektronische Phasenanschnittsteuerung macht es möglich! Sollte diese nicht vorhanden sein, kann man sich über Zusatzgeräte behelfen, die natürlich den Nachteil haben, daß sie nicht in den Stellwartenablauf integriert werden können. Die meisten neuen Lichtstellanlagen sind auf der Steuertechnik der Phasenanschnittsteuerung aufgebaut. Durch diese Ansteuerelektronik kann die Steuerbarkeit weiter verbessert werden.

Beim Anschlußwert von Leuchtstofflampen geht man davon aus, daß jeweils die Hälfte der vorgegebenen Leistung angeschlossen werden soll. Die Industrie liefert auch für die Selbstmontage von Lampen in Dekorationsteile gutes Zubehör. Bei einem hohen Anspruch an die Helligkeitssteuerung sollte daran nicht gespart werden.

Bei der Projektierung von Bühneninstallationsanlagen sollten grundsätzlich mehrere Versatzanschlüsse mit Anschlußmöglichkeiten für die Leuchtstofflampensteuerung eingerichtet werden. Dafür sind Spezialstecker vorzusehen, in denen die Heizung der Elektroden mitgeführt wird. Die direkte Heizspannung muß phasengleich zur geregelten Phase liegen. Die Grundlast, in Form eines Ohmschen Widerstands (z. B. Glühlampen), sollte direkt in die Lastverteilungsanlage eingebaut werden. Wer auf Sicherheit bedacht ist, dem empfehlen wir das Verwenden des Zündgitters, da dies zugleich einen kleinen Rohrschutz darstellt.

Steuerung von Leuchtstofflampen mit 26 mm Rohrdurchmesser

Wegen der hohen Wiederzündspannung der Lampen mit 26 mm Rohrdurchmesser sind diese für eine Helligkeitssteuerung mit herkömmlichen Vorschaltgeräten und Heiztrafos ungeeignet. Inzwischen sind von verschiedenen Herstellern elektronische Impulsgeber entwickelt worden, mit denen eine 100 % Helligkeitssteuerung möglich ist.

Das in vorliegender Beschreibung benützte Impulsgerät wird von der Firma SE hergestellt und als VIP 90® bezeichnet (Varintens intensive Pulser). Dieses Zusatzgerät liefert die benötigte hochfrequente Impulsspannung von ausreichender Leistung und eine Heizspannung von 4 Volt. Zusammen mit einer normalen Drossel (eine Wicklung) für die Strombegrenzung kann diese Kombination ein Steuerverhältnis bis zu 1 : 10 000 erreichen. Eine zusätzliche Zündhilfe mit Zündstreifen oder Zündgitter entfällt, ebenso die ohmsche Grundlast. Mit dieser Steuereinheit können alle 26 mm Röhren von 2 × 18/36/38/58 Watt gedimmt werden. Auch PL/Duluxlampen mit Vierstiftsockel und gebogene Leuchtröhren sind bedingt damit regelbar. Impulsgeber und Drossel sollten in unmittelbarer Nähe der Leuchtstoffröhre aufgebaut werden, und es empfiehlt sich nicht, unterschiedliche Leistungsstufen zusammenzuschalten. Zwecks kontinuierlicher Helligkeitsregelung sollten nur Lampen mit gleicher Leistung als Gruppen gedimmt werden. Die besten Steuerergebnisse sind mit den vom Hersteller empfohlenen eigenen Dimmern zu erzielen. Aber auch mit Lichtsteueranlagen anderer Fabrikate, die mit der Phasenanschnittsteuerung arbeiten, kann diese Steuertechnik mit gutem Erfolg verwendet werden.

109 Impulsgeber mit Vorschaltgerät, Schaltplan zur Steuerung einer Leuchtstofflampe mit 26 mm Rohrdurchmesser

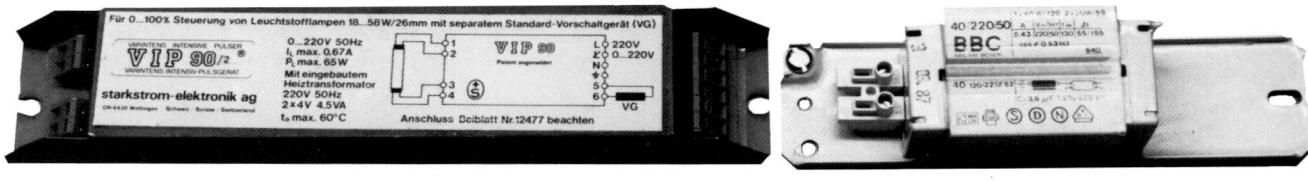

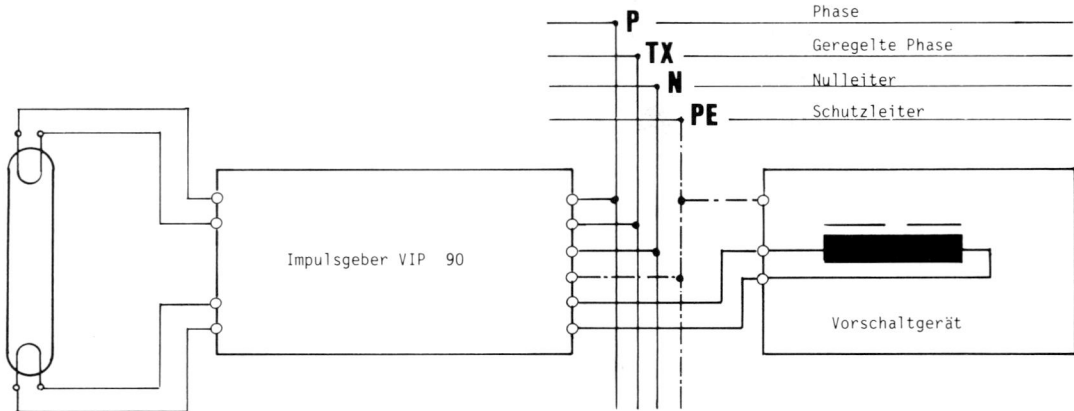

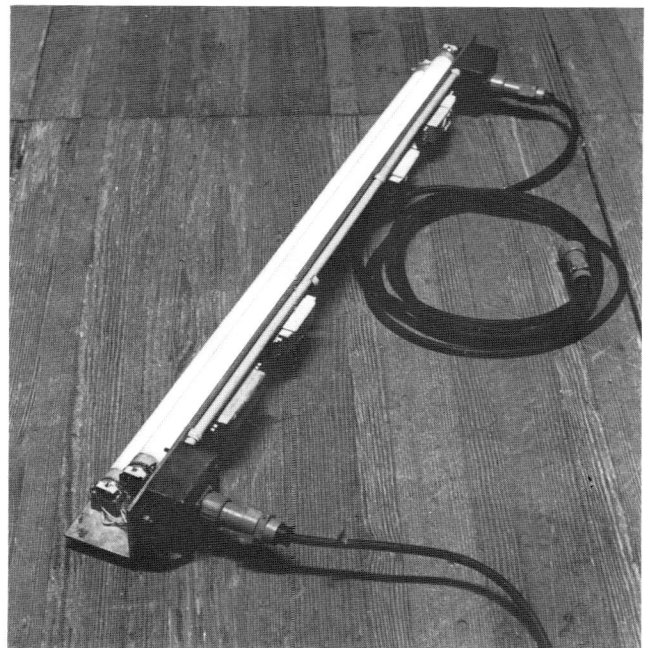

110 Leuchtstofflampensegment mit zwei Röhren, Kabelzuführung und Verbindungskabel

111 Steuerbares Leuchtstofflampensegment mit zentralem Versorgungsteil

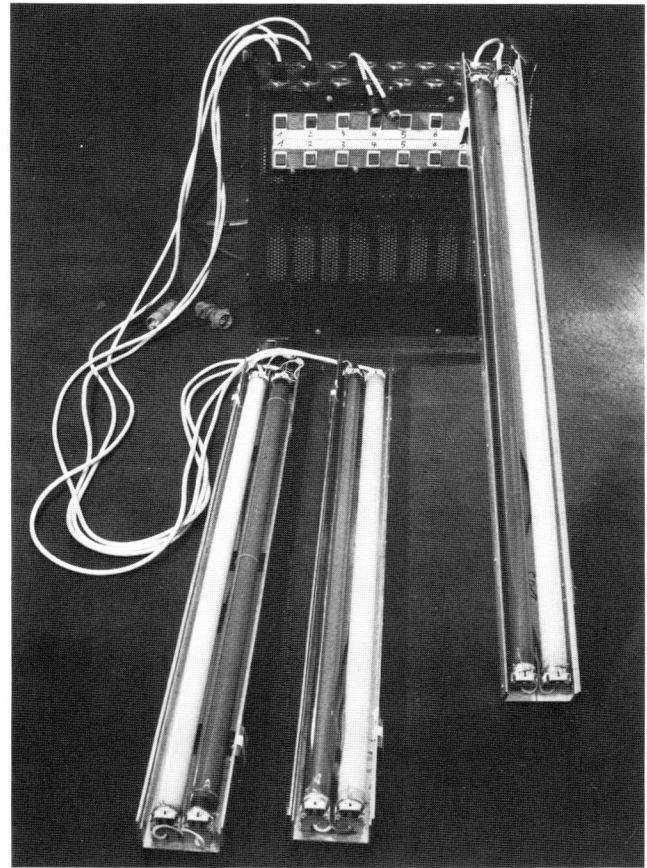

Leuchtstofflampen im Bühnenbetrieb

Die komplizierte und teure Steuerung von Leuchtstofflampen wird oft gern in Kauf genommen, denn diese Lampen haben einige Vorteile. Durch die geringe Lampenwärme können sie nah an Dekorationsteile montiert werden und brauchen nur wenig Platz. Sie strahlen fast in einem Winkel von 360° ab und füllen somit auf geringe Entfernungen große Flächen aus. Wenn Platznot oder Gewichtsprobleme anstehen, kann auch ohne Probleme die Stromversorgung (= Heiztrafo und Vorschaltgeräte) extern montiert werden. Dafür können sogenannte Versorgungseinheiten eingerichtet werden. Durch das diffuse Abstrahlen ist es möglich, nahezu schattenfrei auszuleuchten.

Die Farbtemperaturen liegen im Bereich von 2 800–6 000 Kelvin. Schon diese Spanne zeigt an, welche Möglichkeiten diese Lichtart bietet. Falls der benötigte Farbton nicht in der Farbpalette vorkommt, helfen Farbfolien weiter. Sie werden einfach um die Lampe gewickelt oder darübergelegt.

Natrium-Niederdrucklampen

Das Natrium befindet sich im kalten Zustand der Lampe in fester Form im Glaskolben. Zunächst wird durch eine Hilfsentladung im Neongas der Verdampfungsprozeß eingeleitet. Durch die Wärmeentwicklung verdampft das Natrium allmählich. Wegen des niedrigen Betriebsdrucks ist die Entladungsstrecke verhältnismäßig lang; bei der 200-Watt-Lampe in mehrfach gekröpfter Leuchtröhre im Füllrohr, um die Entladungsstrecke zu verlängern. Da praktisch die gesamte Strahlung im gelben Teil des Spektrums liegt (588–589 nm), also in der Nähe der maximalen Helligkeitsempfindung, ist die Lichtausbeute unter Berücksichtigung des Verlustes im Vorschaltgerät außerordentlich hoch. Bis 150 lm/Watt.

Das Licht der Natrium-Niederdrucklampe ist einfarbig: gelb; farbige Gegenstände erscheinen daher nur in verschiedenen Gelbstufen. Die Sehschärfe ist wegen der fehlenden chromatischen Aberration hoch und das Kontrastsehen oft sehr begünstigt.

In diesem Zusammenhang muß auf die Aberration, die chromatische Abweichung, kurz eingegangen werden.

Die wellenlängenabhängige Brechkraft der Augenlinse verursacht die chromatische Aberration. Kurzwelliges, blaues Licht wird vom Auge stärker gebrochen als langwelliges, rotes Licht. Das Auge ist für blaues Licht durch die Verschiebung der Abbildungsebene kurzsichtig, für das langwellige, rote Licht weitsichtig. Die Sehschärfe beim Licht einer Natrium-Niederdrucklampe ist daher etwas größer als bei weißem Licht.

Leistung:	35–200 Watt
Sockelung:	Bj 22d, G 13, BY 22
Brennlage:	hängend, waagerecht
Sofortige Wiederzündung:	je nach Ausführung: ja
Einbrennzeit:	je nach Ausführung 10–20 Minuten

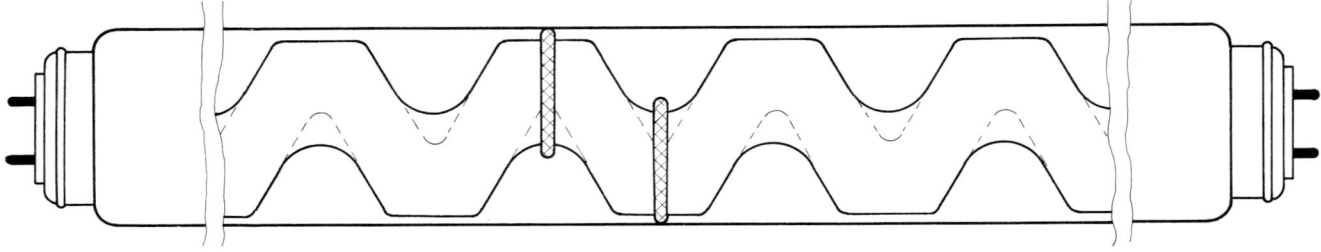

112 Natrium-Niederdrucklampe 200 Watt

Regelbarkeit:	nein
Mittlere Lebensdauer:	ca. 10 000 Stunden
Spektrum/Kelvin:	588–589 nm/1 800 Kelvin (siehe Abb. 90)
Farbwiedergabe:	keine

Bühnenanwendung

Die Natrium-Niederdrucklampe sollte zum Standard einer variablen Beleuchtungsausrüstung gehören. Obwohl sie schwer in den Griff zu bekommen ist, lohnt es sich, diese Lampentype im Angebot der verschiedenen Lichtarten zu berücksichtigen.

Das größte Problem ist das Integrieren der Lampe in verschiedene Lichtstimmungen. Der Vorteil der Lichtart ist der, daß sie als einzige ein monochromatisches Linienspektrum aufweist, das für Bühnenbeleuchtungszwecke noch anwendbar ist. Das heißt, wir haben ein gelbliches Licht auf der Bühne als Grundhelligkeit. Durch die niedrige Leuchtdichte eignet sich die Lampe vor allem für Flächenbeleuchtung. Die Körperfarben der Kostüme und Dekorationsteile sind matt und tot, als existierten sie gar nicht. Eine rote Rose wird schwarz, ein grüner Baum wird grau. Eine Fülle von Ausdrucksmöglichkeiten bietet sich.

Natrium-Hochdrucklampen

Der Dampfdruck und die Gastemperatur liegen bei diesen Lampen höher. Durch die Hochdrucklampe wird ein breites Spektrum mit einem kräftigen Strahlungsanteil im Rotbereich erzielt, die Lichtfarbe ist gelblich. Die Lichtausbeute reduziert sich gegenüber der Niederdrucklampe geringfügig.

Leistung:	250–1 000 Watt
Sockelung:	Fc 2, E 40
Brennlage:	beliebig und waagerecht
Sofortige Wiederzündung:	ja, mit Lampen in Soffittenform und entsprechenden Zündgeräten
Einbrennzeit:	je nach Ausführung einige Minuten
Regelbarkeit:	nein
Mittlere Lebensdauer:	ca. 10 000 Stunden
Spektrum/Kelvin:	breiter gelborange Block mit rot (um 600 nm) 2 000 Kelvin (siehe Abb. 97)
Farbwiedergabe:	Stufe 4

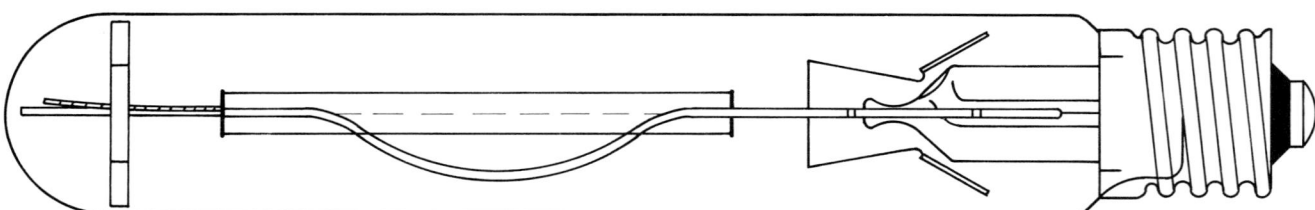

113/114 Natrium-Hochdrucklampe – einseitige Sockelung – zweiseitige Sockelung für heiße Wiederzündung

Bühnenanwendung

Diese Lampe ergibt wegen einer anderen Spektralzusammensetzung nicht mehr den monochromen Farbeindruck. Das breite Spektrum gibt die Farben besser wieder. Die Lampenart ist durch ihre höhere Leistung in der Lage, heller und kräftiger zu wirken, auf Kosten der Körperfarbenveränderung. Ebenso wie bei der Niederdrucklampe gibt es keine Chance, die Lampe zu regeln.

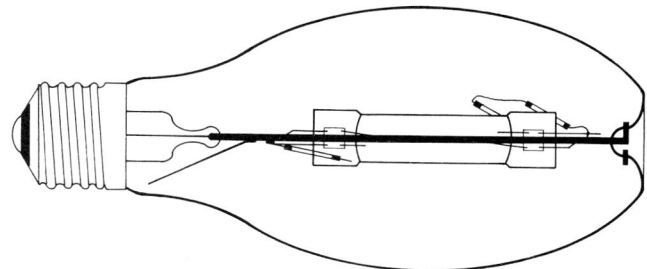

116 Quecksilberdampf-Hochdrucklampe

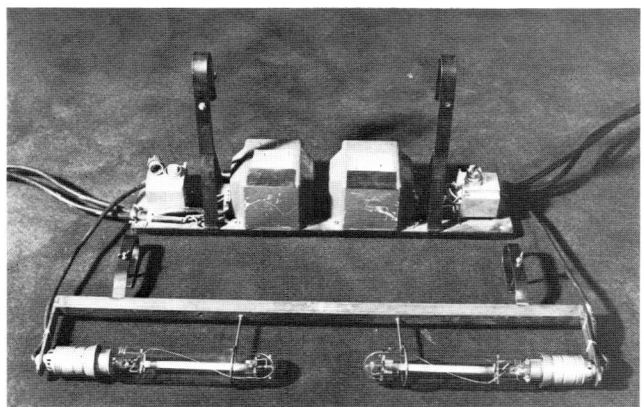

115 Natrium-Hochdrucklampe für Zugstangenbefestigung und Stromversorgung

Quecksilberdampf-Hochdrucklampen

Im Innern des Außenkolbens befindet sich das aus Quarzglas bestehende Entladungsgefäß, welches als Grundgas Argon enthält. Durch die Entladungswärme verdampft das beigemischte Quecksilber innerhalb von 3–5 Minuten. Das Linienspektrum liegt bei einer bläulich-weißen Lichtfarbe mit Gelb- und Grünanteilen. Wird der Außenkolben mit einem Leuchtstoff beschlämmt, so kann durch nutzbargemachte UV-Strahlung die Gesamtabstrahlung in ein rötliches Licht umgewandelt werden, was zu einer erhöhten Farbwiedergabeeigenschaft führt.

Leistung: 50–2 000 Watt
Sockelung: E 27, E 40
Brennlage: beliebig
Sofortige Wiederzündung: nein
Einbrennzeit: 3–5 Minuten
Regelbarkeit: nein
Mittlere Lebensdauer: ca. 6 000 Stunden
Spektrum/Kelvin: bläulich-weißer Bereich/ 2 900–4 000 Kelvin (siehe Abb. 95)
Farbwiedergabe: Stufe 2–3

Bühnenanwendung

Sie sind eigentlich nicht sehr populär. In dieser Lichtart gibt es Besseres. Der einzige Vorteil wäre, die Lebensdauer der Lampe zu nützen, die von einer mittleren Nutzlebensdauer von 6 000 Stunden bis zu 20 000 Stunden betragen kann. Allerdings wird bei der vollen Lebensdauerausnützung der Lichtstrom durch eine Schwärzung des Entladungsrohrs stark vermindert.

Mischlichtlampen

Mischlichtlampen nehmen unter den Entladungslampen eine Sonderstellung ein. Sie sind eine Verbindung von Glühlampe und Hochdruck-Leuchtstofflampe in einem gemeinsamen Glaskolben. Die Lichtfarbe ist nach dem Einschalten gelblich-rötlich, nach dem Einbrennen ändert sie sich gegen bläulich-weiß. Der Außenkolben ist in der Regel mit einer Leuchtstoffschicht beschlämmt, die die UV-Strahlung der Quecksilberentladung in langwelliges Licht umwandelt.

Leistung: 160–1 000 Watt
Sockelung: E 27, E 40
Brennlage: stehend, hängend, beliebig
Sofortige Wiederzündung: nein
Einbrennzeit: ca. 2 Minuten
Regelbarkeit: nein
Mittlere Lebensdauer: 5 000 Stunden
Spektrum/Kelvin: bläulich-weiß, ca. 3 500 Kelvin (siehe Abb. 96)
Farbwiedergabe: Stufe 2

Bühnenanwendung

Um Geld zu sparen und nicht auf ein kaltes Licht verzichten zu müssen, kann man diese Lampe verwenden. Sie funktioniert ohne Vorschaltgerät, das heißt, wo die elektrischen Voraussetzungen gegeben sind, kann man die Lampe in einen vorhandenen Leuchtkörper einsetzen und als Flächenlicht benützen. Die Lichtausbeute ist zwar höher als bei Glühlampen, jedoch für einen Bühneneinsatz unbefriedigend.

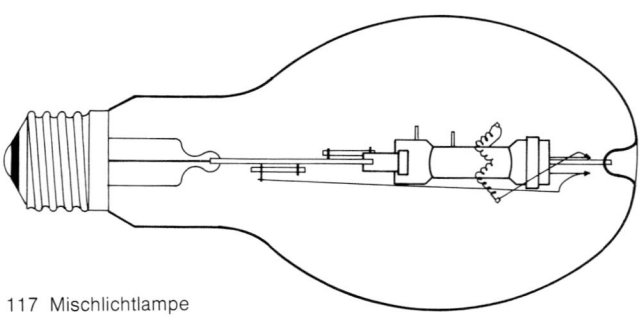

117 Mischlichtlampe

Halogen-Metalldampflampen

Halogen-Metalldampflampen (HQI) sind eine Weiterentwicklung der Quecksilber-Hochdrucklampen. Durch Zusätze von Halogenverbindungen verschiedener Metalle und »seltener Erden« zum Quecksilber gelingt es, die Lichtausbeute sehr zu steigern (95 lm/Watt). Außerdem können sehr gute Farbwiedergabeeigenschaften erzielt werden. Da die Zündspannung von Halogen-Metalldampflampen im allgemeinen höher ist als die Netzspannung, benötigt man neben einem strombegrenzenden Vorschaltgerät auch ein Zündgerät bzw. einen Starter.

Leistung:	175–3 500 Watt
Sockelung:	E 40, Fc 2
Brennlage:	waagerecht, senkrecht
Sofortige Wiederzündung:	Lampen mit einem Sockel: nein, Lampen mit zweiseitiger Stromzuführung: ja
Einbrennzeit:	zwischen 3 und 5 Minuten
Regelbarkeit:	nein
Mittlere Lebensdauer:	ca. 6 000 Stunden
Spektrum/Kelvin:	4 700–6 000 Kelvin (siehe Abb. 94)
Farbwiedergabe:	Stufe 1

Bühnenanwendung

Dieser Lampentyp ist zu empfehlen. In entsprechenden Hängeleuchten ergeben die Lampen in senkrechter Betriebslage einen »Werkhallencharakter«. Allerdings Vor-

sicht, denn nach einem hervorragenden »blackout« gibt es erstmal kein Licht. Erst nach Abkühlen der Lampe (je nach Ausführung zwischen 5 bis 20 Minuten) kann man die Lampen mit der Einbrennzeit von 3–5 Minuten wieder zünden. Besser zu handhaben ist eine Lampe, die eine sofortige Wiederzündung ermöglicht. Da bieten die Hersteller recht robuste Geräte an, die dem rauhen Theaterbetrieb gut standhalten. Leider kann, wie bei vielen Entladungslampen, auch hier die Helligkeit nicht geregelt werden. Nur eine mechanische Jalousieverdunklung hilft, dieses »Tageslicht« in den Beleuchtungsablauf vernünftig und variabel zu integrieren. Da die spektrale Zusammensetzung einen leichten Überschuß im bläulich-grünen Bereich besitzt, gibt sie ein hartes, reales Licht ab. Weil die Lichtausbeute recht hoch liegt, gibt's hier auch was zu sehen. Allerdings ist die Lebensdauer der sofort wieder zündbaren Lampe nicht sehr hoch, da jeder Einschaltvorgang der Lampe etwas Lebensdauer kostet. Mit anderen Worten, sie ist als »Dauerbrenner« geeigneter, und dafür wurde sie ja auch gebaut. Die Vorteile sind durchaus interessant, und wer ein kaltes, leicht grünlich-blaues Flächenlicht sucht, der findet in ihr das geeignete.

Inzwischen wissen auch die »Insider«, daß mit der Einbrennzeit sehr gute Effekte zu erzielen sind. Durch den Verdampfungsprozeß der Metalle erscheint das Licht kurze Zeit in einem wunderschönen, eiskalten Grün. Diesen physikalischen Vorgang kann man sich wirkungsvoll zunutze machen.

119 Halogen-Metalldampflampe 3 500 Watt in einem Flächenstrahler

118 Halogen-Metalldampflampe für heiße Wiederzündung

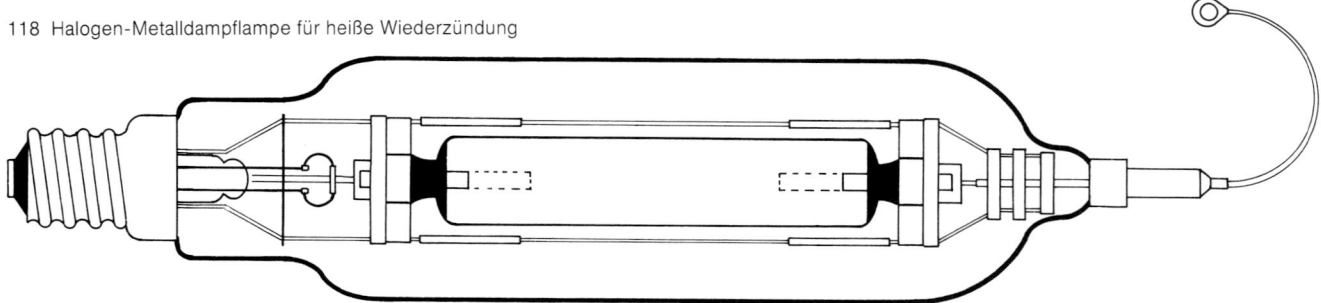

HMI®-Lampen

Die Firma OSRAM brachte 1970 eine neue Lampenart, die Metallogen®-Lampe HMI, heraus. Die Abkürzung HMI® wird als Warenzeichen von der Firma OSRAM weitergeführt.

Zur Lichterzeugung erhalten die Lampen eine optimale Kombination von Halogeniden verschiedener Metalle der sogenannten »seltenen Erden«: Dysprosium, Thulium und Holmium. Der von der Halogen-Glühlampe bekannte Halogen-Wolfram-Kreisprozeß verhindert ein Niederschlagen des verdampften Elektrodenmaterials auf der Kolbeninnenwand. Weitere Kreisprozesse sorgen dafür, daß in den heißen Zonen des Lichtbogens die zur Lichterzeugung notwendige hohe Konzentration von dampfförmigen »seltener Erden« erreicht wird. Wegen den auftretenden hohen Temperaturen bestehen die elliptischen oder zylindrischen Entladungsgefäße und die Lampenfüße aus reinem Quarzglas. Für die Stromzuführung werden Molybdänbänder verwendet, die in die Lampenfüße eingeschmolzen sind.

Im kalten Zustand der Lampe schlagen sich die Füllsubstanzen an der Kolbenwand nieder (Quecksilber meist in Tröpfchenform, die Halogenide als farbige Ablagerungen). Nach der Zündung verdampfen diese Substanzen innerhalb von etwa 1 bis 4 Minuten. Hierbei nehmen Brennspannung, elektrische Leistung und der Lichtstrom allmählich zu, bis sie sich dem Nennwert nähern, während der Lampenstrom und die Farbtemperatur anfangs höher als im stationären Betriebszustand der Lampe sind. Bei zunehmender Kolbentemperatur werden die Elemente in der angegebenen Reihenfolge verdampft und führen zu einem homogenen Füllgas:

- erste Phase: Argon und Quecksilber
- zweite Phase: Quecksilber-Jodid-Brom
- dritte Phase: Thulium, Dysprosium, Holmium

Die HMI®-Lampen besitzen je nach Typ eine Lebensdauer zwischen 300 und 700 Stunden. Diese ist abhängig von der Zahl der Einschaltvorgänge. In jedem Fall nimmt mit der Brenndauer die Farbtemperatur ab, Mittelwerte: 50 Kelvin je 100 Brennstunden. Diese Hochdrucklampe hat interessante technische Daten, die die Lampe zu einer populären Film-, Fernseh- und Theaterlichtquelle machte:

- tageslichtähnliches Lichtspektrum
- ausgezeichnete Farbwiedergabeeigenschaften
- hohe Lichtleistung und Lichtausbeute

Die Typenreihe umfaßt Lampen von 125–24000 Watt Nennleistung. Die Lampen vereinen hohe Lichtausbeute (80–100 lm/Watt) mit einem relativen kurzen Lichtbogen, der eine sehr gute Kontrolle der Lichtführung in den Geräten ermöglicht und dadurch die Voraussetzungen für eine sehr vielseitige Anwendung dieser Lampe schafft. Dies gilt insbesondere für die im Jahre 1986 in den Markt eingeführten verbesserten Lampen der „GS" Version (GS = gap shortened = verkürzte Bogenlänge). In den Scheinwerfern muß

eine maximale zulässige Sockeltemperatur der Lampe eingehalten werden. Sie soll 230° nicht übersteigen.

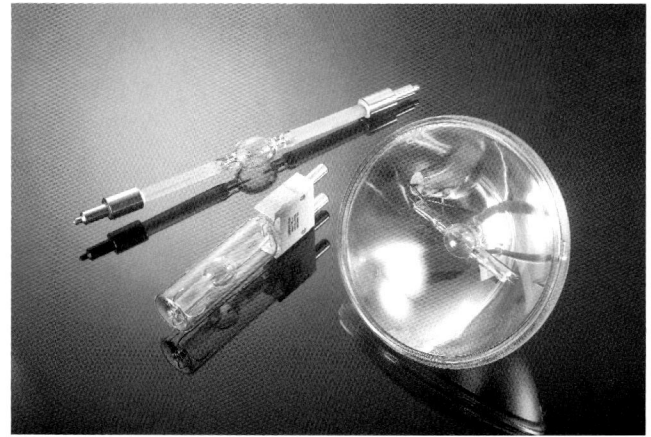

120 links: HMI PAR Lampe 1,2 KW mit einem Sockel
    Mitte: HMI Kurzbogenlampe 2,5 KW mit einem Sockel
    rechts: HMI Kurzbogenlampe 2,5 KW mit zwei Sockeln

Leistung:	125–24000 Watt
Sockelung:	X 515, SFc 10-4, SFc 15,5-6, SFa 21-12, K 25 s, S 30 × 70
Brennlage:	je nach Ausführung: horizontal, vertikal
Sofortige Wiederzündung:	ja
Einbrennzeit:	2–4 Minuten
Regelbarkeit:	begrenzt
Mittlere Lebensdauer:	200 W = 300 Std, 575 + 1200 W = 750 Std, 2500 + 4000 W = 500 Std, 6000 + 12000 W = 350 Std, 18000 + 24000 W = 250 Std.
Spektrum/Kelvin:	Tageslichtweiß/5600 Kelvin (siehe Abb. 98)
Farbwiedergabe:	Stufe 1

Bühnenanwendung

Diese Tageslichtlampe erlangt eine immer größere Beliebtheit. Zuerst erhielt die Lampe im DIA-Projektionsapparat ihren Platz, dann als Scheinwerfer im Schauspiel, das Musiktheater zog nach. Die Projektoren und Scheinwerfer in Stufenlinsenausführung gibt es bis zu 12000 Watt. Doch auch Reflektorenstrahler werden mit dieser Lampentechnik angeboten. Verfolgerspots gibt es bis 4000 Watt, üblich und handlicher sind jedoch die 1,2 kW und 2,5 kW Profilscheinwerfer. In der DIA-Projektionstechnik gibt es hochentwickelte Geräte bis 12000 Watt, für deren Bedienung ein größerer technischer Aufwand notwendig ist. Die Verdunklung erfolgt bei allen Geräten über eine mechanische Blende oder mit einem Graukeil. Diese Lichtart ist ein reales, unbarmherziges Licht, das alles zeigt, was beleuchtet wird. Durch Anpassungsfolien besteht die Möglichkeit, die Kelvinzahl dem Halogenlicht anzupassen, und trotzdem erreicht man durch die Reduzierung der Lichtstärke eine doppelte Lichtausbeute in bezug auf das Halogenlicht. Auch bei dieser Lampenart kann mit großer Wirkung eine »offene« Zündung der Lampe in das Lichtkonzept eingebaut werden. Hierzu sollte man den Zündimpuls mechanisch wegblenden, entweder in Form einer Handblende oder mit einer Verdunklungs-Jalousie.

HMI®-Regelung

100 %iges Regeln der Lampe ist elektrisch nicht möglich. In einem Bereich von 70–110 % ist eine begrenzte Regulierung anwendbar. Unter 70 % der Lampenleistung führt zu einer sichtbaren Farbtemperaturänderung, die nicht mehr im Interesse des Anwenders liegen dürfte. Für diese Manipulation eignen sich vor allem Vorschaltgeräte auf elektronischer Basis. Da eine komplette Verdunklung als weicher, homogener Vorgang nicht möglich ist, finde ich es richtiger, den mechanischen Weg der Verdunklung zu perfektionieren. Eine mechanische Verdunklung hat den Vorteil, daß auch bei geringem Lichtaustritt die Lampe auf der richtigen Betriebstemperatur bleibt und somit auch keine Farbveränderung auftritt.

HMI® im Bühnenbetrieb

Um diese Lichttechnik in den Griff zu bekommen, sollte man eine Steuerungsmöglichkeit schaffen, die es erlaubt, diese Entladungsleuchte mit anderen Scheinwerfern zusammen anzusteuern. Das heißt, man braucht spezielle Anschlüsse, die nur eine Ein-Aus-Funktion ausführen und je nach Lampentyp ein- oder zweiphasig ausgelegt sind. Man spricht auch von »NON DIM«-Anschlüssen. Die Anschlüsse müssen selbstverständlich nach den entsprechenden Leistungen ausgelegt sein, z. B. CEE-Dosen. Wenn nun dieser bestimmte Anschluß angewählt wird, dann schaltet das Vorschaltgerät das Zündgerät ein und dieses zündet die Lampe, die entsprechend ihrer Leistung eine bestimmte Einbrennzeit benötigt, um auf ihre volle Lichtleistung zu kommen. Es besteht die Möglichkeit, mit einer mechanischen Verdunklungsblende, von Hand oder motorisch gesteuert, die Helligkeit zu regulieren. Auch ist es möglich, über einen nächsten Anschluß die Regulierung von der Lichtstellwarte aus vorzunehmen. Dabei besteht der Vorteil, daß eine Veränderung der Verdunklungsjalousie über eine längere Zeit in einem Programm festgehalten werden kann, wenn eine elektronische Lastregulierung vorhanden ist.

Bei Bevorzugung dieser Lichtart empfiehlt es sich, solche Scheinwerferanschlüsse schwerpunktmäßig im ganzen Theater zu verteilen (auch außerhalb des Bühnenraums). Man kann sie meistens auch für andere Entladungslampen benützen. An dieser Stelle muß nochmals erwähnt werden, daß bei allen Entladungslampen die einmalige Chance

121 Zwei HMI®-Stufenlinsenscheinwerfer 4000 Watt mit elektronisch gesteuerten Verdunklungsblenden für Ansteuerung über die Lichtstellenanlage

besteht, ein wirkliches »blackout« auf der Bühne zu erzeugen. Das winzige Nachglühen der Elektroden ist nicht sichtbar, und durch die Wiederzündung der Lampe gibt es die Möglichkeit, »Bildschnitte« herzustellen. Ein etwas heikler Punkt sind die Geräusche, die bei der Inbetriebnahme dieser Leuchte auftreten. Im Schauspielbetrieb fällt ein solcher Einschaltvorgang meist sehr unangenehm auf. Doch gibt es Verbesserungen: z. B. das Vorschaltgerät außerhalb des Bühnenraums aufzustellen. Die Verbindungsleitung zum Apparat kann einige Meter lang sein, und man hört nur noch das kurzzeitige Zündgeräusch des Zündgeräts, das je nach der Herstellerfirma unterschiedlich lang und laut sein kann.

PAR – HMI®-Lampen

Wesentlicher Vorteil der PAR-Lampe ist ihr großer Wirkungsgrad als Beleuchtungseinheit und ihre Bündelungsfähigkeiten. Sie eignet sich daher besonders für alle Anwendungen, bei denen große Entfernungen überbrückt werden müssen. Neuerdings tritt ihre Bedeutung zurück, da durch die Entwicklung der einseitig gesockelten HMI-Lampen Scheinwerfer mit axial eingebauter HMI-Lampe angeboten werden, die gleichwertige Lichtwirkungsgrade bieten und darüber hinaus auch noch in gewissen Grenzen fokussierbar sind.

Durch verschiedene Vorsatzscheiben, die vor das Lampengehäuse montiert werden, kann der Streuwinkel verändert werden:

| narrow spot | 7° × 8° | medium flood | 26° × 56° |
| wide flood | 26° × 56° | super wide flood | 47° × 47° |

Leistung:
200 Watt – PAR 36
575 Watt – PAR 46
1200 Watt – PAR 64

Sockelung: G 38 + spezial
Brennlage: beliebig, Brenner waagerecht
Sofortige Wiederzündung: ja
Einbrennzeit: 1–2 Min.
Regelbarkeit: begrenzt
Mittlere Lebensdauer: 1000 Std.
Spektrum/Kelvin: Tageslichtweiß/ 6000 Kelvin
Farbwiedergabe: Stufe 1

HMI®-Lampen mit einseitiger Sockelung

HMI®-Lampen mit nur einem Sockel (single ended) eröffnen dem Scheinwerfer-Hersteller neue Perspektiven. Die Gehäuse können kleiner angefertigt werden, und die spannungsführenden Teile sind einfacher anzuordnen. Vor allem in Verbindung mit paraboloidförmigen Reflektorsystemen kann der Wirkungsgrad eines Lichtwurfsystems nochmals verbessert werden:

Leistung: 125–250–400–575–1200– 2500 Watt
Sockelung: FaX 1,5–3 × 1, G 22, G 38 + spezial
Brennlage: beliebig, 45° seitlich
Sofortige Wiederzündung: ja
Einbrennzeit: 2 Min.
Regelbarkeit: begrenzt
Mittlere Lebensdauer:
125 Watt = 150 Std.
250 Watt = 250 Std.
400 Watt = 250 Std.
575 Watt = 750 Std.
1200 Watt = 750 Std.
2500 Watt = 500 Std.
Spektrum/Kelvin: Tageslichtweiß/5600 Kelvin
Farbwiedergabe: Stufe 1

HTI-Lampen

Bei diesem Lampentyp gibt es zwei wesentliche Bauarten, eine Entladungslampe ohne Spiegel und ein System mit integriertem Ellipsoid-Kaltlichtspiegel. Durch die optimierte Zusammensetzung von einem Kaltlichtspiegel und Brennsystem erreicht diese Lampenausführung eine außerordentliche Punkthelligkeit, vereint mit hoher Lichtausbeute und Leuchtdichte, die auch durch die sehr kurze Bogenlänge zustande kommt. Dieser Lampentyp wird vorzugsweise in kleinen kompakten, computergesteuerten Verfolgerscheinwerfern verwendet, die meistens die Möglichkeit eines raschen und vielseitigen Farbwechsels bieten.

Leistung: Spiegellampe 270 + 400 Watt
150 – 1000 Watt

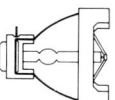

122 HTI-Entladungslampe

Sockelung: einseitig oder zweiseitig
Brennlage: beliebig
Sofortige Wiederzündung: typabhängig
Einbrennzeit: 30 Sek.
Regelbarkeit: begrenzt
Mittlere Lebensdauer: 250 Std.
Spektrum/Kelvin: Tageslichtweiß/ 4600–5600 Kelvin
Farbwiedergabe: Stufe 1

Xenon-Lampen

Das Entladungsgefäß ist ellipsoid- oder kugelförmig und weitgehend schlieren- und blasenfrei. Es besteht wegen der hohen thermischen Belastung aus reinem Quarzglas. Die Xenon-Füllung (Xenon-Gas) hat einen Überdruck, der sich beim Betrieb der Lampe auf etwa das Dreifache erhöht. Im Entladungsgefäß stehen sich zwei Wolframelektroden gegenüber. Die Kathode (negative Elektrode) ist erheblich kleiner als die Anode (positive Elektrode), welche sich aus entladungsphysikalischen Gründen viel stärker erwärmt als die Kathode und deshalb eine große Oberfläche braucht, um die Überschußwärme abzustrahlen. Jede Elektrode ist an einem Wolframstab befestigt, der zugleich die leitende Verbindung mit dem zugehörigen Sockel herstellt. Die ebenfalls aus Quarzglas bestehenden Lampenfüße sind in Metallhülsensockel gefaßt.

Zum Betrieb benötigen die Xenon-Lampen Gleichstrom, der von speziellen Netzgleichrichtern geliefert wird. Diese Stromversorgungsgeräte müssen im Leerlauf eine Spannung liefern, die mindestens etwa das Dreifache der Brennspannung der Lampen beträgt. Das Xenon-Gas der kalten Lampe ist gewissermaßen ein elektrischer Isolator, der beim Zündvorgang leitend wird. Zur Einleitung der Gasentladung wird an die Lampe für einige Zehntelsekunden eine hochfrequente Hochspannung gelegt (20 000–40 000 Volt). Der Abstand der Elektrodenspitzen liegt zwischen etwa 2 und 9 mm (Kurzbogenlampe). Nach der Zündung bildet sich zwischen diesen der Lichtbogen. Durch die Änderung der Stromstärke kann man die Lichtintensität in einem weiten Bereich steuern. Im Gegensatz zu den meisten anderen Lichtquellen ändern sich hierdurch das Spektrum und die Farbtemperatur nicht. Die Lampe besitzt eine hervorragende Farbwiedergabe bei tageslichtweißer Lichtfarbe. Da die Lichtausbeute bei ca. 30–40 lm/Watt liegt, ist sie in der Bühnenbeleuchtung nicht mehr sehr populär. Sie wurde weitgehend von der Halogen-Metalldampflampe verdrängt, die zwischen 60 und 105 lm/Watt abgibt. Xenon-Lampen sind aber weiterhin die Standardlichtquellen für Film- und Fernsehprojektion (Eidophor).

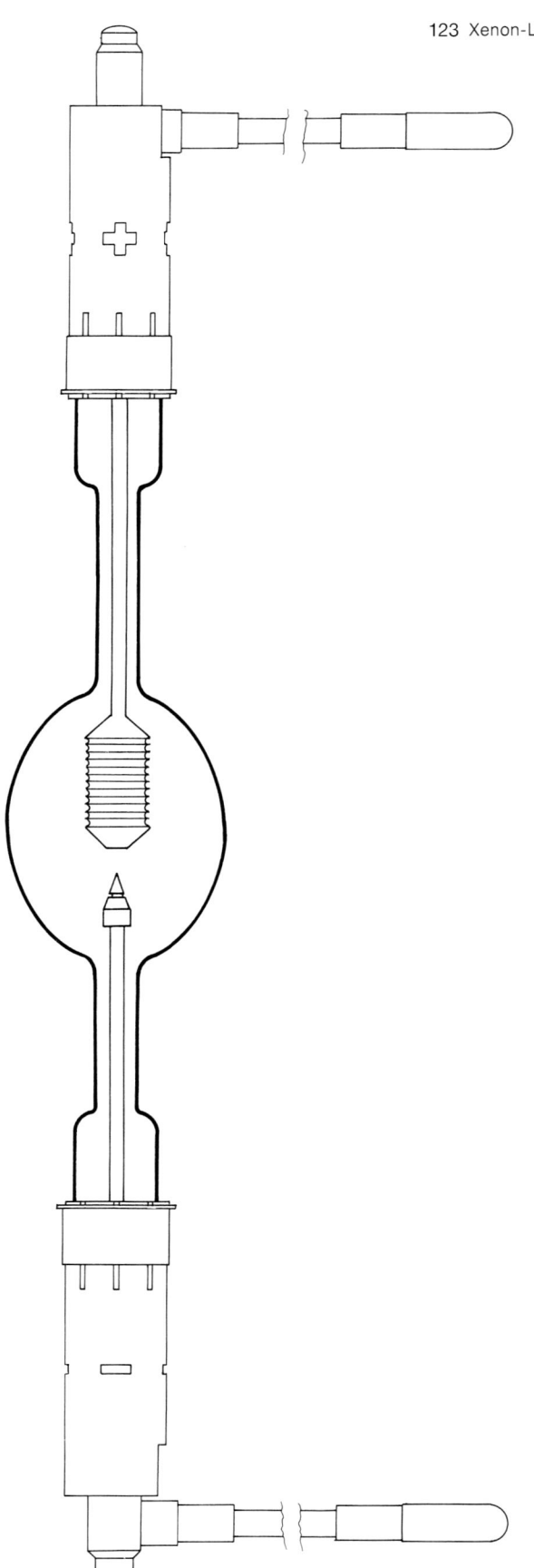

123 Xenon-Lampe

Leistung:	75–7 000 Watt
Sockelung:	PSFa 25-10, PSFa 25-12, PSFa 27-10, PSFa 27-12, PSFaX 27-13, PSFaX 27-14
Brennlage:	stehend, liegend
Sofortige Wiederzündung:	ja
Einbrennzeit:	keine (kein Verdampfungs-prozeß)
Regelbarkeit:	ja
Mittlere Lebensdauer:	bis zu 2 000 Stunden
Spektrum/Kelvin:	Tageslichtweiß, 5 600–6 300 Kelvin (siehe Abb. 99)
Farbwiedergabe:	Stufe 1

Bühnenanwendung

Xenon-Beleuchtungsgeräte wurden gefertigt als Verfolgungsscheinwerfer und Horizontleuchten wie auch Projektionsgeräte. Der Aufwand war enorm, da die Gleichstromversorgung sehr kostspielig und die Lichtausbeute relativ gering ist. Sie wird immer mehr von der Halogen-Metalldampflampe verdrängt.

124 Xenon-Horizontleuchte mit mechanischer Restverdunklung in Form eines Graukeils

Hochspannungs-Entladungslampen (NEON-Leuchtröhren)

Sie werden in jeder möglichen Form, in verschiedenen Längen und in vielen Farben hergestellt. Das Glasrohr kann beliebig geformt werden und ist auch in verschiedenen Grundfarben erhältlich.

Aufbau

Glasrohr:	von 9–35 mm Außendurchmesser und bis zu 3 m lang. Wandstärke von 0,9–1,2 mm
Klarglas:	farbloses Glasrohr, für alle Leuchtfarben geeignet
Filterglas:	in Farben: Gelb, Blau, Rot durchscheinend; geeignet für grüne, blauviolette, rote und gelbe Leuchtfarben
Leuchtstoffe:	über 40 verschiedene Leuchtfarben

Leuchtstoffe. Röhren aus Klar- und Filterglas ohne Leuchtstoffe bieten eine sehr beschränkte Farbauswahl, vorwiegend abgestufte Blau- und Rottöne. Die Gasentladung ist an den Randzonen des Glasrohrs farblich unterschiedlich sichtbar. Ähnlich den Niederspannungsröhren haben viele Leuchtröhren auf der Innenwand des Glasrohrs eine fluoreszierende Leuchtstoffschicht aus Halogenphosphaten, Silikaten, Wolframaten oder anderen Substanzen. Die Gasentladung erfolgt in einem Gasgemisch mit Quecksilber und einem Edelgas als Grundgas. Die Quecksilberdampfstrahlung enthält eine starke Ultraviolettkomponente, die von dem aufgetragenen Leuchtstoff in sichtbare Strahlung umgewandelt wird.

Leuchtrohr. Der Stromübergang vom metallischen Zuleitungsdraht zur Gassäule erfolgt über die an jedem Ende eines Systems angeschmolzene Elektrode. Die Leitungsanschlüsse sind als Kupferlitze oder Draht ausgeführt. Die Gasfüllung ist entweder Neon allein oder Argon-Mischung in Verbindung mit Quecksilber. Die Brennstellung ist beliebig, die Länge des Rohrs abhängig von Elektrodenstellungen, im Normalfall bis zu 3 Meter lang. Lange Lebensdauer von über 10 000 Stunden bietet einen wirtschaftlichen Betrieb an.

Elektrische Anschlüsse. Die Netzspannung reicht für den Betrieb von Leuchtröhren nicht aus. Bei Hochspannungsleuchtröhren werden mehrere Systeme in Reihe geschaltet. Die Hochspannung wird von einem Streufeldtransformator geliefert. Trafos sind erhältlich für Sekundärspannungen bis 10 kV und Röhrenströme von 15–200 mA. Es finden auch kleinere Trafos Anwendung. Die großen Einheiten müssen in Europa in Schutzkästen untergebracht werden. Die VDE gibt hierzu die einschlägigen Vorschriften an. Um den Aufwand zu verringern, bietet sich eine Spannungsversorgung unter 1 000 Volt an. Kleintransformatoren gibt es mit 990 Volt und 40–250 mA.

Als notwendige Spannung errechnet sich für 1 Meter Leuchtrohr ca. 230 Volt. Abhängig ist diese Angabe davon, ob es sich um eine Blau- oder Rotentladung handelt und welche Form und welchen Durchmesser das Leuchtrohr hat. Für den Elektrodenverlust müssen zusätzlich ca. 150 Volt je System eingerechnet werden und für die Zündspannung wird noch 50 % von der Röhren- und Elektrodenspannung dazugerechnet.

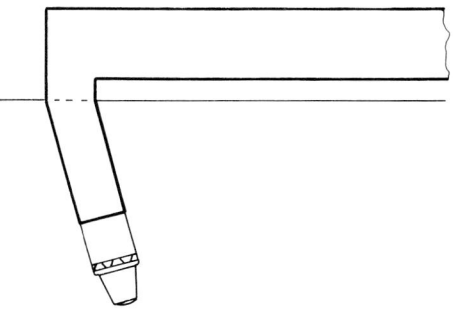

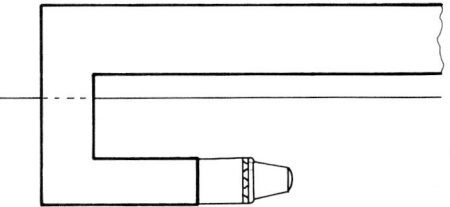

126 Verschiedene Elektrodenformen für Neon-Leuchtröhren

125 Neon-Leuchtröhre

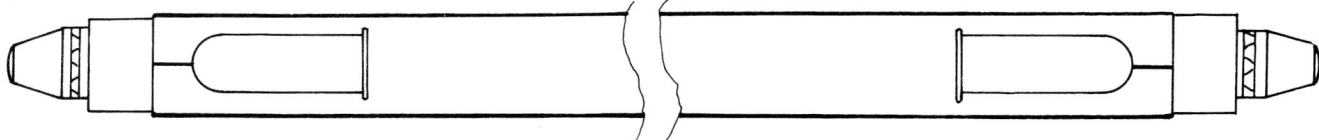

Leistung:	23–40 Watt je Meter
Spannung:	ca. 570 Volt bei 1 Meter Länge und bei einem Rohrdurchmesser von 20 mm
Sockelung:	Schraub- oder Klemmverbindung
Brennlage:	beliebig
Sofortige Wiederzündung:	ja
Einbrennzeit:	keine
Regelbarkeit:	ja
Mittlere Lebensdauer:	ca. 10 000 Stunden
Glasrohrdurchmesser:	von 9–35 mm Außendurchmesser
Umgebungstemperatur:	optimal bei 25° C

Bühnenanwendung

Die Regulierung über Lichtstellanlagen ist gut und bei nicht zu großer Rohrlänge auch flimmerfrei zu steuern. Wie bei der Niederspannungsröhre ist auch dieses System gegen mechanische Beanspruchung sehr labil, dennoch wird der erzielbare ästhetische Lichteffekt oft gefordert. Die niedrige Lichtleistung eines Leuchtrohrs macht diese Lichtquelle nicht gerade für das Ausleuchten einer Fläche geeignet, für eine Zeichensetzung ist sie jedoch ideal. Dadurch, daß die meisten Formen herzustellen sind und es wunderschöne Farbtöne gibt, bietet sich dem Bühnenbildner eine große Ideenpalette an. Gut anzuwenden sind die Röhren bei dem Herstellen eines langen, dünnen Lichtstrichs. Werden die Elektroden abgewinkelt angeordnet, liegt zwischen den einzelnen Röhren nur noch die Materialdicke des Leuchtrohrs. Für diesen Fall empfiehlt sich, zwischen den Röhren eine dünne Lage Hochspannungsisolierband anzubringen. Für die Selbstmontage liefert die Industrie preisgünstiges Zubehör wie Halteklammern, Hochspannungskabel, Hochspannungsisolierband. Die Trafos sind nicht ganz billig, halten jedoch viele Jahre.

128 Blechkasten mit zwei Hochspannungstransformatoren zu je 5 000 Volt

127 Hochspannungstrafo bis 990 Volt mit Hochspannungssteckverbindungen

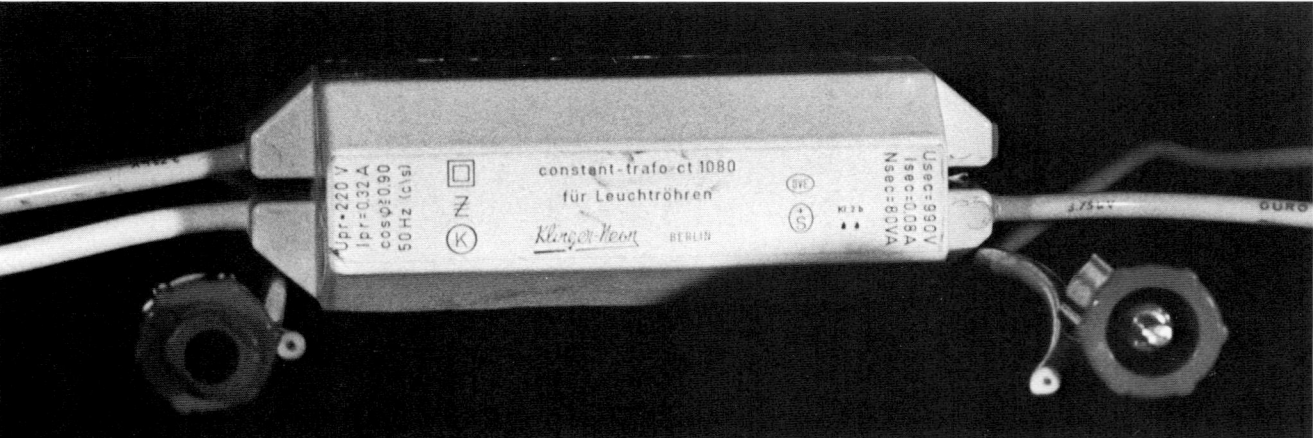

Ultraviolett-Lampen

Die UV-Lampen bieten wenig, dafür aber eine Besonderheit. Es sind Lampen, die *nur* ultraviolette Strahlen aussenden. Wie wir wissen, liegt diese Strahlung außerhalb des sichtbaren Lichts. Die Lampen haben einen Schwarzglaskolben, der alles sichtbare Licht absorbiert.

Leistung:	4–125 Watt
Sockelung:	G 5, G 13, E 27, E 40
Brennlage:	beliebig
Sofortige Wiederzündung:	als Leuchtstofflampe: ja
	als Quecksilberdampf-Hochdrucklampe: nein
Einbrennzeit:	Leuchtstofflampe: keine
	Entladungslampe: 3 Minuten
Regelbarkeit:	nein
Mittlere Lebensdauer:	1 000 Stunden
Farbwiedergabe:	keine

Bühnenanwendung

Ein Einsatz auf der Bühne ist möglich. Da jedoch die UV-Strahlung nur im dunkler Raum wirkungsvoll eingesetzt werden kann, müßte dazu der Bühnenraum nahezu finster sein. Als Nachwirkungslicht kann ein solcher Effekt spannend sein. Angeregt durch die Strahlung werden vor allem weiße Farben, Nylon oder ähnliche Kunststoffe sichtbar, aber auch biologische Substanzen, z. B. Zähne und Fingernägel. Bei diesem »Leuchteffekt« sind zwei Arten zu unterscheiden: Phosphoreszenz und Fluoreszenz. Der erstgenannte Effekt hat die Eigenschaft der kurzfristigen Speicherung der Strahlungen. Das fluoreszierende Licht leuchtet hingegen nur so lange, wie die Bestrahlung anhält.

»Slimline-Leuchtröhren«

»Slimline-Röhre« ist eine aus den USA stammende Bezeichnung, die dort für Leuchtröhren von 2–2,5 Meter Länge und einem Durchmesser unter 30 mm verwendet wird. Die Leuchtröhre ist im Aufbau (Leuchtstoff, Gasfüllung, Druck, Elektrodenansatz, Sockel) weitgehend der uns bekannten Hochspannungs-Leuchtstoffröhre gleich. Anstelle der Kaltkathoden sind hier aktivierte Glühkathoden (Wolframwendel) eingeschmolzen. Es entfällt jedoch die Zündung über eine Vorheizung. Jedes einzelne Rohr wird mit einem kleinen Vorschalttrafo in Resonanzschaltung betrieben. Die Zündspannung liegt unter 1 000 Volt, was für die Inbetriebnahme Vorteile bringt. Die Röhrenlänge liegt im allgemeinen zwischen 50 und 250 cm in gerader Ausführung. Es ist jedoch möglich, weitgehend beliebige Formen und Linienführungen anzufertigen. Die Elektrodenanschlüsse können als Schraubanschluß oder als Einstiftsockel ausgeführt werden. Mit abgewinkelter Elektrode ist ein kaum sichtbarer Röhrenübergang möglich.

Leistung:	35 Watt je Meter
Spannung:	400–800 Volt je nach Länge
Sockelung:	Einstiftsockel 8/12 × 24 oder Elektrodenschraubanschluß
Lichtstrom:	940–1 440 lm/Meter
Brennlage:	beliebig
Sofortige Zündung:	ja
Sofortige Wiederzündung:	ja
Einbrennzeit:	keine
Regelbarkeit:	nein
Mittlere Lebensdauer:	7 500–10 000 Stunden
Farbe:	weiße Töne, den Leuchtstofflampen entsprechend
Rohrdurchmesser:	26–30 mm

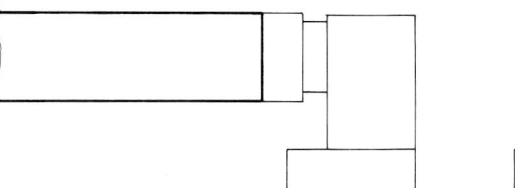

129 »Slimline-Röhren«
Lampenrohr mit Einstiftsockel und Fassung
Lampenrohr für Schraubanschluß und doppelt abgewinkelte Elektrode

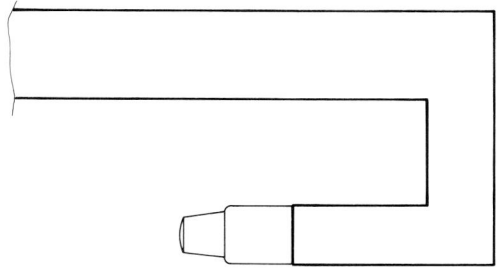

Bühnenanwendung

»Slimline-Röhren« sind Lichtquellen, die für den dekorativen Einsatz vorgesehen sind. Im Theater werden sie nicht oft angetroffen. Ihre Unregulierbarkeit läßt sie wenig attraktiv erscheinen. Vorteile bieten sie durch ihre höhere Lichtausbeute gegenüber den Hochspannungs-Leuchtröhren. Wirkungsvoll ist die gleichzeitige Zündung aller Röhren, wenn sie über eine Schaltstelle bedient werden.

Spektrallampen

Spektrallampen sind Entladungslampen, welche die Linienspektren von Edelgasen und Metalldämpfen mit hoher Strahlungsdichte aussenden. Sie bestehen aus einem Glas- oder Quarzglasbrenner, der das gewünschte Edelgas oder ein Grundgas und dasjenige Metall enthält, dessen Spektrum erzeugt werden soll. Diese Lampen werden im Bereich der Optik, Medizin u. ä. verwendet. Von Bedeutung ist die Gliederung der Gase und Metalle zu der entsprechenden Spektrallinie.

Bühnenanwendung

Dieser »Außenseiter« gehört kaum noch zu unserem Thema. Die Lampen haben keine verwendbare Lichtleistung für einen Theaterbetrieb. Sie finden höchstens einen Einsatz bei geheimnisvollen spiritistischen Bühnendarstellungen.

Wichtige Spektrallinien

Thallium	= violett	380 nm
Quecksilber	= violett	404,7 nm
Wasserstoff	= violett	435,0 nm
Quecksilber	= violett	435,8 nm
Wasserstoff	= blaugrün	486,1 nm
Quecksilber	= grün	546,1 nm
Quecksilber	= gelb	577–579 nm
Helium	= gelb	587 nm
Natrium	= gelb	589 nm
Wasserstoff	= rot	656 nm
Helium	= rot	706 nm

Lampen, Lampen und nochmals Lampen

Wenn wir die Lampenangebote der Firmen betrachten, so gibt es viele Spezialkonstruktionen, die eigentlich für den Theaterbetrieb auch verwendbar sind. Wichtig für den Praktiker ist zu wissen, wenn eine Entladungslampe verwendet wird, welche Eigenschaften sie hat, und was für ein Licht sie abgibt. Die Forderungen nach Entladungsleuchten werden von vielen Seiten gestellt, und darum soll der Beleuchtungsfachmann wissen, wie er ihnen begegnen kann und warum ein gewünschter Effekt nicht auch mit anderen Mitteln erzielt werden kann.

Nun gibt es ja unter den normalen Glühlampen ein riesiges Angebot. Da diese jedoch alle unter dem allgemeinen Begriff »Glühlampen« laufen, also Lampen, in denen das Licht durch einen glühenden Wolframdraht erzeugt wird, müssen sie hier nicht weiter besprochen werden.

Sockel-Fassungen

Alle erwähnten Lampen müssen mit elektrischem Strom versorgt werden. Um diesen möglichst ohne Übergangswiderstand in die Lampe zu übertragen, wird eine Lampenfassung gebraucht. Sie hat die Aufgabe, die Lampe in ihrer vorgesehenen Brennlage zu halten und den Strom zu leiten. Viele Systeme, abgestimmt durch Temperaturbeanspru-

chung, Baugröße und Lampenleistung, geben an, welche Kombination für den jeweiligen Einsatz in Frage kommt.

Wie funktioniert das?

Der Glaskolben muß über den Sockel mit dem Wolframdraht oder den Elektroden verbunden werden. Im allgemeinen wird diese Materialverbindung zwischen Glas und Keramik verkittet. Durch die Sockelstifte wird eine geeignete metallische Kontaktierung zur Fassung hergestellt. In erster Linie dient die Fassung dazu, den benötigten Strom zuzuführen und die entstandene Wärme abzuleiten. Dies ist besonders wichtig, da die Überhitzung der Lampenquetschung zur Schädigung des Stromzuführungsmaterials führen kann. Bevor die beiden Teile miteinander verbunden werden, wird der Lampenkolben luftleer gepumpt und mit einem Edelgas bzw. Halogeniden gefüllt.

130–133 Verschiedene Lampenfassungen, die im Theater üblich sind

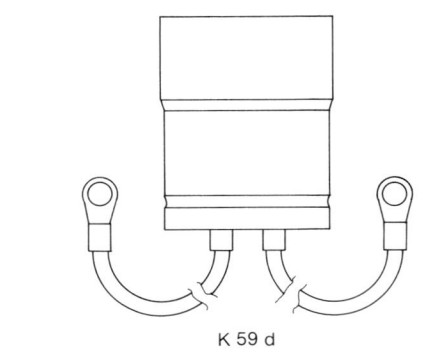

K 59 d

PSFa

K 100 d

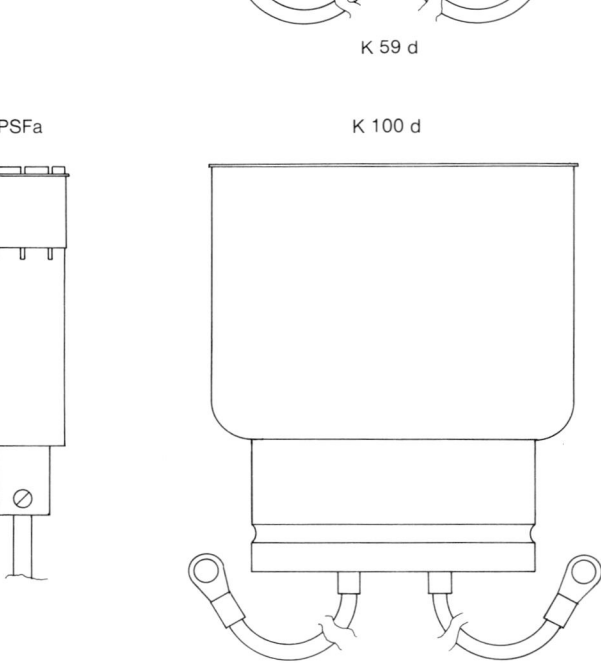

66

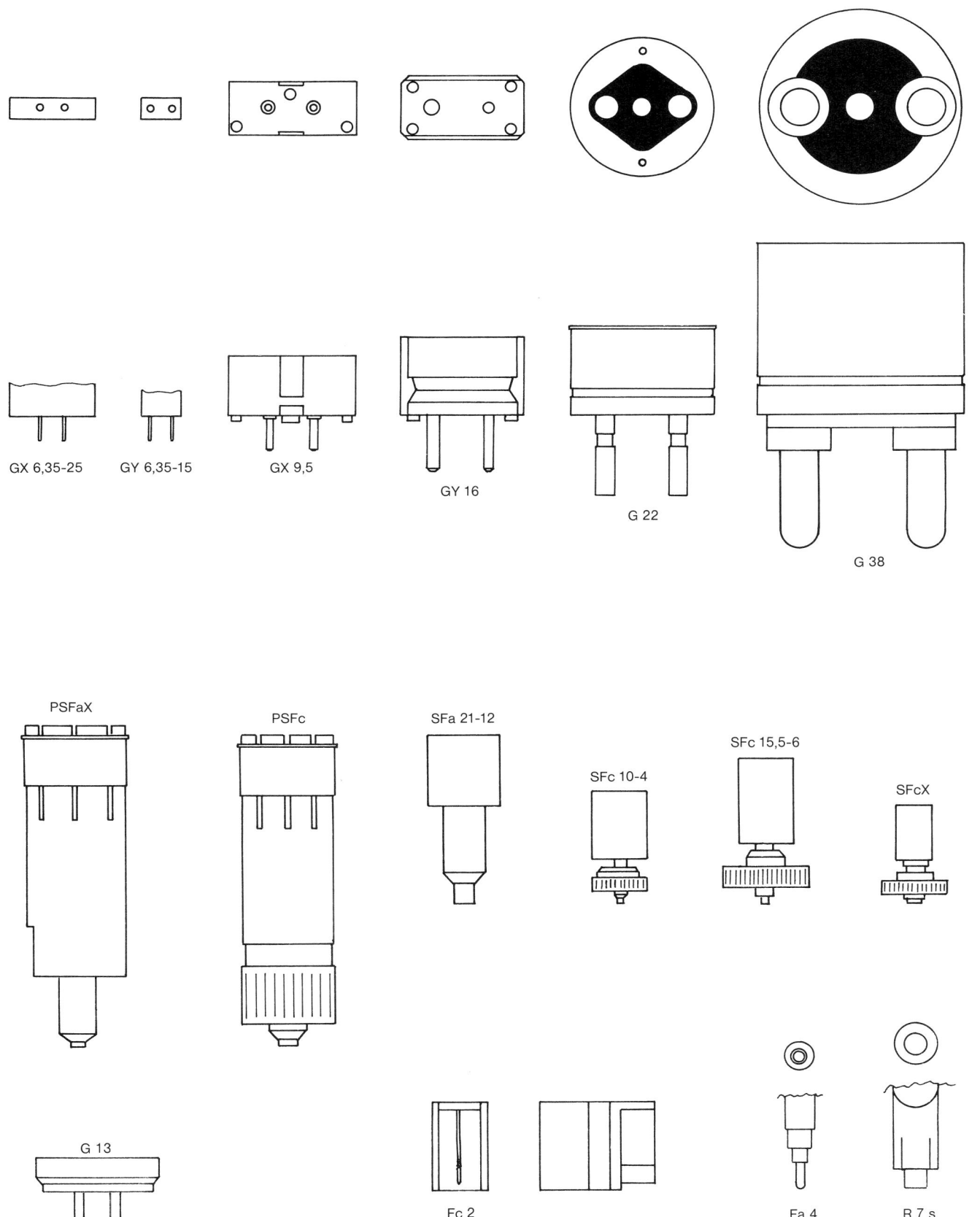

GX 6,35-25 GY 6,35-15 GX 9,5

GY 16

G 22

G 38

PSFaX PSFc SFa 21-12

SFc 10-4 SFc 15,5-6 SFcX

G 13 Fc 2 Fa 4 R 7 s

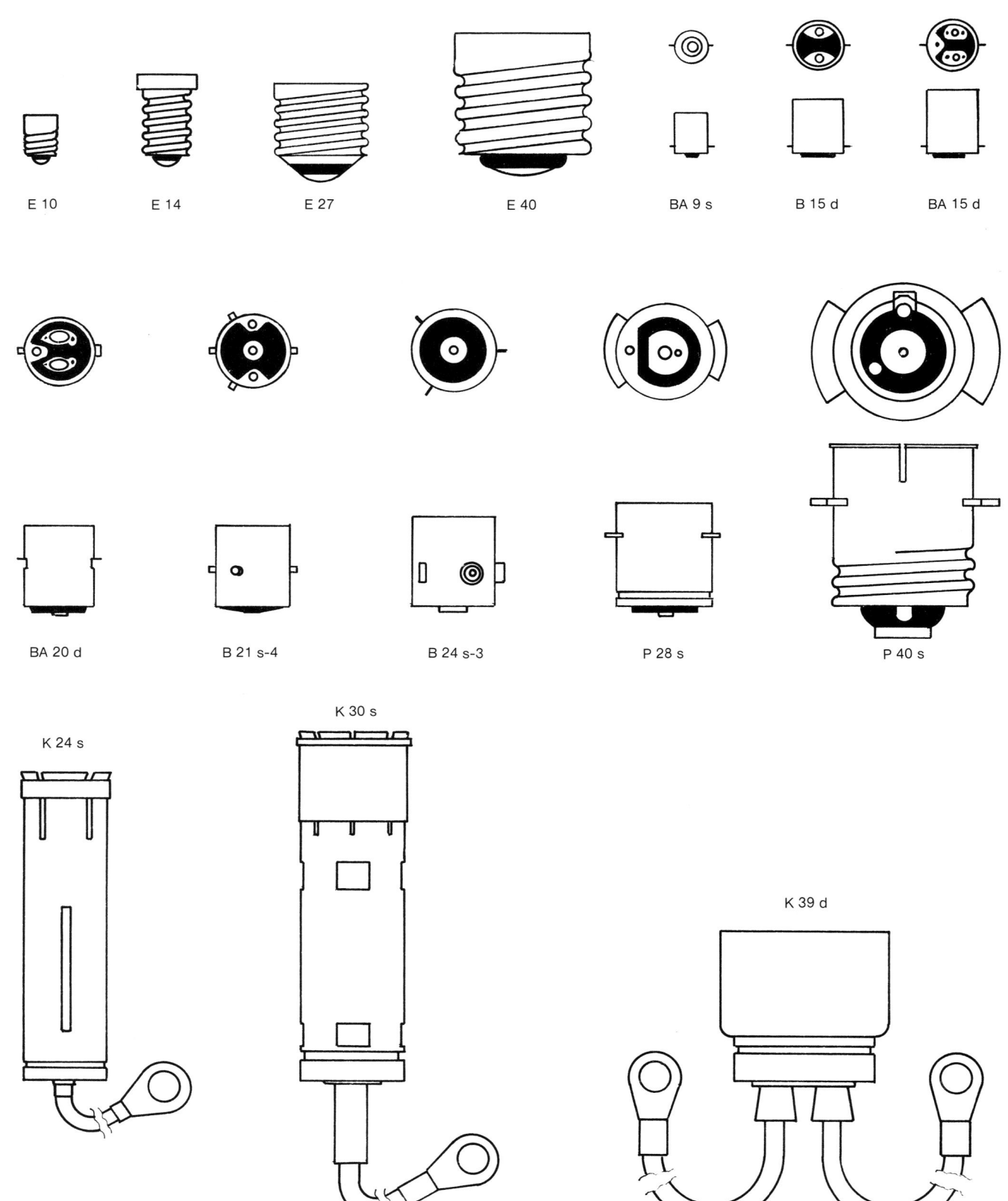

E 10   E 14   E 27   E 40   BA 9 s   B 15 d   BA 15 d

BA 20 d   B 21 s-4   B 24 s-3   P 28 s   P 40 s

K 24 s   K 30 s   K 39 d

Farbgläser und Farbfolien

Nicht immer gefällt weißes Licht. Es gibt mehrere Möglichkeiten, »weißes Licht« in eine Farbe zu verwandeln. Eine Möglichkeit ist, eine Lampe mit Unterspannung zu betreiben, d. h. die Farbtemperatur der Lichtquelle zu verändern, oder, einfacher ausgedrückt, die Lichtquelle über einen Regler zu steuern. Das Licht vermittelt zwar immer noch den Eindruck, weiß zu sein, doch verfärbt sich die Glühwendel bei zunehmender Unterspannung rötlich-gelb, und es kommt zu einer leicht rötlichen Lichtqualität. Eine entscheidende farbliche Veränderung ist auf diesem Weg nicht zu erreichen. Grundsätzlich haben wir zwei Möglichkeiten, mit Lichtfiltermitteln zu arbeiten; nämlich mit Farbgläsern und mit Farbfolien. Diese Farbfilter dienen zum Verändern der Lichtfarbe einer Lichtquelle nach dem subtraktiven Verfahren.

Farbgläser

Bevor die Kunststoffindustrie die Herstellung von Farbfolien ermöglichte, war die Einfärbung von Bühnenlicht mit bunten Glasscheiben üblich. Auch heute werden noch bei verschiedenen Leuchten Glasscheiben eingesetzt, wenn große Hitze oder mechanische Beständigkeit eine Rolle spielen. Die Glasscheiben haben Vor- und Nachteile. Der Vorteil ist, daß bei einer Glasscheibe die gewählte Farbe konstant bleibt. Der Nachteil: Gewicht, Zerbrechlichkeit und der Preis. Als Ausgangsstoffe zur Färbung von Glas werden nur reine Chemikalien verwendet. Verschiedenartige Färbungen erzielt man durch Zusatz von Chemikalien wie Kupfer, Chrom, Mangan, Eisen, Kobalt, Vanadium, Vanadin, Titan, Neodym, etc. Diese Metallionen werden dem flüssigen Glas beigesetzt und bewirken eine farbliche Veränderung des Materials. Ein weiteres Verfahren ist das sogenannte Farbbeizen. Bei einer Temperatur von 400–600° C wird die weiße Glasoberfläche farblich behandelt.

Da die benötigten Mengen für die einzelnen Farbabstufungen relativ gering sind, werden diese Filtergläser nach wie vor im Mundblasverfahren hergestellt. Das Glas wird mit der Glasmacherpfeife zu einer Walze geblasen. Diese Walze wird nachträglich durch Aufschneiden und Erwärmen zu einer planen Tafel verarbeitet, aus der dann die verschiedenen Formate zugeschnitten werden.

Das Mundblasverfahren bedingt unvermeidliche Stärketoleranzen innerhalb der Glastafel, so daß auch Farbunterschiede auftreten können. Die gebräuchlichste Dicke liegt bei 2–3 mm. Zur besseren Wärmefestigkeit werden die Farbfiltergläser in schmale Streifen von ca. 25 mm Breite geschnitten. Die Glasstreifen werden, übereinander oder nebeneinander, durch einen Metallrahmen gefaßt und in das Scheinwerfermagazin eingeschoben. Neben ca. 50 verschiedenen Farbglassorten sind auch mehrere Strukturgläser lieferbar, die durch die Lichtbrechung interessante Lichtzeichnungen ermöglichen.

Farbfolien

Begonnen hat die Anwendung der Farbfolie mit der Entwicklung der Kunststoffindustrie. Polymere (oder Kunststoffträger), die gegenwärtig verwendet werden, umfassen Azetate, Vinyle, Polyester und Polycarbonate in der annähernden Reihenfolge ihrer Wärmebeständigkeit; Azetate und Vinyle haben die niedrigsten Schmelztemperaturen und Polycarbonate die höchsten.

Wir kennen drei unterschiedliche Verfahren, die Farbe mit dem Filterträger zu verbinden: sie kann auf den Träger aufgetragen, in die Oberfläche des Trägermaterials eingelassen, oder vollständig in dem ganzen Folienmaterial zerstreut werden.

Bei einer Filterherstellung auf der Basis von tierischen Gelatinen können brauchbare Filterfolien hergestellt werden, die relativ kostengünstig sind, jedoch nach einiger Zeit im Scheinwerfer austrocknen und spröde werden. Bei der Herstellung mit Azetaten und Vinylen kann der vorher beschriebene »Verfall« etwas hinausgezögert werden, doch treten hier Probleme der Nichtbrennbarkeit auf. Material aus Polyester und Polycarbonate sind wärme- und formbeständig im Bereich von 126–143° C. Von den heute verfügbaren Harzen bietet Polycarbonatkunststoff die besten Eigenschaftskombinationen für einen Farbträger. Er verliert erst im Temperaturbereich von 149–163° C seine Form. Diese Sorten von Farbfilter sind selbstverlöschend.

Nun wird der Anwender bei seiner Auswahl der Farbqualitäten der Folien nicht unbedingt diese verschiedenen Her-

134 HMI®-Horizontlicht für Hintergrundbeleuchtung, Aufführung: »Sommer«, Münchner Kammerspiele

135 Eingefärbtes Glühlampenlicht, Aufführung: »Merlin«, Münchner Kammerspiele

stellungsmöglichkeiten wissen wollen. Er muß seine Wahl so treffen, daß die Folie den Vorschriften seiner zuständigen Behörde entspricht. Für den Anwender heißt das: extreme Hitzebeständigkeit, nicht brennbar, klare, vielseitige Farben, wasserbeständig und sehr flexibel.

Weltweit gibt es nur einige Hersteller von Farbfolien. Die führenden Fabrikate sind ROSCO, LEE und Cinemoid. Das fachlich bestsortierte Angebot mit den klarsten Buntwerten und höchsten Qualitätsansprüchen führt die Firma ROSCO, wobei aber, wie bei allen Industrieprodukten, gilt: einfacher und billiger geht es auch.

Praktisch ist das Filtermaterial auf Rollen, das in Längen bis zu 15 Meter bei einer Breite von 61 cm angeboten wird. Andere Rollengrößen sind auch lieferbar, zum Beispiel 6 Meter lang, 120 cm breit. Für Abnehmer kleinerer Mengen bieten sich die einzelnen Farbbogen an.

Neben einer vielseitigen Farbpalette mit über 50 verschiedenen Buntarten gibt es verschiedene Ausführungsformen in Diffusionsfiltern. Diese Filter verändern das »weiße Licht« in seiner Konsistenz, nicht aber in seinen Farben. Eine interessante Lichtveränderung ist bei der Verwendung eines »Linienfilters« möglich, der das Licht als Linie zusammenfaßt.

Eine wichtige Stellung nehmen heute die »Anpassungsfilter«, auch »Konvertierungsfilter« genannt, ein. Hier wird unterschieden in:

– Konvertierungsfilter für die Farbtemperatur
– Konvertierungsfilter für die Farbhelligkeit
– Konvertierungsfilter für die Korrektur beider Belange

Die Konvertierungsfilter für die Farbtemperatur haben die Aufgabe, diese zu verändern. Physikalisch ist dies nicht möglich, da an der Lampe selbst nichts verändert werden kann. Durch ein bestimmtes Ausfiltern von Farbanteilen kann das Licht in bläuliche oder rötlich-gelbe Richtung korrigiert werden. So besteht die Möglichkeit, die Farbtemperatur von HMI®-Scheinwerferlampen dem Glühlampenlicht anzupassen oder umgekehrt.

Der Konvertierungsfilter für die Farbhelligkeit reduziert in mehreren Abstufungen die »Helligkeit« des Lichts und findet dort Anwendung, wo der Buntwert der Farbscheibe etwas abgedunkelt werden soll.

Korrekturfolien, die beide Änderungseigenschaften vereinen, sind ebenfalls erhältlich. Neben diesen drei Haupt-

richtungen von Korrekturmöglichkeiten wird noch ein breites Angebot an Spezialfolien präsentiert, die weitere Lichtkorrekturen zulassen. Alle Folienhersteller bieten ihre Kollektionen in kleinen Musterheftchen an. In einigen werden zu den verschiedenen Buntarten auch genauere Angaben über die Lichtdurchlässigkeit, die Zuordnung der Folie im Farbenraum und die Absorption gemacht.

Farblacke

Nicht zu vergessen ist die Verwendung von Farblacken. Allerdings gibt uns die Anwendung von Lack nicht viele Möglichkeiten, da dieser Farbüberzug nicht sehr hitzebeständig ist. Der Lack wird als lichtdurchlässige Schicht über das zu färbende Glas gezogen und verändert so die Grundfarbe. Allerdings können dadurch nur Glühlampen mit geringer Wärmeabstrahlung eingefärbt werden. Die Farblacke gibt es in den Farben:

Gelb – Orange – Rot – Blau – Grün

Andere gewünschte Zwischenfarbtöne müssen gemischt werden.

Anwendung von Farbscheiben

Bei der Verwendung von bunten Folien oder Gläsern wird das abgestrahlte Scheinwerferlicht »gefiltert«. Durch das Ausfiltern bestimmter, nicht verlangter oder gewünschter Farbanteile bleiben diese in der Farbscheibe »hängen«, das heißt, der Filter absorbiert sie und erwärmt sich. Diese Erwärmung ist bei dunklen Farben beträchtlich und stellt an das Filtermaterial große Ansprüche. Neben der Farbveränderung tritt auch eine Reduktion der Beleuchtungsstärke ein. So reduziert sich zum Beispiel bei der Farbe Gelb die Beleuchtungsstärke um ca. 20 %, bei der Farbe Magentarot um ca. 90 %. Bei der Verwendung von Glasscheiben erhöht sich die Absorption, weil die Materialstärke um ein Vielfaches dicker ist als die der Farbfolie.

Für die besprochenen Grundfarben liegen folgende Informationen vor, die jeweils stark vom Produkt der einzelnen Firmen abhängig sind.

| | Durchlässigkeit | Absorption | Koordinaten im Farbdiagramm | |
	Y %	A	x	y
Violettblau	18,6	0,73	0,13	0,16
Cyanblau	35,2	0,45	0,13	0,29
Grün	29,7	0,52	0,11	0,62
Gelb	80,0	0,97	0,45	0,50
Orangerot	17,97	0,74	0,65	0,30
Magentarot	10,92	0,96	0,56	0,21

Scheinwerfer

Scheinwerfer sind technische Apparaturen zur Modifikation des von der Lampe erzeugten Lichts.

Zum Glück hat man viele Möglichkeiten, Licht auf die Bühne zu bringen. Jede Scheinwerferart hat ihren speziellen Einsatzbereich, zum Beispiel für Flächenlicht, Effektlicht, Profillicht und Projektionen

Ein Scheinwerferaufbau kann grundsätzlich so definiert werden: Ein entsprechender Lampentyp ist in einem Blech- oder Gußgehäuse eingebaut. Der Lampenkörper wird durch eine Lampenfassung in der gewünschten Brennlage gehalten. Die Lichtstrahlung, die nach hinten abstrahlt, wird mittels eines Spiegels nach vorn zur Austrittsöffnung reflektiert. Ist ein Scheinwerfer für eine Konzentration der Lichtstrahlen ausgelegt, wird der Öffnungswinkel durch eine vorgesetzte Glaslinse bestimmt. Ausgenommen sind die typischen Spiegelscheinwerfer. Vorn am Blechgehäuse sind zur Aufnahme von Farbscheiben mehrere Einschubfächer vorhanden. In diese Halterungen kann auch eine Torblende eingeschoben werden, die die Lichtstrahlung etwas korrigiert. Um den Scheinwerfer in einer gewünschten Position zu halten, ist eine entsprechende Scheinwerferbefestigung mit dem Gehäuse verbunden.

Im folgenden sollen die gebräuchlichsten Scheinwerferarten beschrieben und erklärt werden.

Das Scheinwerfersortiment

Um den verschiedenen Vorstellungen über Licht entgegenzukommen und ein Konzept der Lichtregie vorzubereiten, ist ein großes Sortiment an Scheinwerfern erforderlich. Grundsätzlich gibt es Richtlinien mit welcher Art von Scheinwerferausführung eine Spielstätte ausgerüstet werden sollte. Da in deutschsprachigen Theatern die Grundausrüstung der Scheinwerfer vorhanden ist, wird für die Lichtplanung einer Aufführung nur die Entscheidung getroffen, welches Scheinwerfermaterial zusätzlich zur Grundausstattung notwendig ist. Natürlich fällt diese Entscheidung in Abstimmung mit den finanziellen Möglichkeiten.

Flutlichtstrahler

Die einfachste Ausführung dieser Leuchte ist eine Glühlampe, die in Verbindung mit einem Reflektor breit abge-strahltes Licht aussendet. Mehrere solcher Reflektoren werden oft zu Lichtrampen zusammengefaßt und als Oberlichter oder Fußrampen eingesetzt. Heutzutage werden solche Leuchten meist mit Halogenstäben in Verbindung mit einem Rinnenspiegel hergestellt. Asphärische Spiegelausführungen werden speziell für Bodenrampen oder Horizontflächenleuchten verwendet, die zur Ausleuchtung von großen Prospekten oder Folienflächen dienen. Die Verstellung des Öffnungswinkels ist minimal, da eine Korrektur der Lichtabstrahlung nur in der horizontalen Ebene stattfinden kann. Es gibt verschiedene Kombinationen dieser Ausführung, auf die typischen treffen wir bei Oberlichtern und Fußrampenbeleuchtung. Das Licht wird »flutlichtartig« abgestrahlt und dort eingesetzt, wo wir Gleichmäßigkeit erreichen wollen. Da bei dieser Konstruktion keine wärmeabsorbierende Linse vorhanden ist, bzw. der Abstand Lampe – Farbscheibeneinschub sehr gering ist, können ausschließlich nur Glasfarbscheiben verwendet werden. Mittels einer Eigenkonstruktion durch eine Distanzerweiterung Lampe – Farbscheibe sind hellere Farbtöne in Folienausführung verwendbar. Bei kleineren Leistungen können jedoch Farbfolien in dünner Ausführung verwendet werden.

Ausführungen von 200–5 000 Watt
Abb. 140–143

Linsenscheinwerfer

Dieses Modell ist die einfachste Art, Licht zu konzentrieren mit der Möglichkeit, den Öffnungswinkel zu verstellen. Durch Verschieben der Lampenfassung in der optischen Achse wird der Abstand Lampe – Linse verändert. Die optische Linse ist meistens plankonvex geformt und hat durch die Brechung ein leichtes sekundäres Spektrum am Lichtrand. Die Lichtabstrahlung nach hinten wird mittels eines Kugelspiegels aufgefangen und reflektiert, doch wird die Lichtleistung nicht wesentlich erhöht, dafür die Gleichmäßigkeit des Lichtkegels verbessert.

Ausführungen von 100–5 000 Watt
Abb. 144

136–139 Aufführung: »Merlin«, Münchner Kammerspiele

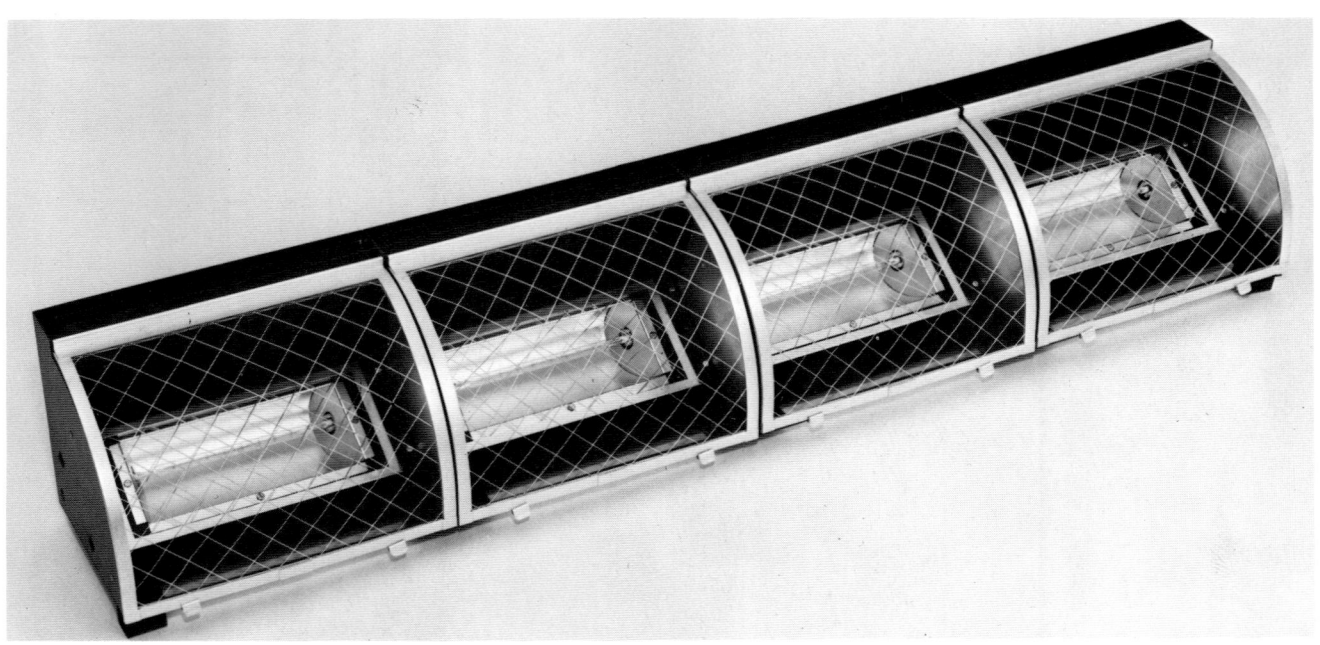

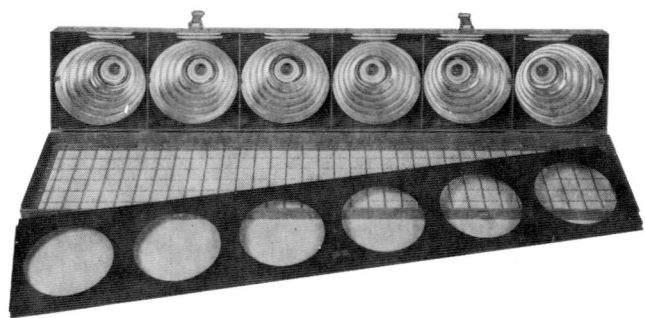

140 Fußrampe für Halogen-Stablampen mit asymmetrischer Lichtabstrahlung

141 Glühlampenfußrampe mit aufgeklappter Schutz- und Farbhalterung

142 5 000-Watt-Halogen-Flächenleuchte mit Fremdbelüftung

143 1 000-Watt-Halogen-Flächenleuchte mit Torblende und Glasstreu-
filter

144 1 000-Watt-Plankonvexlinsenscheinwerfer

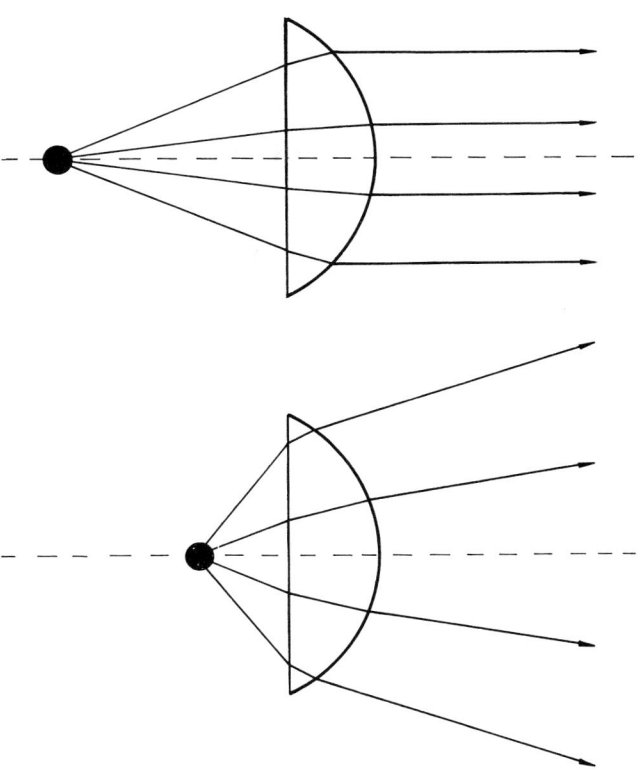

145 Öffnungswinkelverschiebung für eine Brennweitenveränderung eines Linsenscheinwerfers

Stufenlinsenscheinwerfer (Fresnellinsenscheinwerfer)

Das Prinzip des Aufbaus ist gleich dem des Linsenscheinwerfers. Die Plankonvexlinse wird durch eine Fresnellinse ausgetauscht. Auch die Größenverstellung des Öffnungswinkels funktioniert ebenfalls wie beim Linsenscheinwerfer. Das Licht zeichnet sich weich ab, und Farbfehler an den Lichträndern sind nicht mehr sichtbar. Die beiden Ausführungen, Linsen- und Stufenlinsenscheinwerfer, können vielseitig angewendet werden. Sie sind überall einsetzbar und das preiswerteste, was es an »gerichtetem« Licht zu kaufen gibt. Als Lichtquellen werden gewöhnliche Scheinwerferglühlampen wie auch Entladungslampen eingesetzt.

Ausführungen von 100–10 000 Watt für Glühlampen
575–12 000 Watt für Entladungslampen

Abb. 150, 152

Parabolspiegelscheinwerfer

Der Parabolscheinwerfer ist ein Spiegelscheinwerfer, der ohne Linse arbeitet. Der Lampenwendel sitzt im Brennpunkt des Spiegelsystems. Die achsparallele Lichtabstrahlung gibt ein konzentriertes Strahlenbündel mit hoher Leuchtdichte ab. Die Vergenzveränderung ist gering und mittels einer kleinen Lampenkorrektur im Brennpunkt möglich. Um eine

hohe Leuchtdichte zu erhalten, finden Niedervoltlampen Anwendung, die in kuppenverspiegelter Form eingesetzt werden. Der aufgedampfte Kugelspiegel ist umgekehrt wirksam, das Licht, das nach vorne abgestrahlt wird, wird zum Spiegel reflektiert. Diese Lichtart wird mit großem Erfolg als Lichtrampe eingesetzt, aber auch Einzelapparate gehören zur Scheinwerferausrüstung eines Theaters. Bei der Verwendung als Lichtrampe sind bei den gebräuchlichsten Konstruktionsausführungen neun Parabolspiegel zweireihig zu einem Segment montiert. Durch die enggebündelte Lichtabstrahlung der Einzelspiegel entsteht optisch ein Lichtvorhang von hoher Leuchtdichte. Elektrisch werden die neun Niedervoltglühlampen in Reihe geschaltet und sind somit mit 220 Volt zu betreiben. Der Parabolspiegelscheinwerfer wird bei der Effektbeleuchtung, aber auch als Verfolgerscheinwerfer eingesetzt. Oft dient er als Flächenbeleuchtungsapparat für große Entfernungen. Allerdings wird mit dieser Anwendungsart die Wendigkeit einer Lichtveränderung erschwert, da, bedingt durch den dicken Glühwendel, die Lichtabstrahlung ein träges Reaktionsmoment aufweist. Die Präzision des Lichtbündels hängt von der Qualität des Spiegels ab und ist somit auch preisabhängig. Ein Glassilberspiegel ist allemal besser als ein Aluminiumspiegel. Die verwendete Kleinspannung von 12 und 24 Volt erfordert einen Transformator zur Grundausrüstung, der bei kleineren Modellen im Gehäuse mit eingebaut ist. Zur Reduzierung von Streulicht wird vor den Scheinwerfer oft eine Ringblende eingeschoben, die aus einzelnen Blechringen besteht.

146 Kombination verschiedener Lichtqualitäten. Tiefliegendes Gassenlicht mit HMI®-Scheinwerfern, eingefärbtes Glühlampenlicht und grüne Neon-
beleuchtung. Die Lichtwertanteile sind in Spiel- und Dekorationslicht aufgeteilt. Aufführung: »Die Riesen vom Berge«, Münchner Kammerspiele

147–149 Drei Phasen einer Lichtveränderung
Das Grundlicht der Abb. 147 hat Tageslichtqualität. Abb. 148
und 149 zeigen eine Lichtstimmungsveränderung durch Ein-
blenden von eingefärbtem, tiefliegendem Glühlampenlicht.
Aufführung: »Emilia Galotti«, Münchner Kammerspiele

152 Stufenlinsenscheinwerfer für HMI®-Entladungslampe 6 000 Watt, mit Torblende, Bodenstativ und Vorschaltgerät

150 Stufenlinsenscheinwerfer, wahlweise mit 1 000- und 2 000-Watt-Lampe zu bestücken

153 HMI®-Lampenschlitten mit Lampenfassungen und Spiegel

151 500-Watt-Parabolspiegelscheinwerfer mit kuppenverspiegelter Lampe und eingebautem Transformator

154 Lichtrampenteil mit Parabolspiegellampen zu je 250 Watt in Reihe geschaltet, mit aufgeklappten Ringblenden

Es werden Ausführungen von 100 Watt/12 Volt bis 1000 Watt/24 Volt in verschiedenen Leistungszwischenstufen angeboten. Als Sonderausführung bietet ein Hersteller auch ein Parabolspiegelgerät mit einer 1 200-Watt-HMI®-Lampe an.

Abb. 151, 154

Parblazer

Der Parblazer oder Preßglaslampenscheinwerfer ist eine Weiterentwicklung des Parabolspiegelscheinwerfers. Das optische System, bestehend aus Glühwendel, Spiegel und Fassung, ist als feste Einheit miteinander verbunden. Die Reflektorglühlampe wird direkt mit dem Gehäuse verbunden. Die Stromzuführung wird entweder mit einer Steckvorrichtung auf die Außenkontakte aufgesteckt oder angeschraubt. Bei dem Scheinwerfer zeichnet sich das ausgestrahlte Licht elliptisch ab. Die Brennweite ist mit der Auswahl der Lampe festgelegt und nicht mehr veränderbar.

Dieser Scheinwerfertyp wird meistens in drei verschiedenen Ausführungen mit jeweils verschiedenem Öffnungswinkel angeboten: engstrahlend: 9°/15°, mittelstrahlend: 11°/25° und breitstrahlend: 16°/40°.

Profilscheinwerfer

Der Profilscheinwerfer ist eine höchst komfortable Scheinwerferausführung. Dieser Apparat bietet eine Fülle von opti-

155 Parblazer

156 Parblazersystem; Blechhalterung und Leuchtkörper mit Spiegel

schen Varianten und eine verlockende Vielseitigkeit. Der große Unterschied zu einem Linsenscheinwerfer besteht darin, daß die Lampe zur Größenverstellung des Lichtkegels nicht mehr verschoben werden muß. Der feste Platz der Lampe im Scheinwerfergehäuse verhindert eine Erschütterung der Lichtquelle bei Größenverstellung. Es werden zur Zeit zwei Konstruktionsausführungen hergestellt:

Ellipsenspiegelscheinwerfer

Der Ellipsenspiegelscheinwerfer hat als lichtsammelndes System einen Ellipsenspiegel, in dessen hinterem Brennpunkt die Lichtquelle liegt und deren Bild vom Ellipsenspiegel in dessen vorderem Brennpunkt abgebildet wird. Zur Streuwinkelkorrektur wird eine Irisblende, die in unmittelbarer Nähe des vorderen Brennpunkts liegt, in ihrem Durchmesser verändert. In der Nähe zur Irisblende liegen die für den Ellipsenspiegelscheinwerfer typischen Blendenschieber und der Vignetteneinschub, ein Einschubfach für Projektionsmasken. Durch Verändern der Abblendschieber wird das Strahlenbündel in der vertikalen und horizontalen Ebene variiert. Alle drei Ebenen für die Veränderung des Lichtkreises liegen dicht hintereinander, so daß mit dem vorgesetzten Objektiv – meistens aus einer Plankonvexlinse bestehend – für jeweils eine der drei Projektionsebenen die

Schärfe des Lichtkreises eingestellt werden muß. Für die Konstruktion der Abblendschieber gibt es zwei Ausführungsformen. Entweder liegen alle vier Schieber in vier verschiedenen Ebenen oder in zwei Ebenen. Der Vignetteneinschub ist eine zusätzliche Abbildungsebene. Der Strahlengang kann in beliebige Umrißformen verwandelt werden, z. B. in Fensterform oder in andere Öffnungen. Das Material für die Negativmaske muß sehr hitzebeständig sein. Für eine Eigenherstellung solcher Vignetten – auch Gobos genannt – eignet sich eine Aluminiumfolie von 0,1 mm Stärke. Dieses Material läßt sich gut bearbeiten. Selbstverständlich können auch Masken aus hitzebeständigen Metallen verwendet werden, doch dieses Material eignet sich schlecht zur Eigenherstellung. Die Scheinwerferindustrie hat aber ein vielseitiges Angebot von Gobos im Verkaufsprogramm und einige

157 Ellipsenspiegel-Profilscheinwerfer 2 000 Watt, mit langer Brennweite

158 Ellipsenspiegel-Profilscheinwerfer 1 000 Watt

159 Profilscheinwerfer mit Kondensoroptik, 1 000 Watt, Zoom-Objektiv 15–28° Ausstrahlwinkel

160 Profilscheinwerfer mit Kondensoroptik, 1 000 Watt und austauschbarem Objektiv

davon sind durchaus zu empfehlen. Mittels austauschbarer Objektive für eine Brennweitenveränderung ist dieser Scheinwerfer praktisch über jede Distanz einzusetzen, weil die Brennweitenbestimmung entsprechend dem Einsatzort ausgewählt werden kann.

Profilscheinwerfer mit Kondensoroptik

Beim Profilscheinwerfer mit Kondensoroptik wird das von Lampe und Kugelspiegel abgestrahlte Licht durch eine Linse gesammelt. Die Veränderung des Strahlenbündels wird, wie beim Ellipsenspiegelscheinwerfer, über eine mechanische

161 Gobos: zwei Beispiele einer Vignettenprojektion

Veränderung mit einer Irisblende, einem Blendenschieber oder einer Vignette bestimmt. Austauschbare Objektive können auch bei diesem Profilscheinwerfer die Brennweite beeinflussen.

Eine verbesserte, komfortablere Brennweitenveränderung besteht bei dem Zoom-Profilscheinwerfer. Die Objektive werden nicht mehr ausgetauscht, sondern durch eine verstellbare Linsenkombination läßt sich ein größerer Bereich der Winkelöffnung einstellen. Zum Beispiel gibt es Bereiche von 12–22°, 16–30°, 28–40°. Diese Verhältniszahlen ändern sich je nach Scheinwerferausführung und Hersteller.

Beide Sorten des Scheinwerfers gibt es in verschiedenen Leistungsstufen von 100 Watt in einer Miniausführung für die Schaufensterbeleuchtung bis zu 2 000 Watt. Auch für Entladungslampen bis zu 2 500 Watt wird diese Technik angewendet.

Als »follow-spot« oder Verfolger sind die Apparate zusätzlich mit einem Farbwechsler, verbesserter Lagerung des Apparats für die Balance und einem »blackout«-Verschluß ausgerüstet. Ebenfalls als Verfolgerscheinwerfer wird in Sonderausführungen Kohlebogenlicht als Lichtquelle verwendet.

Leuchtstofflampen

Bei der Lampenbeschreibung wird weitgehend über die Steuerung von Leuchtstofflampen berichtet. Die Normalanwendung auf der Bühne besteht im Einsatz von Oberlichtern oder als Horizontbeleuchtung. Da die Lampe eine sehr große Abstrahlung hat und nur wenig Entfernung zum Objekt braucht, bieten sich auch andere Verwendungsarten an. Fußrampen oder mobile Lichtkästen können im Baukastensystem selber gebaut werden. Farbliche Korrekturen werden neben der grundsätzlichen Entscheidung über die Farbtemperatur durch Verwendung von Farbfolien vorgenommen. Diese werden, als Röhre zusammengeklebt, einfach über das Leuchtrohr geschoben.

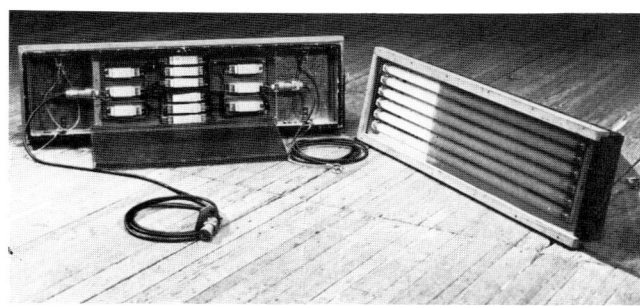

162 Leuchtstofflampen-Baukastenelement mit sechs Röhren, Farbscheibeneinschub; Vorschaltgerät und Heiztransformatoren auf der Rückseite integriert; direkte und Regelphase in einem Kabel mit unverwechselbarem Vielfachstecker

163 Leuchtstofflampenfußrampe mit drei Farben auf sechs Kreise aufgeteilt; fahrbares Versorgungsteil mit Vorschaltgeräten und Heiztransformatoren

Zusatzeinrichtungen

Fernsteuerung/Verfolger

Nicht immer reicht eine Helligkeitsregulierung der Lichtquellen für den Beleuchtungsablauf aus. Mechanische Scheinwerfereinstellungen können auch ferngesteuert werden. Die Investition ist aber aufwendig und nur an größeren Häusern zu erwarten. Entweder werden die Bewegungen über eine zusätzliche Steuereinrichtung gelenkt, oder im Lichtstellpult ist eine entsprechende Steuereinrichtung schon integriert. In diesem Fall können Scheinwerferbewegungen in das Ablaufprogramm gespeichert werden, und Positionsveränderungen sind während des Vorstellungsablaufs kein Problem mehr. Oft sind diese Scheinwerfer noch mit automatischen Farbwechslern ausgerüstet, die je nach Modell als Farbrad oder Farbmagazin ca. 4–6 verschiedene Farben aufnehmen können. Sie sind horizontal-vertikal schwenkbar, haben eine Öffnungswinkelverstellung und bei einer Zoom-Optik zusätzlich eine Brennweitenverstellung.

165 Profilscheinwerfer mit Kondensoroptik, 2 000 Watt, Zoom-Objektiv, mit kugelgelagertem Drehteller und Schwerpunktausgleich als Verfolgerscheinwerfer

166 Linsenscheinwerfer 2 000 Watt mit Horizontal- und Vertikalverstellung, motorischem Farbwechsler und Öffnungswinkelverstellung; alle Funktionen ferngesteuert

164 Profilscheinwerfer mit Kondensoroptik, 2 000 Watt, Fernsteuerung für Horizontal- und Vertikalverstellung, Irisblende und Zoom-Regulierung

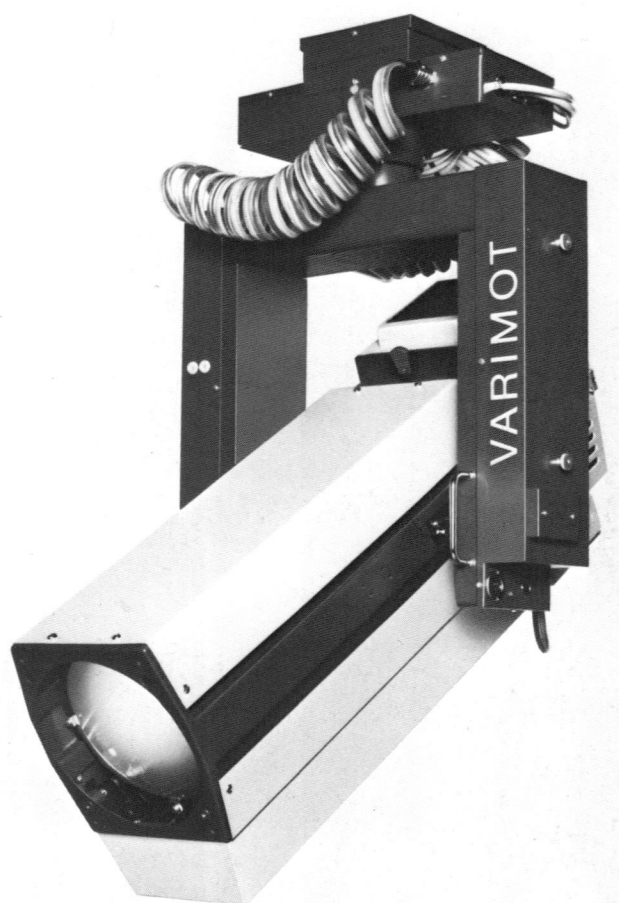

Mechanische Verdunklungsblenden

Die »kalten Lichtquellen«, zunächst nur als allgemeine Stra-
ßen- und Werkhallenbeleuchtung bekannt, wurden inzwischen fest in die Theaterbeleuchtung integriert. Von diesem
Sortiment verwenden wir inzwischen in der Hauptsache
Quecksilber-Hochdruck- und Natriumlampen. Beide haben
– wie schon erwähnt – den Nachteil, daß sie elektrisch nicht
regulierbar sind. Der »Nachteil«, den alle Entladungslampen
aufweisen (eine Lichtentwicklungsphase, die man abwarten
muß, bis der volle Lichtstrom erreicht ist), wird inzwischen
oft als besonders interessant und farbenprächtig empfunden
und somit in das Beleuchtungskonzept übernommen. Da die
Lampengehäuse nicht für einen Theatereinsatz vorgesehen
sind, muß sich der Anwender einiges einfallen lassen, um
sie in ein Beleuchtungssystem zu integrieren. Um etwas
mobiler reagieren zu können, ist es jedem Anwender natürlich freigestellt, mechanische Verdunklungssysteme zu entwickeln.

167 Ferngesteuerte, mechanische Irisverdunklungsblende für Objektiv-
einschub eines Profilscheinwerfers mit Entladungslampe

169 Ferngesteuerte, mechanische Irisverdunklungsblende vor einem
Objektiv eines Profilscheinwerfers mit Entladungslampe

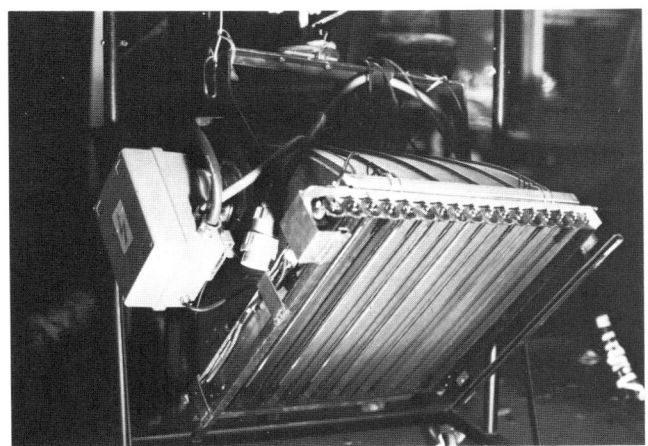

170 Flächenstrahler mit 3500-Watt-Quecksilber-Hochdrucklampe für
sofortige Wiederzündung, ferngesteuerter Verdunklungsblende
und Farbscheibeneinschub

168 200-Watt-Natrium-Niederdrucklampe in zylindrisch drehbarem
Rohr mit mechanischer Handverdunklung

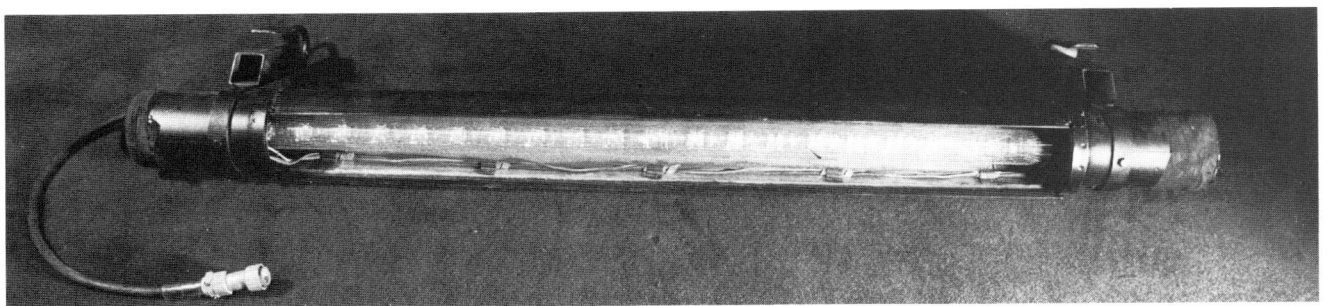

Technische Ausrüstung und Zubehör

Kabel – Steckverbindungen

Es ist kein Geheimnis: unsere vielseitigen Apparaturen müssen mit den Regelstromkreisen der Lichtstellanlage verbunden werden. Die Erfahrung zeigt, daß solche Steckverbindungen leider oft stiefmütterlich behandelt werden. Um einen beleuchtungstechnischen Vorgang sichtbar vorzuführen, gehört u. a. dazu, daß die Verbindungen optimal betriebssicher ausgelegt sind. Neben dem normalen Schukostecker, der allerdings gegen unbeabsichtigtes Trennen nicht geschützt werden kann, gibt es spezielle Theatersteckvorrichtungen. Der »Eberl-Stecker« findet die meiste Verbreitung. Er ist bis 63 Ampère Strombelastung zugelassen und wird mit Aluminium- oder Kunststoffgehäuse ver-

173 Fahrbares Beleuchtungsoberlicht mit »Hauckschem Korb«. Das Flachbandkabel faltet sich beim Hochfahren in den Korb. ▶

171 links: Steckverbindung mit EBERL-Stecker
rechts: Steckverbindung mit Schukostecksystem

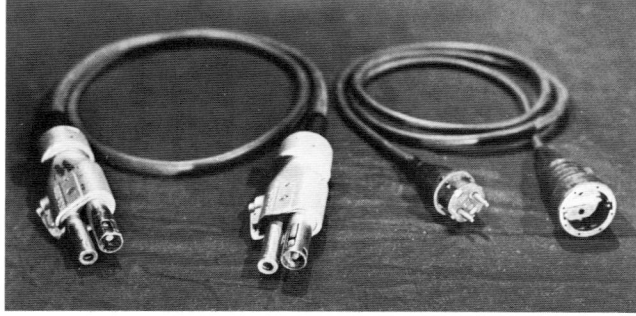

172 Unverwechselbare Steckverbindungen verschiedener Hersteller

86

trieben. Seit einiger Zeit werden auch die genormten CEE-Steckvorrichtungen verwendet.

Für verschiedene Spezialverbindungen stehen je nach Spannung und Stromstärke eine Fülle von Sonderausführungen zur Verfügung.

Nicht immer ist die Arbeit mit dem Zusammenstecken einer elektrischen Steckverbindung beendet. Für fahrbare Beleuchtungszüge findet z. B. ein spezielles Flachkabel Anwendung, das in einem Auffangkorb (Hauckschen Korb) gelagert wird. Neben dieser flexiblen Kabelverbindung kann noch eine andere Ausführung von flexibler Stromzuführung eingesetzt werden. Die Kabeltrommel, die nur eine geringe

174 Kabeltrommel, an der Decke montiert; im Vordergrund rechts der auf der Zugstange montierte Verteilerkasten mit den Versatzanschlüssen

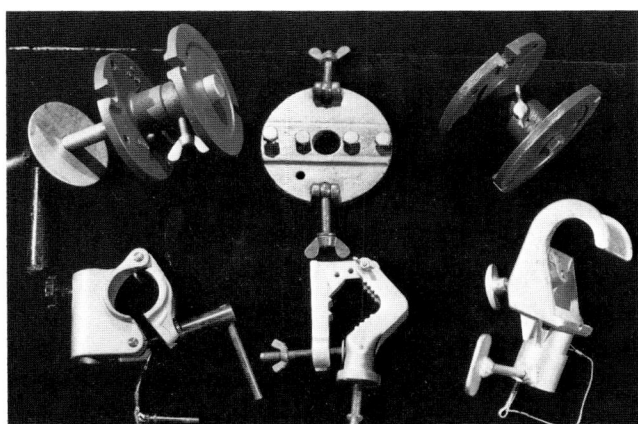

175 Hängevorrichtung für Scheinwerfer verschiedener Fabrikate

Anzahl von Stromkreiser führen kann, wird am obersten Punkt der beweglichen Spannweite montiert. Das Kabelband ist mit der Zugstange und der Aufwickeltrommel auf Spannung verbunden. Wird die Zugstange mit der Scheinwerferbefestigung nach unten verfahren, so wickelt sich das Kabel automatisch von der Trommel ab.

Neben den elektrischen Verbindungen müssen die Scheinwerfer oder andere Zubehörgeräte an ihrer jeweils

speziellen Position befestigt werden. Dient nicht das bekannte Stativ zur Befestigung, so müssen wir für einen hängenden Einsatz Aufhängevorrichtungen installieren. Diese Halterungen sind sehr wichtig und sollten in der Ausführung stabil sein und eine gute Arretierungsmöglichkeit gegen unbeabsichtigtes Verstellen haben. Im Fachhandel gibt es ein breites Angebot für die jeweils gewünschten Anwendungsmethoden.

Trickgeräte

Die normal ausgerüsteten Lichtstellanlagen sind für die Steuerung von Scheinwerferkreisen ausgelegt. Das Bedürfnis, mehr als einzelne Lichtstimmungen zusammenzusetzen, ist jedoch groß. Die Elektronik bietet viele Variationen an, Lichteffekte schnell und in vielen verschiedenen Kombinationen herzustellen. Großanlagen sind meistens schon mit einer »Trickkiste« ausgerüstet. Die elektronischen Steuerungen lassen ausgesuchte Lichtkombinationen in einer zu bestimmenden Zeit und Rhythmus immer wiederholen, zum Beispiel Blinklichter, Lauflichter, Wetterleuchten, Feuerwerke und vieles mehr.

Bei einem nachträglichen Einbau oder Beistellung einer solchen Zusatzsteuerung bieten sich in idealer Form elektronische Schaltgeräte der Firma BCC an, die Sigmaswitch®. Durch Verwendung solcher Bausteine werden die oft zu knappen Bühnenversätze gespart. Diese elektronischen Lastrelais haben den großen Vorteil, daß sie kontaktlos nichthörbare Schaltvorgänge durchführen können, extrem klein sind und eine hohe Lebensdauer haben. Die Steuerspannung liegt zwischen 3 und 32 Volt Gleichspannung oder 90 und 280 Volt Wechselspannung. Die Nennspannung und der Nennstrom liegen zwischen 220 und 500 Volt und zwischen 8 und 70 Ampère.

176 Tricksteuergerät UNIPRO-EFF®-Firma ESH für Programmierung mit Lichtgriffel. 8 oder 64 Ausgänge. Speichermöglichkeit. Das Bild zeigt das Gerät (links) mit transportabler Lastverteilung mit »Sigmaswitch«®-Bausteinen.

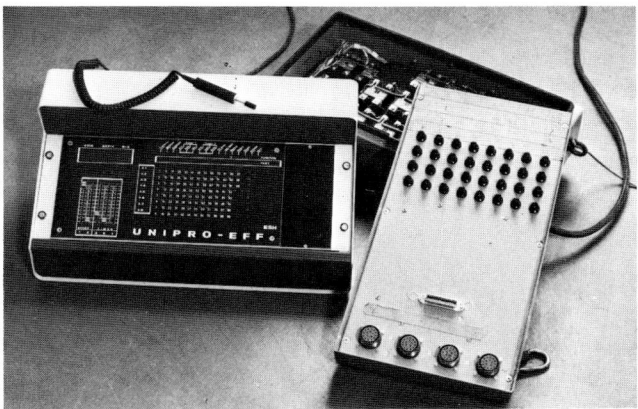

Trickeffekte

So viele Möglichkeiten wie Ideen kommen da zur Anwendung! Um die meistens Tricks durchzuführen, ist allerdings das technische Umsetzungsvermögen eine wesentliche Voraussetzung dafür, daß der Trick nicht nur einmal, sondern immer wieder abrufbar und funktionsfähig bleibt. Da gibt es die begehrten **Nebelgeräte**, die oft schon über Unzulängliches hinweggeholfen haben. Zwei wesentliche Ausführungsunterschiede stehen zur Verfügung: Trockeneisnebel und Nebel in chemischer Zusammensetzung. Trockeneisnebel hat den Vorteil, daß er längere Zeit am Boden bleibt, sehr dick ist und in großen Mengen auf die Fläche geblasen werden kann. Die Anwendung von Nebel ist nicht ganz problemlos, da die Umgebungstemperatur und die Belüftungseigenschaften des Raumes wesentlich dazu beitragen, daß der Nebel auf der gewünschten Fläche bleibt und nicht in Richtung Zuschauer abwandert.

Stroboskope brauchen eigentlich nicht genauer beschrieben zu werden. Bei den neueren Ausführungen gehört dazu, daß ein gewünschter Effekt programmiert werden kann. **Filmlaufwerke** und **Effekträder** sind beides Zusatzgeräte, die vor ein Projektionsgerät gesteckt werden. Für verschiedene Effekte gibt es auswechselbare Filme oder Räder, die in die entsprechenden Geräte eingeschoben werden können. Mit dem Objektiv wird die gewünschte Bildgröße bestimmt.

177 Nebelgeräte: links: Handnebelpistole
Mitte: Trockeneismaschine
rechts: Doppelkammerrauchmaschine

Blitzeffekte sind nicht unproblematisch herzustellen. Die Grundvoraussetzung, daß der Theaterraum relativ dunkel gehalten werden muß, um den Blitz wirkungsvoll einzusetzen, zeigt Schranken für die Lichtgestaltung vor und nach dem Blitz an.

Ein »Märchenblitz« in Zick-Zackform kann mittels eines Leuchtkastens, einer DIA-Vorgabe oder einer Vignettenprojektion erzielt werden. Der Effekt einer Blitzfolge, das heißt, ein sich bewegendes Licht, kann mit Nitraphotlampen oder den immer seltener werdenden Blitzlampen gut nachvollzogen werden, vor allem, wenn wir die einzelnen Fassungsanschlüsse nacheinander elektrisch ansteuern. Grundsätzlich haben Lichtquellen ohne Glühwendel physikalisch die besseren Voraussetzungen, um ein kurzzeitiges Aufleuchten anzuzeigen. Dazu zählen auch Leuchtstofflampen, Neonstäbe, Kohlebogeneinrichtungen und Xenon-Lampen.

Eine Leuchtstofflampe kann entweder über das System der steuerbaren Lampen elektrisch kurzzeitig gezündet werden oder im direkten Zugriff mit einer Spannung von ca. 1 000 Volt je 1,20 m oder 1,50 m Rohrlänge. Die wirkungsvolle Blitzwatte oder andere pyrotechnische Effekte haben den Nachteil, daß sie in geschlossenen Räumen leider nur selten verwendet werden dürfen.

Xenon Höchstleistungsblitz

In Anbetracht der erwähnten Probleme, Blitzeffekte wirkungsvoll einzusetzen, ist der Wunsch verständlich, einen möglichst hellen und kurzzeitigen Lichtblitz herzustellen. An den Münchner Kammerspielen ist ein Höchstleistungsblitz entwickelt worden. Die Grundausrüstung der Blitzkonstruktion »Big Bang 4 000« umfaßt folgende Teile:

 – Stromversorgungseinheit für Einzelblitze mit Bedienteil
 – Zusatzwagen für kurzzeitigen Dauerbetrieb (ca. 10 Min.)
 – Scheinwerfergehäuse mit einer 4 000-Watt-Xenon-Lampe

Das Scheinwerfergehäuse ist mit einer 4 000-Watt-Xenon-Lampe in horizontaler Brennlage bestückt. Der Brennpunkt der Kurzbogenlampe sitzt im Brennpunkt eines Glaspräzisionsspiegels in Parabolform. Die Lichtaustrittsöffnung von 35 cm $\varnothing$ ist mit einer Thermopenscheibe abgedeckt und kann zusätzlich noch mit einem Blechschieber gesichert werden. Für den Einschub von Glasfarbscheiben stehen drei Einschübe in der Größe von 390 × 390 mm zur Verfügung. Die Blitzeinrichtung läßt drei Bediensysteme zu. Auf dem Hauptwagen wird die gewünschte Betriebsart und Blitzstärke vorgewählt. Die Auslösung der gewählten Betriebsart kann von der Hauptwahltafel erfolgen oder am Scheinwerfergehäuse selbst. Zusätzlich können die funktionsauslösenden Teile auch fernbedient werden. Die Kombination ist so vorbereitet, daß nachträglich alle Funktionsbedienungen fernbedient werden können.

Die Lichtstärke des Lichtblitzes ist abhängig von der Blitzdauer und der Blitzfolge. Bei dem hellsten und kürzesten Blitz nimmt die Lampe 800 Ampère für die Blitzdauer von $^2/_{10}$ sec. auf. Das Licht ist tageslichtähnlich weiß-bläulich, zur

178 Xenon-Höchstleistungsblitz, System Keller

179 Stromversorgungswagen für Höchstleistungsblitz »Big Bang 4000«

normalen Farbtemperatur der Xenon-Lampe kaum höher als bei einem Einsatz als Dauerlicht. Zwei weitere Blitzstärken sind möglich:
– 500 Ampère mit 1 sec. Dauer
– 250 Ampère mit 2 sec. Dauer

Für ca. 10 Minuten Dauerbetrieb können die 5 Großbatterien mit je 12 Volt/210 Ah eine Lichtstärke mit 120 Ampère leisten.

Allerdings ist eine solche Anwendung nur in Verbindung mit einer Fremdbelüftung der Lampe zu betreiben. Die Blitzfolgen können ohne Kühlung hergestellt werden. Die Batteriewagen werden durch eine Dauererhaltung geladen und sind mit einer Lebensdauer von ca. 4–5 Jahren berechnet. Natürlich kann die Stromversorgung auch über eine Netzeinspeisung erfolgen. Doch ist der Aufwand für einen guten

Gleichstrom erheblich und ortsgebunden. Bestimmt bedeutet der Einsatz dieses Höchstleistungsblitzes noch nicht die letzte Entwicklung. Doch bietet die jetzige Möglichkeit, Xenon-Lampen kurzzeitig so hoch zu belasten, auch bei einem relativ hellen Grundlicht noch eine Lichtspitze für einen Lichtblitz zu erzeugen. Über Schwenkspiegel oder eine mehrfach geteilte Glasfläche kann der Lichtstrahl weiter verbessert oder vielseitiger gestaltet werden. Folgende Meßwerte der Lampe wurden ermittelt:

Distanz: 20 Meter – Lichtkreisdurchmesser 1,20 Meter

Dauerbetrieb mit	120 Ampère:	50'000 lux	5 500 Kelvin
Blitz 0,8 sec.	250 Ampère:	140'000 lux	5 500 Kelvin
Blitz 0,8 sec.	500 Ampère:	433'000 lux	5 780 Kelvin
Blitz 0,2 sec.	800 Ampère:	610'000 lux	5 780 Kelvin

Beleuchtungstechnische Sonder- anfertigungen

Für eine aufwendige Aufführung wurde ein »Entenschuß« entwickelt. Niedervoltglühlampen, in einer bestimmten Form angeordnet, hängen an einer Dachlatte, die in einen Bühnenzug eingehängt wurde. Jede Lampe hat einen eigenen Stromkreis und ist mit dem Lastteil und dem Trickgerät verbunden. Steuerimpulse schalten die Sigmaswitch®-Bausteine in der gewünschten Geschwindigkeit und Reihenfolge ein und aus. Ist die letzte Lampe an, wird über einen Neonstab, der schräg auf die Glühlampe abgerichtet ist, ein kurzes Aufblitzen eingeleitet, was als Schuß gut zu verstehen war. Nach diesem Impuls wurde unmittelbar darauf eine Blitzlampe gezündet. Der ganze Programmablauf lief über ein Zusatztrickgerät, und es bedurfte nur eines Einsatzkommandos, um den Ablauf zu starten.

180 Hängeeinrichtung »Entenschuß«
 1: Einzellampen für Flugbewegung
 2: Neonstab für Abschußsignal
 3: Blitzlichtlampe

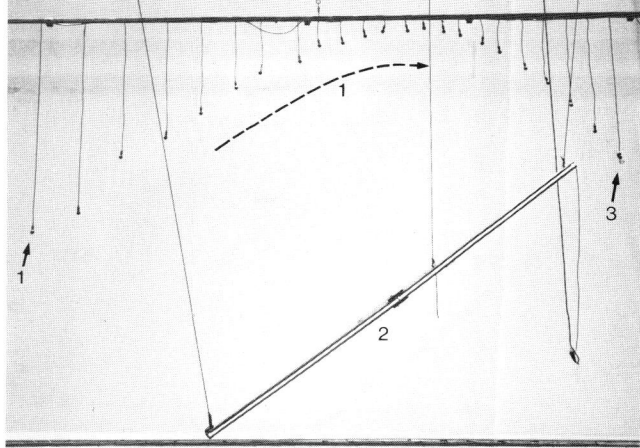

181 Insel, nur vorn beleuchtet

182 Begonnenes Dämmerlicht, Lichter in den Häusern werden aktiviert

183 Die Sonne hat einen Tiefstand. Eingebaute »Sonnenkanten« werden eingeblendet. Das Vorderlicht auf die Häuserfront wird zurückgenommen.

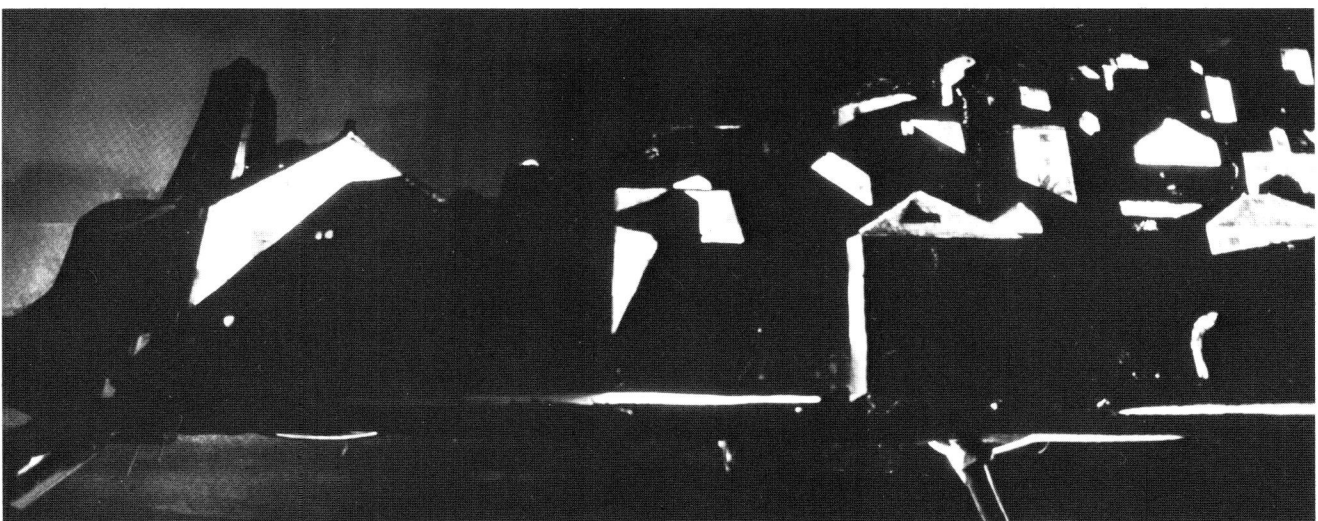

84 Vorderlicht ganz ausgeblendet, keine Fensterlichter; nur noch Kontraste von Hell und Dunkel

185 Nacht – nur noch Fensterlichter

Einen Tageslichtwechsel an einer Häuserfront zeigen die Abb. 181–185.

In der Produktion wurde als Hintergrund eine Insel mit Häusern gezeigt. Die Ausfertigung der Häuserfront war in zwei eingebaute Lichtzoner unterteilt, die von »innen heraus« die transparente Vorderseite durchleuchten konnten. Als Lichteindruck hat man sich für einen »tiefliegenden Sonnenstand« und eine »Nachtbeleuchtung« entschieden. Wie in einem Puppentheater sind viele Kleinstlampen in einer Art »Setzkastensystem« montiert, so daß das Licht optisch wirklich getrennt war. Für die hellste Grundausleuchtung wurde die Häuserfront von vorne angeleuchtet, und durch einen langsamen Lichtwechsel war das sich verdunkelnde Tageslicht äußerst realistisch wahrzunehmen.

186 Vorrichtung für »fahrbaren Schatten«; vorne links der Motorantrieb. Zur Drehrichtungsänderung sind die beiden Walzen mit einem Flachbandzahnriemen verbunden.

Das Bild oben zeigt ein Verdunklungsgerät für einen »laufenden Schatten«. Die Lichtquelle eines HMI®-Stufenlinsenscheinwerfers sollte als Schattenprojektion mit einem sichtbar scharfen Schattenbild langsam verdunkelt werden (siehe Entwicklung der Bühnenbeleuchtung, Linnebachprojektion). Für diesen Vorgang wurde ein Gestell gebaut und ca. 1 m unter den Scheinwerfer eingehängt. Die Trägerfolie für die Vignette war aus einem Klarsichtfilter und das Schattenbild aus Aluminiumfolie, die auf den Klarsichtfilter aufgeklebt wurde. Über eine elektronische Ansteuerung hat der Brückenbeleuchter in vielen kleinen Steuerimpulsen die Entwicklungsphase der Verdunklung ausgeführt.

Im nächsten Beispiel sollten 24 Stühle mit 24 Punktlichtern beleuchtet werden. Gebaut wurde ein Gestell, in das 24 »PAR 36« Preßglaslampen mit Trafo als Kleinscheinwerfer eingehängt waren. Über ein Spezialschaltpult konnten aus den 24 Spots auch besondere Gruppenkombinationen angeordnet werden. Die Einspeisung der Anlage war auf 4 Stromkreise aufgeteilt (siehe Abb. 138).

Wird auf der Bühne in einem Zimmer ein Lampenschirm verwendet, sollte er möglichst realistisches Licht abstrahlen, wobei dann der Einbau einer einzelnen Lampe sicherlich nicht ausreicht. Das gezeigte Photo eines aufwendigen Zimmerlampenschirms gibt die Lichtanordnung gut wieder. Die Mittellampe leuchtet senkrecht nach unten, für die Allgemeinbeleuchtung und Transparenz des Schirms sind drei normale Allgebrauchslampen eingesetzt. Um den Lichtschein und das Spiellicht zu verstärken, sind an einem Außenring mehrere Spiegellampen mit 12 Volt/50 Watt eingebaut, die jeweils auf die gegenüberliegende Seite leuchten. Nötig waren 4 Stromkreise, die über eine Mehrfach-

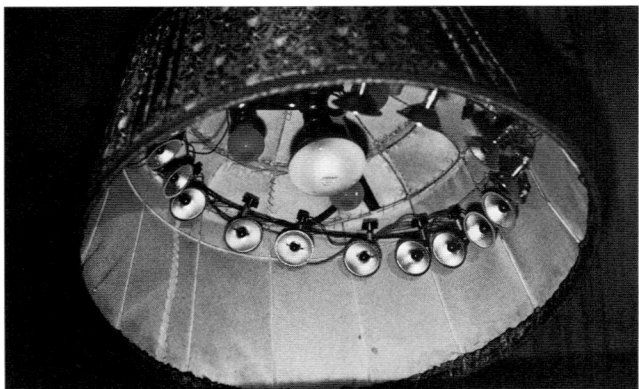

188 Ausgebauter Lampenschirm mit vier Stromkreisen für optimierte Lichtverteilung

steckverbindung zugeführt wurden. Der Trägerring der Kleinlampen mußte wegen der Sichtlinie perspektivisch eingebaut werden. Das so erzeugte, sehr individuelle Licht läßt viele Möglichkeiten zu, realistisch in das übrige Spiellicht eingeordnet zu werden.

187 Hängegestell mit 24 »PAR 36«-Spotleuchten. Im Gehäuse ist der Transformator für die Lampe eingebaut.

Projektion

Entwicklungsgeschichte

In den frühen Jahren der Projektionsgeschichte geisterte das Wort »Laterna Magica« durch die Öffentlichkeit. Begeistert konnten die Besucher öffentlicher Lichtspielhäuser farbige Bilder und Bildabfolgen sehen. In diesen Pionierjahren glaubten die Bewunderer der Lichtbilddarstellung an Magie und an verborgene Kräfte. Mitte des 17. Jahrhunderts wurden die ersten nachlesbaren Konstruktionsarten einer »Laterna Magica« schriftlich festgehalten:

»Eine Lichtquelle, deren Strahl durch einen Hohlspiegel reflektiert und gerichtet wird mit zwei bikonvexen Linsen in einem Objektiv. Dazwischen wird ein Transparentbild eingeschoben.«

Im Prinzip ist diese Erklärung über den technischen Aufbau immer noch gültig. Auch die hochtechnische Entwicklung solcher Geräte brachte für die Darstellung von Lichtbildern keine grundlegenden Änderungen. Natürlich ist die Konstruktionsweise verfeinert worden, nach dem Motto: heller, klarer, vielseitiger.

Der Erfindungsgeist und die vielseitigen Wünsche über Konstruktionsarten sind auf Abb. 189, 190 zu sehen. Die langen Projektionseinschübe konnten in mehreren Einzelbildabfolgen zu ganzen Bilddokumentationen zusammengefaßt werden, und der wohl bekannteste Projektionsmaler im 19. Jahrhundert, Paul Hoffmann, malte ganze Geschichtsabläufe auf Glasplatten, die zur damaligen Zeit mit einem Holzrahmen eingefaßt waren. Die Zeit um 1850 bot für diese Kunstrichtung eine regelrechte Industrie. Umherreisende Bildvorführer führten naturhistorische Abhandlungen wie auch aktuelle Themen, zum Beispiel Länderkunde und Weltliteratur, vor. Um 1900 hatte als Projektionsvorlage das photographische Diapositiv die handgemalten Bilder etwas verdrängt. Sicherlich nicht als Kunstgenuß, da die Diapositive anfangs nur in der Schwarzweißausführung zur Anwendung kamen (siehe Abb. 200, 202, 203, 205). Besonders interessant ist, daß die Pioniere dieser Projektionserfindungen schon mit der Überblendtechnik gearbeitet haben. Die Ausführung wurde folgendermaßen beschrieben:

»Der Nebelbilder-Apparat besteht aus zwei (oder auch mehr) Projektions-Laternen, die so aufgestellt sind, daß ihre Lichtkreise auf der Wand sich decken und dem Dissolver, einer Vorrichtung, welche abwechselnd die eine oder andere Laterne außer Wirksamkeit setzt oder auch beide zugleich arbeiten läßt. Der Effekt beruht darin, daß das Bild der ersten Laterne (z. B. einer Landschaft bei Tag) ganz allmählich in das Bild der zweiten Laterne (dieselbe Landschaft bei Nacht) übergeht. Das Bild der ersten Laterne muß dazu ganz langsam verdunkelt werden, und gleichzeitig muß das Bild der zweiten Laterne in demselben Maße immer stärker aufgeworfen werden, bis das erste Bild ganz verschwunden ist, und die zweite Laterne mit voller Kraft arbeitet. Die Helligkeit auf der Wand darf während des Wechselns weder zu- noch abnehmen, wenn anders die Wirkung eine gute sein soll. Außerdem ist es unerläßlich, daß das zweite Bild, in welches das erstere übergehen soll, richtig eingestellt ist, damit während des Wechselns die Conturen der Bilder sich genau decken. Ein zweiter, ebenfalls wunderbarer Effekt wird durch das Einprojicieren erzielt. Die erste Laterne zeigt ein Bild, z. B. Jacob auf dem Felde schlafend. Nun steckt man in die zweite Laterne ein Bild, welches die Himmelsleiter mit der Schar der Engel darstellt, wovon Jacob träumt. Man läßt dann die zweite Laterne langsam, immer stärker werdend, in Wirksamkeit treten und erhält so auf der Wand eine prachtvolle Wirkung: Die Himmelsleiter mit den Engeln kommt allmählich, wie aus dem Nebel sich bildend, zur Erscheinung – ebenso löst sie sich wieder in Nebel auf, wenn die zweite Laterne wieder langsam abgestellt wird.« (Hoffmann/Junker, »Laterna Magica«)

Die Technik der Überblendvorrichtung war deshalb notwendig, da zu der damaligen Zeit die Lichtquellen meist aus Kerzenlicht, Öllampen oder Gas bestanden. Das erwähnte Verdunklungssystem »Dissolver« entspricht der heutigen Wirksamkeit eines Graukeils. Dieser besteht aus einer Glasplatte, die von der absoluten Durchlässigkeit mit verschiedenen Helligkeits-Grautönungen bis in ein total abdeckendes Schwarz abgestuft ist. Durch ein Vorschieben des Verdunklungsschiebers in den Strahlengang wird der Lichtdurchgang allmählich mechanisch ausgeblendet. Der »Originaldissolver« bestand aus einer gezackten Blechscheibe. Eine ähnlich wirkende Verdunklung ist manchmal heute noch in der Bühnenbeleuchtung anzutreffen, mit feinmaschigen Gittern, die wieder in verschiedenen Dichten übereinandergelegt sind.

Das Gebiet, auf dem solche Bildvorführungen Anwendung fanden, war immens groß. Auch Spiegeltricks mit ihren

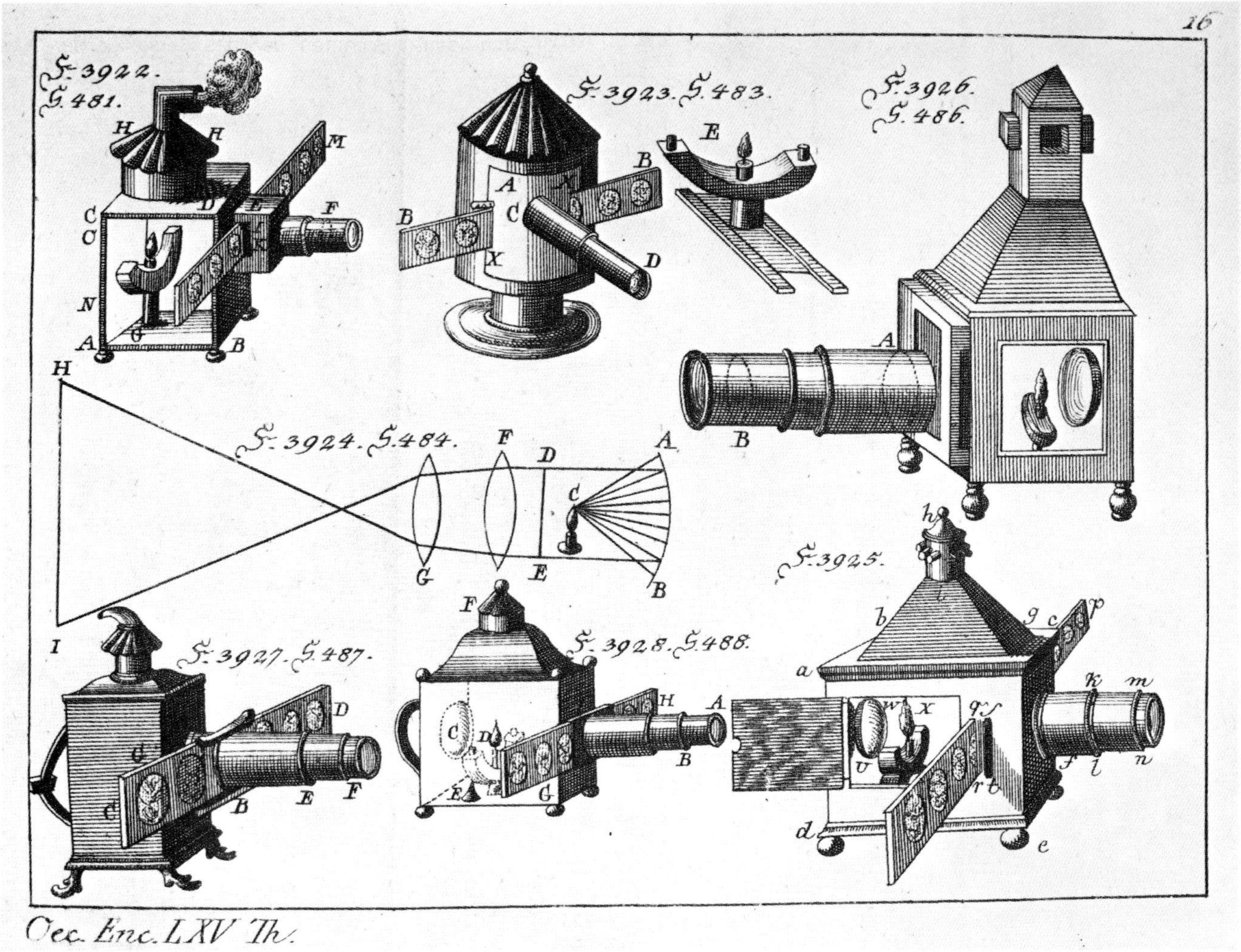

189 Historische Darstellung verschiedener Ausführungen der »Laterna Magica«, um 1794

190 Einfache Blechlaterne mit eingeschobenem Glasbildstreifen aus dem 18. Jahrhundert

191 Aus den Anfängen der Farbprojektion: Diaprojektionsapparat

192 Geisterprojektion auf der Bühne nach Pepper, um 1862

verblüffenden Erscheinungsbildern wurden zu dieser Zeit vielseitig angewendet. Noch heute gibt es diese Art von Vorführungen im Rahmen von Varietéprogrammen.

Was heißt Projektion?

Darstellen auf einer Fläche. Für alle Arten und Ausführungen von Projektionstechniken ist eine Grundbedingung die Projektionsfläche: zu Hause auf einer Leinwand oder einem weißen Tuch; im Theater auf Prospekten, Rundhorizont, Panoramen, Tülls etc.

Immer werden Objekte durch einen optischen Vergrößerungsvorgang projiziert. Die einfachste Darstellung ist eine Linnebach-Projektion, die im Kapitel »Entwicklung der Bühnenbeleuchtung« beschrieben wird. Bei dieser Technik gilt es, mittels Kontrasten von Hell und Dunkel die Helligkeitsunterschiede darzustellen. Auch der Bühnenscheinwerfer in der Ausführung mit Ellipsen- oder Kondensortechnik ist als Projektionsapparat zu verstehen. In diesem System wird das abzubildende Objekt mittels eines wärmebeständigen Materials in den Strahlengang eingelegt.

Doch für unsere Darstellung gilt als Projektionsgerät die typische Projektionstechnik, die wir schon kennen. Im Theatereinsatz impliziert diese Darstellung von Bildern ein raumbildendes Element. Durch die Möglichkeit, Bilder mit mehreren Projektionsgeräten zusammenzusetzen und mittels einer Doppelbestückung von Apparaturen Überblendvorgänge von einer Bildergruppe zu einer anderen vorzunehmen, ist es möglich, Bildfolgen hintereinander zu zeigen. Da als Grundmaterial der Bildfläche Stoffe oder Projektionswände notwendig sind, ist damit nur eine sehr eingeschränkte gestalterische Bühnenbilderfindung möglich. Eine Totalprojektion wird nur von wenigen Bühnenbildnern benützt. Vor allem deswegen, weil es bei dieser Art von Darstellung Geschmackssache ist, ob eine solche abstrahierte Umsetzung für eine Produktion passend ist.

Daß die komplette Totalprojektion selten verwendet wird, hängt auch damit zusammen, daß das Herstellen der Dias äußerst kompliziert ist und es dazu viel Fingerspitzengefühls bedarf. Vor allem dann, wenn die Projektionsfläche gewölbt ist (Rundhorizont) oder die Apparate nicht in einer horizontalen Mittelpunktsebene zur Projektionsfläche aufgestellt werden können.

Steht keine Idealanordnung der Apparatur zur Projektionsfläche zur Verfügung, so muß bei der Herstellung der Dias eine Verzerrung einkalkuliert werden. Das heißt, schon bei der Herstellung muß das Positiv in einer verzerrten Form auf das Trägermaterial aufgetragen werden. Die Objektpunkte, in der Großprojektion auf Glasplatten der Größe 13 × 13 cm, 18 × 18 cm oder 24 × 24 cm aufgetragen, werden mittels eines Rastersystems auf eine zu berücksichtigende Verzerrung eingeteilt. Natürlich kann anstelle von gemalten Platten auch eine photographische Vorlage dienen.

Die angesprochenen Projektionsplatten für die Großprojektoren sind aus einem speziellen Glas hergestellt, das eine hohe thermomechanische Festigkeit hat und für Temperaturen von 300–400° C ausgelegt ist. Die benützbaren Farben müssen demnach für eine hohe Wärmebeständigkeit hergestellt sein.

Es bleibt jedoch nicht dabei, statische Projektionen zu zeigen; interessanter sind die bewegten Darstellungen, die wieder den Effekt des Magischen haben. In deutschen Theatern gab es eine Hochzeit für Erfindungen von Spezialprojektoren. In jüngster Zeit sind solch raffinierte Spezialappa-

193 Projektionsgerät für einen Sternenhimmel. Hinter jedem Objektiv ist eine Niedervoltlampe. Baujahr 1935

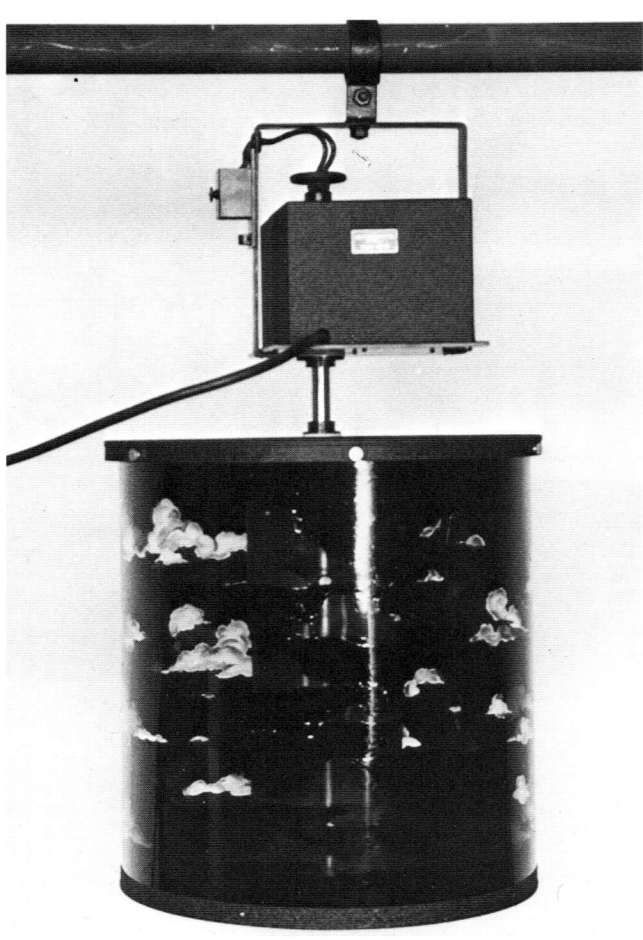

194 Rundhorizont Wolkenapparat durch Schattenprojektion mit einer Niedervoltlampe, 24 Volt, 1 000 Watt. Projektionsträger war eine Plexiglasfolie; um 1955

195 Rundhorizont Wolkenapparat mit bemalter Glaskugel, um 1955

196 Wolkenapparat mit 3 000-Watt-Glühlampe. Automatische Objektiv- und Spiegelverstellung für 20 verschiedene Diavorlagen. Um 1940

197 Wolkenapparat für 20 verschiedene Projektionsvorlagen mit 10 × 1 000-Watt-Kinolampen. Spiegelverstellung über drehzahlgeregelte Gleichstrommotoren. Um 1956–1958

rate »von der Bildfläche« verschwunden, oder sie hängen verstaubt in Lagerräumen, da die Lichtstärke dieser genialen Erfindungen nicht mehr die Brillanz hat, um in dem heute verwendeten Bühnenlicht zur Wirkung zu kommen.

Praxis

Im Normalfall wird die Projektion eines Objekts auf eine Fläche so eingerichtet, daß das zu projizierende Bild parallel zur Bildfläche steht. Damit umgeht man eine Verzerrung der Abbildung. Wird eine Aufprojektion verwendet, heißt das, daß das Bild von der Zuschauerseite her auf eine horizontale Fläche projiziert wird. Im Theater sind dies die Positionen der Projektionskabine, der Zuschauerraum- und Portalbrücken sowie der Türme.

Bei geräumigen Platzverhältnissen bietet eine Rückprojektion eine äußerst vielseitige Anwendungsmöglichkeit, da die Fläche getrennt in ihrer Helligkeit von dem Bühnenlicht abgesetzt werden kann. Diese ist zwar bei einer Aufprojektion auch bedingt möglich, doch gilt, daß ein Material, welches von sich aus leuchtet, immer die bessere optische Wirkung hat. In einem solchen Fall steht der Projektionsapparat hinter der zu durchleuchtenden Fläche, was in den meisten Anwendungsbeispielen heißt, daß man mit sehr kurzen Objektivbrennweiten kalkulieren muß.

Bietet sich in einer Produktion der dramaturgische Einsatz von Projektionen an, so werden die Objektvorlagen in den meisten Fällen von dem Bühnenbildner zur Verfügung gestellt. Der Beleuchtungsfachmann hat sich um die richtige Aufstellung der Apparaturen und der damit verbundenen Brennweitenbestimmung zu kümmern. Ist eine rein gestalterische Anwendung im Bühnenbild nicht vorgesehen als Totalprojektion oder dramaturgisches Vorzeigen von Lichtbildern, so gibt es noch andere Möglichkeiten, sich der Projektionstechnik zu bedienen.

Die optischen Voraussetzungen der Projektion ermöglichen es, große Flächen gleichmäßig auszuleuchten. Auch einfarbige Flächen können sauber ausgeleuchtet werden. Stehen wir vor dem Problem, daß die Objektivbrennweite eines Profilscheinwerfers nicht mehr ausreicht, so führt der nächste Schritt zur Projektion. Die Motivbestimmung kann sehr einfach ermittelt werden: Durch Zumalen der Hartglasplatten mit einer Deckfarbe oder durch das Ausschneiden einer Aluminiumfolie, die dann zwischen die Glasplatten eingelegt wird. Gehen wir davon aus, daß eine Projektionsentzerrung nicht mathematisch erfolgt, so gibt es handwerkliche Möglichkeiten, sich die Projektionswinkelverschiebung herauszuarbeiten.

198 Filmlaufwerk für Endlosfilme

199 Effektrad: drehende, bemalte Glasscheibe

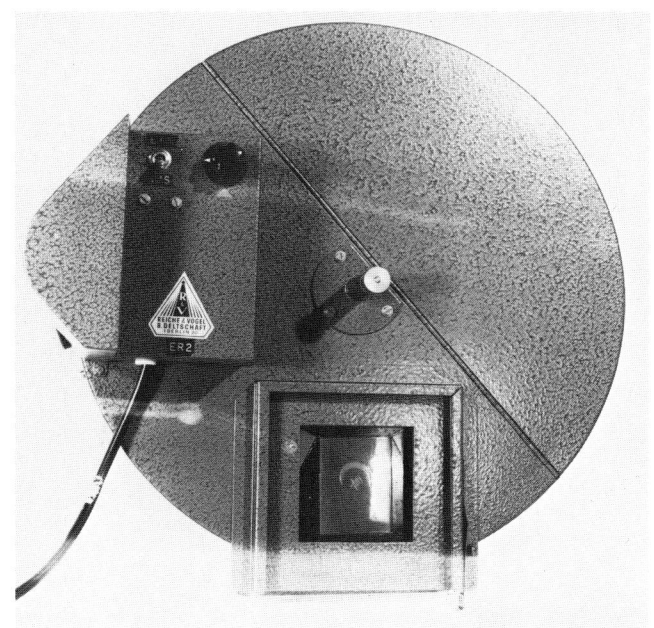

Gemalte Glasdias aus der Mitte des 19. Jahrhunderts

200 Aus der Reihe »Der Ring der Nibelungen«: Rheingold, 2. Szene: Wotan zeigt seiner Gattin Fricka die eben vollendete Götterburg

202 Aus der Reihe »Landschaftliche und architektonische Tableaux«: Kirchenruine im Orient

201 Einfachste Ausführung einer Schattenprojektion: der Schattenspieler

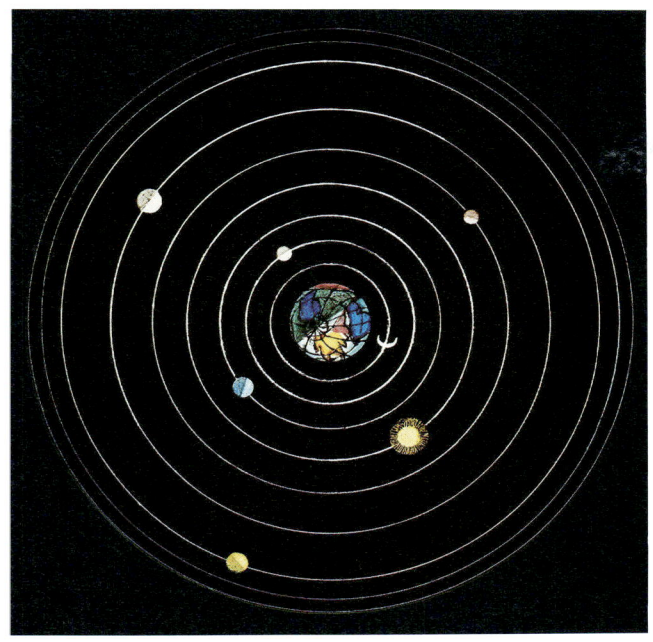

203 Aus der Reihe »Die Bildung der Erdoberfläche – Unendlichkeit und Ewigkeit im Weltraume«: Das ptolemäische Weltbild

205 Riesenfaultier Mylodon

204 Schwarzweißprojektion eines Lampenscheins auf der Wand rechts; Aufführung: »Maria Magdalena«, Münchner Kammerspiele

Anwendungsbeispiel einer Projektion

In einem sehr real gebauten Innenraum wird die Rückwand gegen eine Projektionsfolie ausgetauscht. Unsere Absicht besteht darin, daß wir den Raum optisch vergrößern, also eine erweiterte Tiefenwirkung vortäuschen wollen. Der vordere reale Raum wird mit zwei verschiedenen Lichtarten ausgeleuchtet, das heißt, für die virtuelle Raumerweiterung müssen wir ähnliche Lichtstimmungen herstellen.

Mit dem angesprochenen Rastersystem wird die Projektionsfläche beleuchtet, nachdem die Position der Apparate bestimmt wurde.

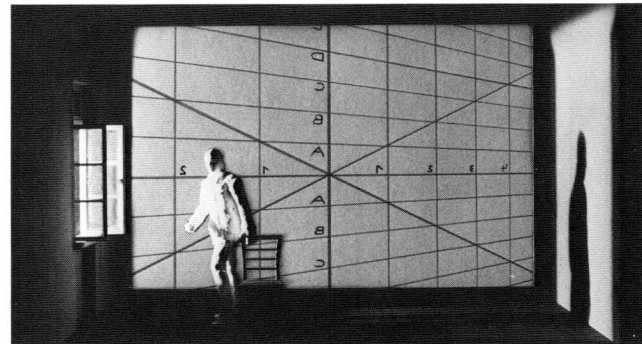

208 Projektionsposition B: verzerrte Rasterabbildung auf der Projektionsfläche durch Schrägprojektion

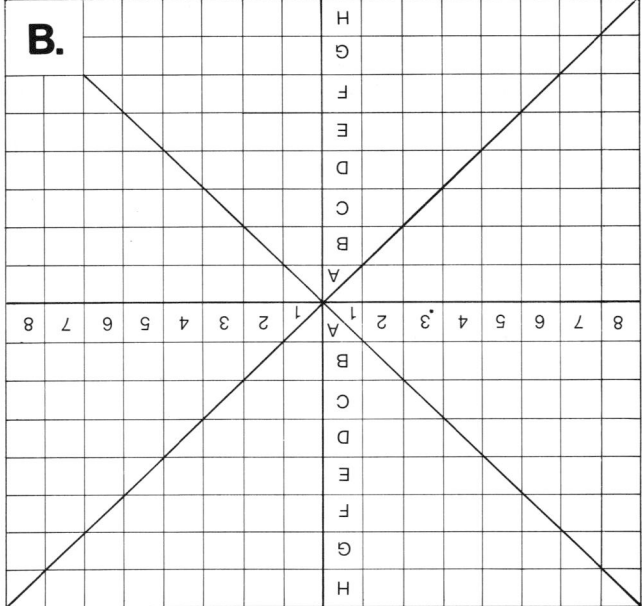

206 Rastersystem für eine Projektionsplatte. Die Beschriftung der Platte muß für das Bedienungspersonal lesbar sein. Das Raster ist kopfstehend und seitenverkehrt.

Das abzubildende »Hinterzimmer« wird in einer »verzerrten Form« als Objektvorlage hergestellt und auf die Diafläche umgearbeitet.

207 Aufstellen der Projektionsgeräte im Grundriß für eine Rückprojektion

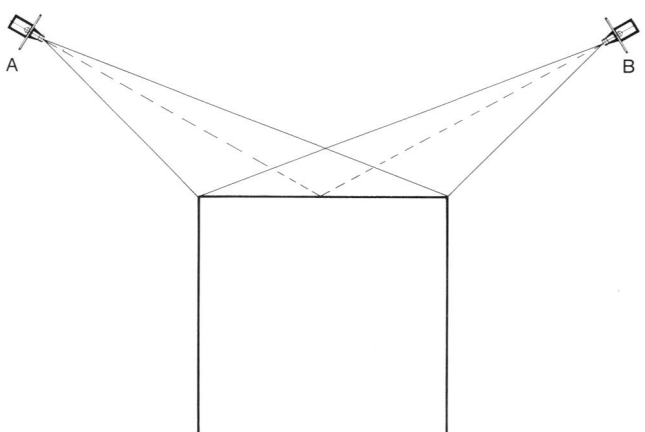

209 Projektionsplatte für Apparat A
210 Projektionsplatte für Apparat B

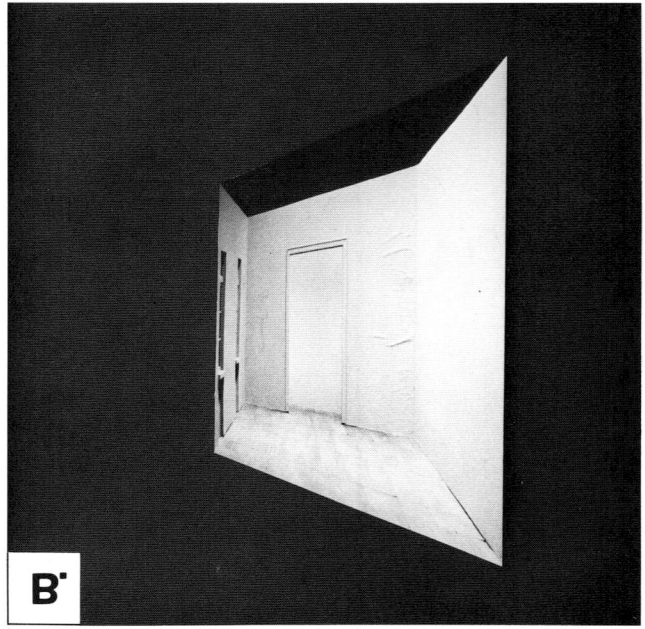

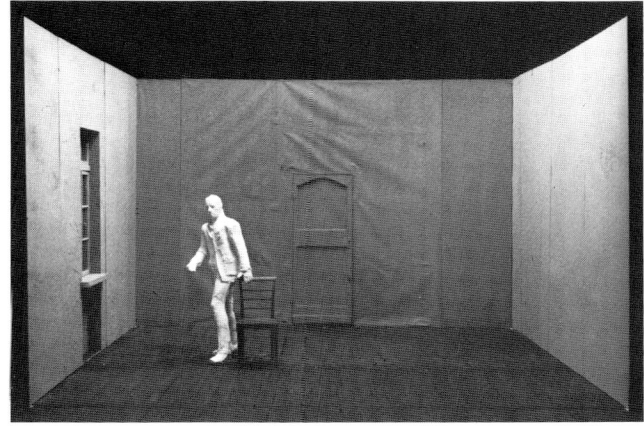

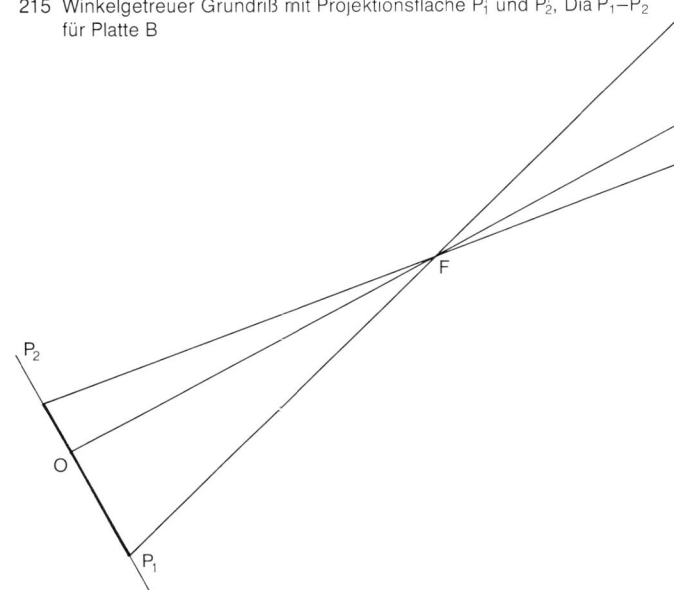

211/212 Musterraum ohne Projektion

213/214 Zimmerrückwand gegen eine Projektionsfolie ausgewechselt; Raumerweiterung mit Rückprojektion

Bei einer allzu großen Winkeldifferenz zwischen der ersten und letzten auftreffenden Lichtkante tritt das Problem der Tiefenschärfe auf. Darum ist es oft erforderlich, den Projektionswinkel nicht zu groß zu wählen.

215 Winkelgetreuer Grundriß mit Projektionsfläche P$_1^!$ und P$_2^!$, Dia P$_1$–P$_2$ für Platte B

Zeichnerische Ermittlung der Verzerrung

Die Ausgangsposition für unsere zeichnerisch-rechnerischen Konstruktionen ist wieder der Musterraum, bei dem wir die Rückwand durch eine Projektionsfolie ausgetauscht haben, die 500 cm breit und 340 cm hoch ist. Der Projektor ist so aufgestellt, daß die optische Achse in 150 cm Höhe parallel zum Bühnenboden verläuft.

Die einfache Verzerrung kann anhand des nachstehenden Beispiels ermittelt werden. Folgende Systematik findet hier Anwendung:

- Maßgetreuen Grundriß von Projektionsfläche und Objektivbrennpunkt F aufzeichnen $\overline{P_1^I P_2^I}$ = 500 cm

- Optische Achse O'F einzeichnen

- s' ausmessen $\overline{O'F} = s_1^I$ = 645 cm

- f ausrechnen $f = \dfrac{s_1^I}{V + 1}$

- $V = \dfrac{340\ cm}{16\ cm}$ = 21,25 cm

- s_1^I = kürzeste Entfernung vom Projektor zur Projektionsfläche $\overline{FP_1^I} = s_1^I$ = 445 cm

- $f = \dfrac{445\ cm}{21,25 + 1}$ = ≈ 18 cm $\qquad f =$ 18 cm

- Objektweite s ausrechnen

- $\dfrac{1}{f} = \dfrac{1}{s} + \dfrac{1}{s'}$ $\qquad s' = \overline{O'F}$ = 645 cm

$\dfrac{1}{18} = \dfrac{1}{s} + \dfrac{1}{645}$ $\qquad \dfrac{1}{s} = \dfrac{1}{18} - \dfrac{1}{645}$

$\overline{OF}\quad s$ = 18,5 cm

- Bildebene P_1, P_2 rechtwinklig zur optischen Achse im Abstand s einzeichnen

- Die so entstandenen Strecken $\overline{OP_1}$ und $\overline{OP_2}$ lassen sich nun bereits auf die in Abb. 217 dargestellte Projektionsplatte übertragen.

- Um die Strecke $\overline{P_1A}$ zu finden, müssen zuerst die Strecken $\overline{FP_1}$ und $\overline{FP_1^I}$ auf dem Grundriß ausgemessen werden.

- Anschließend erfolgt die rechnerische Ermittlung anhand nachstehender Formel:

$$\dfrac{\overline{AP_1}}{\overline{FP_1}} = \dfrac{\overline{A^I P_1^I}}{\overline{F\ P_1^I}}$$

- $\overline{A^I P_1^I}$ ergibt sich aus der Höhe der Projektionswand und dem Abstand der optischen Achse vom Boden:
(340 cm − 150 cm = 190 cm)

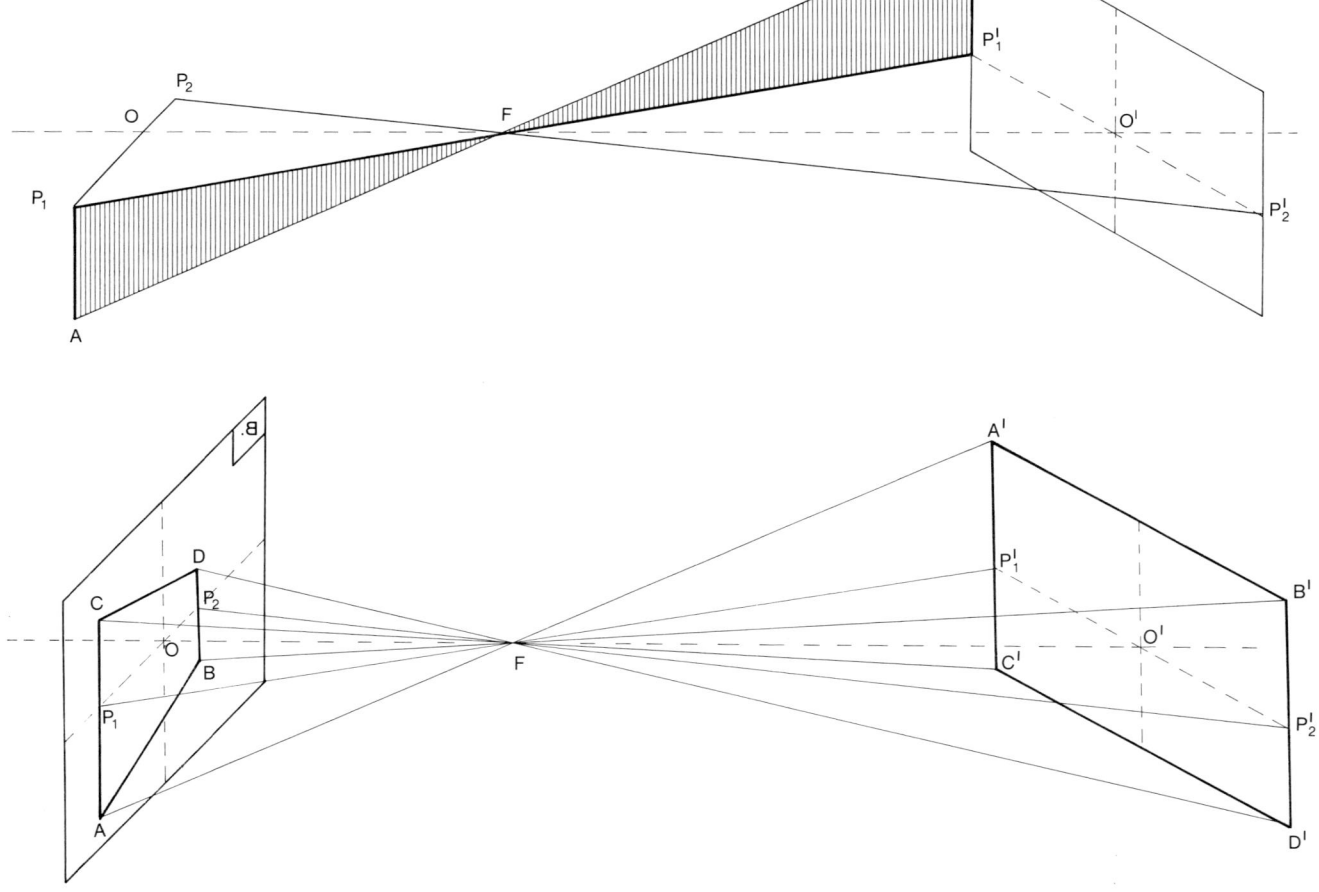

Die Berechnung der Punkte B, C, D erfolgt analog dazu, nach folgenden Formeln:

$$\text{Punkt B} = \frac{\overline{BP_2}}{\overline{FP_2}} = \frac{\overline{B^IP_2^I}}{\overline{FP_2^I}}$$

$$\text{Punkt C} = \frac{\overline{CP_1}}{\overline{FP_1}} = \frac{\overline{C^IP_1^I}}{\overline{FP_1^I}}$$

$$\text{Punkt D} = \frac{\overline{DP_2}}{\overline{FP_2}} = \frac{\overline{D^IP_2^I}}{\overline{FP_2^I}}$$

wobei berücksichtigt werden muß, daß für

$$\overline{C^IP_1^I} \text{ und } \overline{D^IP_2^I}$$

die reale Projektionshöhe von 150 cm einzusetzen ist. Die so gefundenen Werte werden auf die Projektionsplatte übertragen. Um das entsprechend verzerrte Rastersystem auf die Platte zu übernehmen, benötigen wir die Punkte, welche auf der Projektionsfläche die jeweiligen Seitenlinien halbieren.
Die Mitte M₁ ist durch den Schnittpunkt der Strecke $\overline{AB}$ mit der Mittelachse gegeben.
M_2 halbiert die Strecke $\overline{AC}$

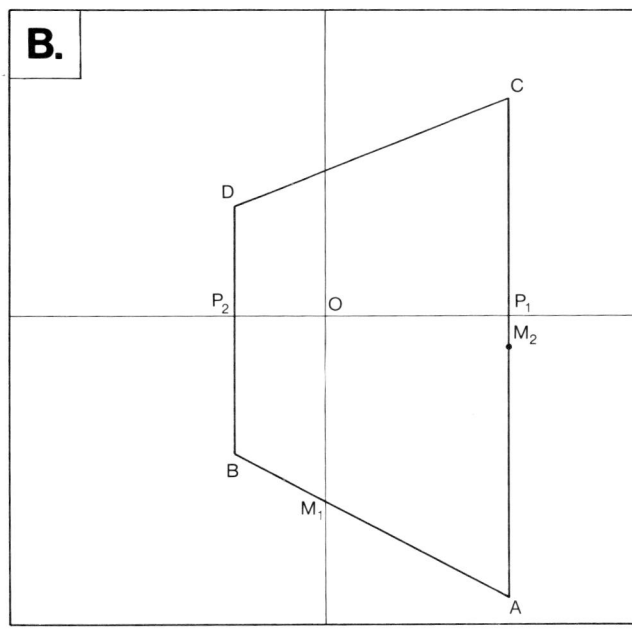

217 Projektionsplatte B mit verzerrten Begrenzungslinien

Auf den Abbildungen 218–220 ist der Herstellungsvorgang einer weiteren Rasterung dargestellt. Je komplizierter das zu projizierende Bild ist, desto kleinteiliger muß das Raster ausgelegt werden.

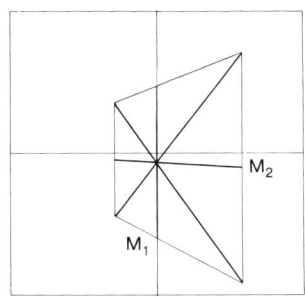

218 Erstellen der Hauptdiagonalen und Einzeichnen der Linien, welche durch den Schnittpunkt M₁ bzw. M₂ verlaufen

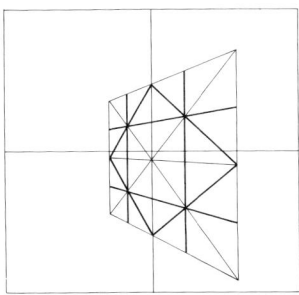
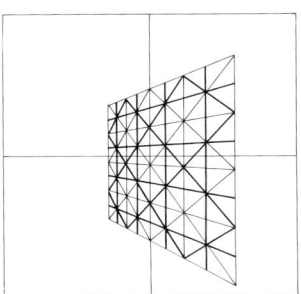

219/220 Weitere Aufteilungen entstehen durch das Einzeichnen der Diagonalen in die jeweils entstehenden Vierecke und die Verbindung ihrer Schnittpunkte

Projektorpositionen

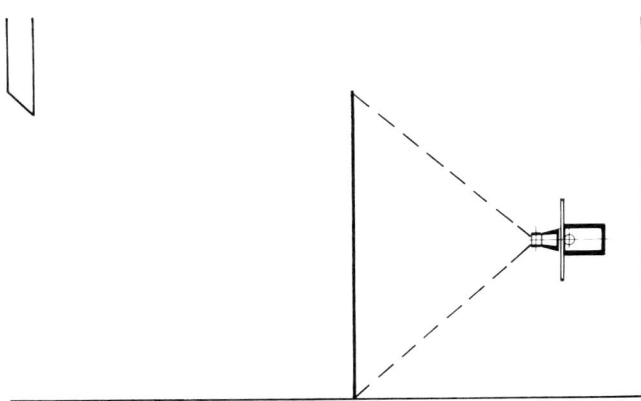

221 Rückprojektion

222 Frontprojektion von der Portalbrücke oder den Türmen

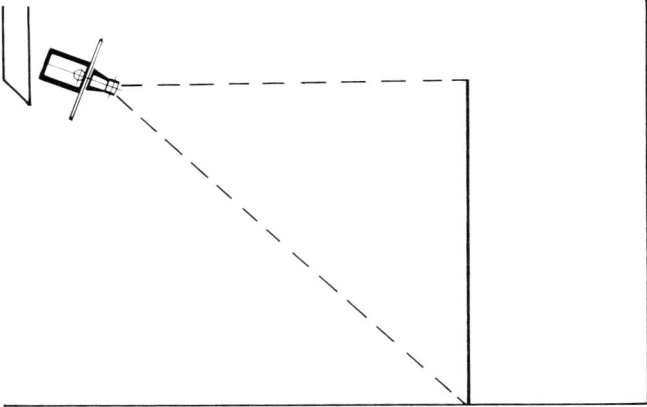

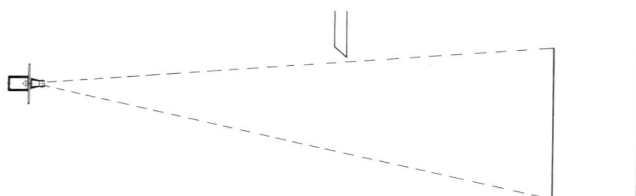

223 Frontprojektion aus einer Projektionskabine

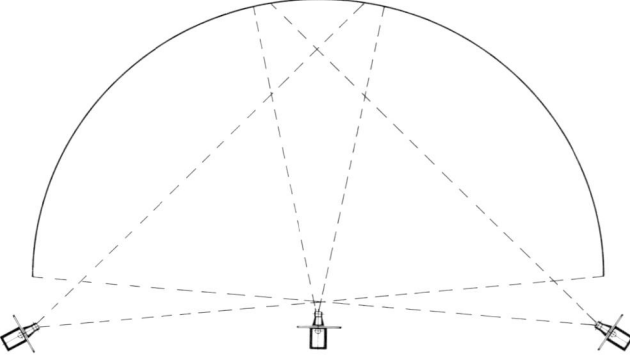

224 Totalprojektion auf einen Rundhorizont mit drei Projektoren für das Erzeugen einer Gesamtabbildung

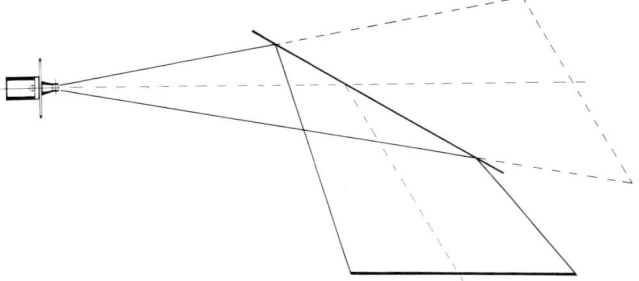

225 Eine Projektionsumlenkung ist von Wichtigkeit, wenn die Distanz zwischen dem Projektionsstandort und der Projektionsfläche nicht im direkten, kürzesten Weg angestrahlt werden kann. Mittels eines Umlenkspiegels kann eine Umlenkung des zu projizierenden Bildes vorgenommen werden.

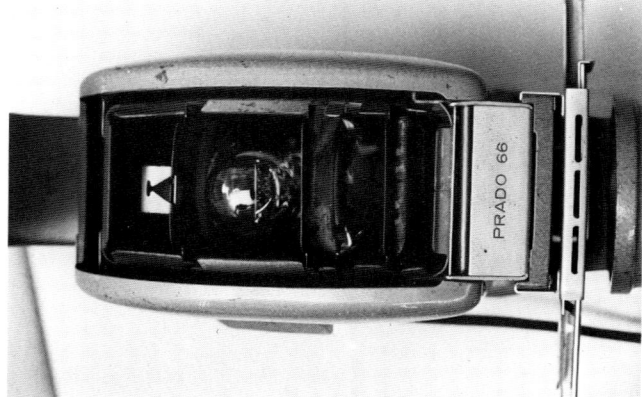

226/227 Einfachste Ausführung eines Diaprojektionsapparats für 650 Watt

228/229 Karussellprojektor mit Diamagazin für 80 Dias mit 250 Watt

Die Industrie hat für die Projektionstechnik ein breites Angebot ausgearbeitet. Von den bekannten Amateurprojektionsgeräten bis hin zu den Hochleistungsprojektoren können wir aus einem vielseitigen Programm wählen. Die Kriterien der Auswahl liegen bei dem Verwendungszweck, bezogen auf Leistungsanspruch und Budget. Hersteller von Kleinbilddia-Projektionsgeräten gibt es in größerer Anzahl. Professionelle Großapparate werden weltweit von den Firmen Pani, Reiche & Vogel und Niethammer hergestellt. Nutzbare, für den Theatereinsatz geeignete Geräte gibt es von 250 bis 10 000 Watt, in der HMI®-Technik von 1 200 bis 12 000 Watt.

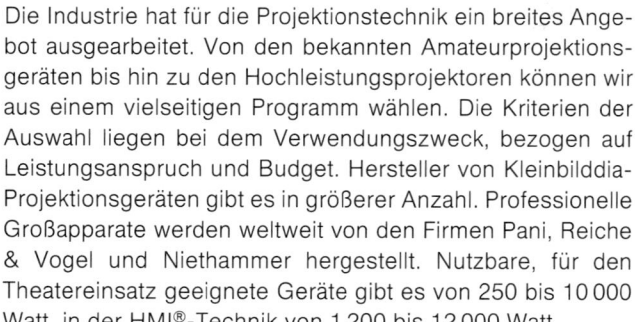

230 2 000-Watt-Halogenglühlampen-Projektor für Dias 18 × 18 cm, mit motorischem Diatransport und Magazin für 15 Großdias auf Hartglasplatten

231 Verschiedene Objektivhalterungen für unterschiedliche Brennweiten

232 10 000-Watt-Projektor mit Halogenglühlampenlicht für Hartglasplatten mit zusätzlicher Außenkühlung

233 1 200-Watt-HMI®-Projektor mit ferngesteuerter Verdunklungsblende im Objektiv, Brennweite von 135–600 mm

234 4 000-Watt-HMI®-Projektor mit motorischer Verdunklungsblende und automatischem Diatransport, Magazin für 15 Hartglasdias

235 Bühnenbild in der Phase des Sonnenuntergangs, Aufführung: »Sommer«, Münchner Kammerspiele

236 Nachtstimmung, Aufführung: »Sommer«, Münchner Kammerspiele

237 HMI®-Rücklicht auf bemaltem Bühnenaushang, Aufführung: »Das weite Land«, Théâtre des Amandiers, Nanterre

238/239 HMI®-Lichtqualität als tiefliegendes Gassenlicht, Aufführung: »Fräulein Julie«, Münchner Kammerspiele

Lichtstellanlagen

Das zentrale Nervensystem der Beleuchtungsinstallationstechnik ist die Lichtstellanlage. Sie hat sich analog zur technischen Entwicklung des Theaters als Zentralstelle herausgebildet, um in einer aufwendigen Kombination von verschiedenen Einzelteilen die unterschiedlichen Funktionen der Beleuchtungskörper koordinierbar und regelbar zu machen. Der vereinfachte Zusammenhang ist aus der Zeichnung ersichtlich. Bei der Betrachtung scheint es verständlich, daß ein Zusammenspiel dieser Einzelteile besonderer Beachtung bedarf, da es zahlreiche Fehlerquellen gibt.

An den neuen, heute eingesetzten Regelanlagen ist der Bedienteil für eine steuerseitige Beeinflussung des Lastteils ausgelegt. Diese Anordnung ermöglicht eine gute Plazierung im Stellwartenraum, da dafür nur noch wenig Raum benötigt wird. Die Beschaffung solcher Lichtsteuergeräte ist oft eine Geschmacksfrage, eine Auffassung der Bedienphilosophie und nicht zuletzt eine Geldfrage. Richtig ist in jedem Fall, bei der Entscheidung für eine Neuanlage auf den beleuchtungstechnischen Anspruch einzugehen und die Größenordnung der Bühne als Priorität voranzustellen. Erst nach Berücksichtigung dieser Gesichtspunkte sollte eine

Markenentscheidung fallen, die dann wieder von dem Angebot der Bedienbarkeit, Genauigkeit, Zuverlässigkeit und Serviceleistung dem Preis gegenübergestellt werden sollte. Die stürmische Entwicklung der Elektronik bringt auf diesem Sektor große, neue Möglichkeiten. Von den mobilen Kleinanlagen bis zur stationären Superanlage gibt es ein breitgefächertes Sortiment an Lichtstellanlagen. In jedem Fall sollten heute die Verstärkerteile in Thyristorausführung vorgezogen werden und die Ansteuerungstechnik wie die Speicherelektronik in Richtung der datenverarbeitenden Technik ausgeführt sein.

Was wird da gemacht?

An dem Lichtstellpult werden die einzelnen ausgewählten Scheinwerfer mit Hilfe von Einzelpotentiometern, Stellrädern oder über eine numerische Tastatur in ihrer Helligkeit festgelegt. Eine Kombination von verschiedenen Helligkeitswerten wird zu einer Lichtstimmung zusammengesetzt und festgehalten. Die Ergebnisse können durch handschriftliches

240 Funktionsschema einer rechnergesteuerten Lichtstellanlage

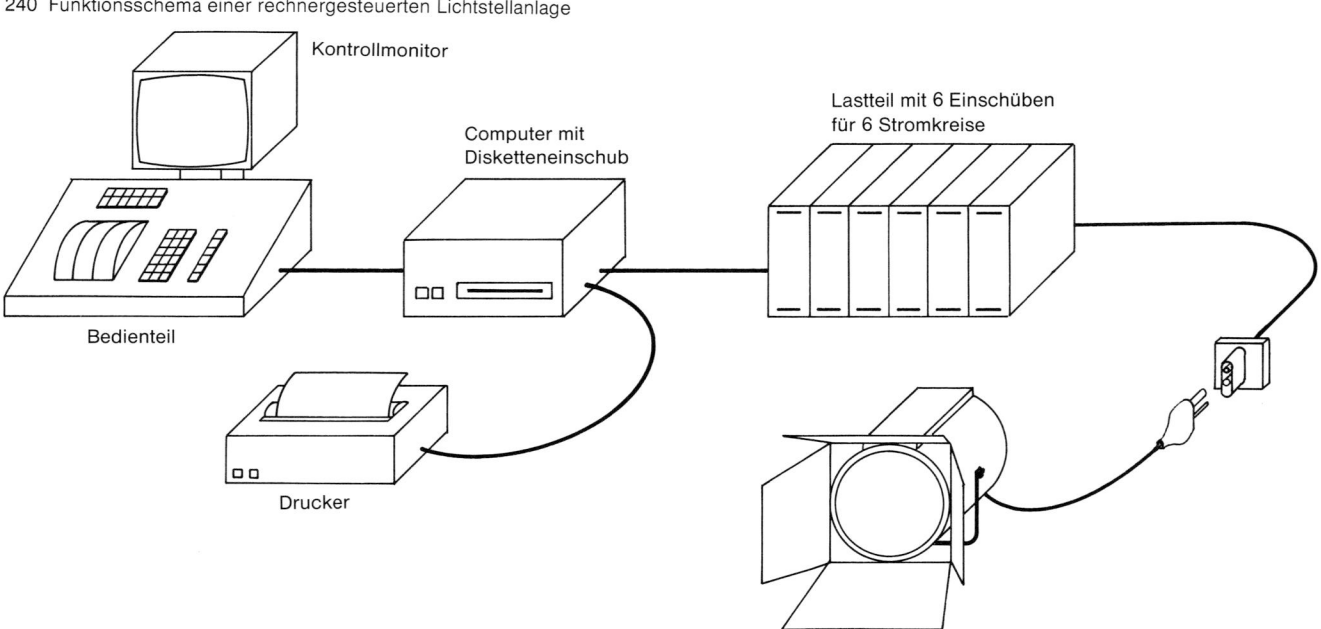

241 Rechnerteil für eine Großanlage Modell Sitralux B 40 mit zwei
Diskettenlaufwerken für die Langzeitspeicherung der Daten

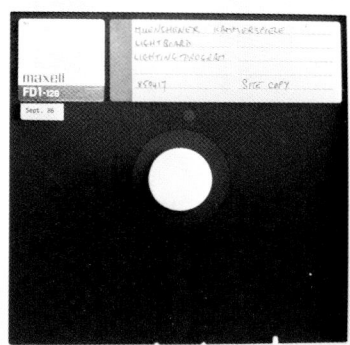

242 Drei verschiedene Diskettengrößen zur Datenspeicherung
links oben: 3½ Zoll, links unten: 5¼ Zoll, rechts: 8 Zoll
Speicherkapazität:
8 Zoll / 256 KByte bei 256 Stromkreisen ca. 1 000 Lichtstimmungen
5¼ Zoll / 1200 KByte bei 256 Stromkreisen ca. 4 000 Lichtstimmungen
3½ Zoll / 1 440 KByte bei 256 Stromkreisen ca. 5 000 Lichtstimmungen

und der Geschwindigkeit, in der sie ihren Endwert erreichen
sollen, zusammensetzt, in einen Vordruck eingetragen. Die
elektronischen Ablegsysteme werden als Langzeitspeicher
bezeichnet. Mit Großanlagen können auch Schwenkbewe-
gungen von ferngesteuerten Scheinwerfern, wie auch Farb-
wechselvorgänge mitgespeichert werden. Bei einfacheren
Bedienteilen wird der Vorstellungsablauf nach den handge-
schriebenen Aufzeichnungen rekapituliert, und Helligkeitswerte wie Überblendvorgänge werden von Hand ausgeführt.
Diese Handgriffe werden zwar heute als veraltet gewertet,
doch stellt diese Art von Bedienung an das Personal den
Anspruch individuellen Einfühlungsvermögens, der bei den
neueren Anlagen nicht mehr unbedingt erforderlich ist. Der
»Computerbeleuchter« hat bei der Vorstellung den lichttechnischen Ablauf über einen Monitor zu überwachen, auf dem
Helligkeitswerte, Überblendvorgänge mit Ablaufzeiten und
Stichwortbezeichnungen abzulesen sind. Größtenteils ruft er
die Lichtstimmung über eine Tastatur ab, die ihm zugleich
auch sämtliche Korrekturmöglichkeiten einräumt. Die Com-
putertechnik bietet aber große Vorteile für die Herstellung
komplizierter Stimmungsabläufe. Solche Kombinationen
müssen einmal erfunden und hergestellt werden und können dann beliebig oft wiederholt oder korrigiert in den Speicher eingegeben werden. Um den beschriebenen Vorgang
transparent herstellen zu können, sind zu diesen Anlagen
automatische Schreibgeräte von großer Notwendigkeit. Die
Lichtstimmungen werden mit all ihren wichtigen Informationen wie Stromkreisen, Helligkeitswerten, Ein- und Ausblendzeiten sowie Textnotizen ausgedruckt.

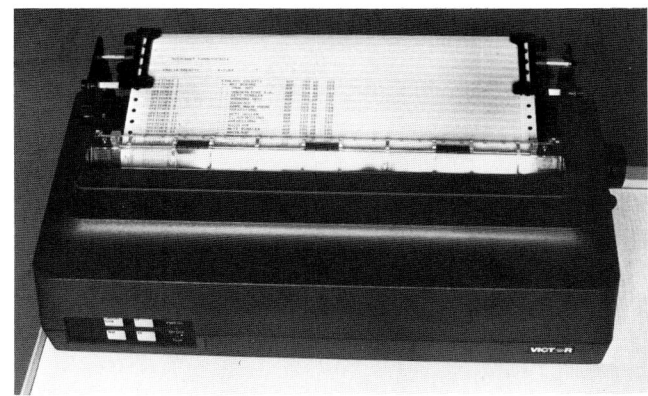

243 Blattschreiber mit Formatpapier für Datenausdruck

Dem Stellwerksbeleuchter sowie den beteiligten Beleuchtungsfachleuten steht mit einer solchen Dokumentation ein
fertiger Vorstellungsablauf zur Verfügung, den er entweder
»trocken« korrigieren oder bei Bedarf archivieren kann.

Obwohl die Zukunft in der rechengesteuerten Technik
liegt, sollen noch einige Worte über die Bedienfunktionen
folgen. Viele Kollegen können sich nicht so ohne weiteres
von der älteren Stellwartentechnik lösen. Bei den alten Ausführungen konnte anhand eines sich veränderbaren
Potentiometers oder mechanischen Bedienhebels eine
Aktion verfolgt werden. Mit einem Überblick auf das Bedien-
feld wußte der Stellwerksmann: was sich bewegt, verändert

Notieren der aktiven Stromkreise festgehalten oder über
Knopfdruck in einen elektronischen Speicher eingegeben
werden. Um die einzelnen Lichtstimmungen für eine Vorstellung zu archivieren, werden sie entweder auf ein Magnet-
band oder eine Diskette gespeichert.

Bei älteren Anlagen wird jede Lichtstimmung, die sich aus
den verschiedenen Helligkeitswerten der Einzelstromkreise

seinen Helligkeitswert. Heute bewegen sich nur noch Kontrolldaten auf einem Monitor. Einem Irrtum unterliegt jedoch derjenige, der Skepsis aufkommen läßt, daß eine solche Anlage nicht mehr genügend Möglichkeiten bietet, sich einem plötzlich veränderten Bühnenablauf anzupassen. Die Ausführungen der heutigen Anlagen lassen jede Manipulation von Korrekturen zu. Das Lösungswort heißt eindeutig: gewußt, wie die Tastaturen zu bedienen sind.

Nachstehend einige Bilder über neuere Bühnenlichtstellanlagen. Sie sollen keine Wertung der Fabrikate darstellen, sondern einen Überblick und einen Eindruck von einem Teil der Angebote vermitteln.

246 Mobil ausgerüsteter Verstärkerraum mit transportablen Dimmerkoffern

247 Verstärkerraum für eine Großanlage mit Dimmereinschubtechnik in 5 000- und 10 000-Watt-Ausführung. Die oben montierten Glühlampen sind für die Grundlast der Leuchtstofflampenversatzanschlüsse bestimmt.

244 Transportable Lichtstellanlage für zwölf Stromkreise und Kofferverstärker

245 Transportable Lichtstellanlage für 9 und 18 Stromkreise mit Bedienteil und Kofferverstärker, links: 9 × 2 400 Watt, rechts: 9 × 6 000 Watt

248 Lichtregieraum einer Großanlage für 500 Stromkreise, mit Kontrollmonitoren und Stromkreistastenfeld im Bühnengrundriß angeordnet; System »Sitralux B 40«

249 Lichtregieraum einer Grcßanlage für 640 Stromkreise, mit drei Kontrollmonitoren, Zusatzmonitor für computergesteuerte Dimmerüberwachung und elektronischem Havariesystem (Notpult); System »Light-board«

Entwicklung der Bühnenbeleuchtung

Eine chronologische Betrachtung sollte nicht nur historisch erfolgen. Es ist aber interessant zu wissen, daß die Verwendung der Gasbeleuchtung 1803 ihren Einzug in die Theaterbeleuchtung hielt. Besonders in England wurde diese gefährliche Art der Bühnenbeleuchtung sehr weit entwickelt, und die Erfindungen für Effekte waren verblüffend. Komplizierte mechanische Seilzüge drehten oder zogen um die Gasflammen farbige Gläser oder Gaze, um farbige Effekte zu erzielen. Die Gaszufuhr wurde mit Absperrventilen dosiert, die schon damals zu einer »Lichtzentrale« zusammengefaßt waren. Aus großen Theatern wird von über 2 000 Gasflammen berichtet, die für die Bühnenbeleuchtung eingesetzt wurden.

Die Verteilung der Gaslichtquellen lag hauptsächlich im vorderen Teil der Bühne, als Fußrampe am Boden. Die Seitenlichter hinter dem Portalrahmen und wenige Oberlich-

250 Gasregulieranlage 1880 mit Absperrventilen einzelner Gasleitungen wie Saalbeleuchtung, Fußrampen, Oberlichter und Portalzonenlichter

Jeu d'orgue à gaz : Modèle plus perfectionné datant de 1880.

ter halfen, das Licht in Richtung Bühnenmitte zu verstärken. Die Protagonisten trafen sich, ganz selbstverständlich, im vorderen Teil der Bühne, wo sie durch das Rampenlicht hervorragend illuminiert wurden. Es ist demnach auch verständlich, daß mit dieser diffusen Lichtabstrahlung keine großen dramaturgischen Wirkungen erzielt werden konnten. Schon in der damaligen Zeit gab es unzufriedene Theaterkritiker, die sich über die sehr einfache und relativ wirkungsarme Bühnenbeleuchtung ausließen.

Bis dahin erwies der Theaterprospekt aus dem 17. Jahrhundert seine Bühnenwirksamkeit, und die vielseitige Barockepoche bot die immer noch aktuelle Kulissenbühne als Hauptbühnenbild. Die Lichtrichtungen und Schattierungen, die mit der Gasbeleuchtung nicht zu erzielen waren, wurden auf die Dekorationsteile gemalt. Ein Durcheinander von verschiedenen Eindrücken ergab das diffuse Schattenspiel der vielen Gasbrenner und der gemalten illusionierenden Lichtrichtungen. Eine wichtige Weiterentwicklung in der Bühnenbeleuchtung setzte mit der Erfindung der Kohlenbogenlampe ein. 1849 wurde diese neue Lichtart eingeführt und 1879, nach der Erfindung der ersten brauchbaren Kohlenfadenglühlampe, wurde 1881 in München bei der »Internationalen Elektrizitäts-Austellung« in einem Theatersaal eine Theaterbeleuchtung vorgeführt. Vier Jahre später, 1885, hatte in München im Residenztheater die erste elektrische Bühnenbeleuchtung in Deutschland Premiere. Schon bei diesen Anfängen hielten es die Lichtfachleute für wichtig, das elektrische Licht zu regulieren, vermochte man dies doch schon bei der Gasbeleuchtung. Die älteste Form eines Reglers elektrischer Beleuchtung war der Salztopf. Dabei wurde die Durchflußmenge des Stroms durch die Höhenverstellung der Elektroden in der Salzlösung reguliert. Das Verstellen erfolgte über Seilzüge, Räder und Stangen, so daß gruppenweise mehrere Platten zusammen bewegt werden konnten. 1888 konstruierte die deutsche elektrotechnische Industrie ihr erstes Bühnenstellwerk. Die Spannung wurde mittels Regulierwiderständen verändert. 1905 verdrängte die stabilere Wolframlampe die Kohlenfadenlampe aus dem Theater.

Mehrere Theaterkünstler hatten um die Jahrhundertwende auf die Bühnenbeleuchtung im Zusammenhang mit dem Bühnenraum ihren Einfluß ausgeübt. Der Spanier Fortuny, der Schweizer Appia und der Engländer Craig, sie alle waren mit den Kulissendekorationen schon längere Zeit nicht mehr

251 Bühnenstellwerk mit Wasserwiderständen. Solche Anlagen waren in London bis 1960 und in der Schweiz bis 1959 in Betrieb.

252 Zweireihiges Bühnenstellwerk mit Drahtwiderständen, um 1888

einverstanden. Durch die elektrischen Lichtquellen konnten außerdem progressive Ideen über Bühnenbildkonzeptionen erfunden werden. Adolphe Appias Arbeitsrichtung lag in der Reorganisation des Raums. Er stellte fest, daß die Bühne selbst ein begrenzter dreidimensionaler Raum ist, im Gegensatz zur Gassen- und Kulissenbühne, die keine räumlichen Zuordnungen zuließ. Nach dem Entfernen der Dekorationskulissen empfand er, daß die Bühne ein wirklicher Raum war, der nur noch das richtige Licht brauchte, das für ihn eine untrennbare Einheit mit dem Raum bildete. Appia unterschied zwischen einfacher, diffuser Strahlung und dramaturgisch akzentuiertem, konzentriertem Licht. »Licht ist das wichtigste, plastische Medium auf der Bühne. Ohne dessen vereinheitlichende Kraft sehen wir nur, was Objekte sind und nicht, was sie ausdrücken.« Die Erfindung des künstlichen Lichts bot Appia die Möglichkeit, lichtdramaturgische Vorstellungen umzusetzen. Seine Theaterarbeit hatte auch enormen Einfluß auf die spätere Bühnenbildentwicklung der Bayreuther Festspiele. Wagners Musiktheater lag Appia besonders nah, und er hat für viele Wagner-Opern eigene Regiebücher geschrieben. Er empfand Wagners Musikdrama als eine Befreiung für den Bühnenkünstler, weil Musik die ideale Kunst sei, nach der alle anderen Künste streben.

Um die Jahrhundertwende überraschte Max Reinhardt durch seine revolutionierenden Eingriffe in die bisherige Theatertechnik. 1901 setzte er mit einer kleinen Gruppe von Schauspielern im Berliner »Schall und Rauch Theater« nach seinen eigenen Vorstellungen Ideen zu einem »anderen Theater« um. Besonders bei der Beleuchtungs- und Bühnentechnik verbesserte er das Niveau und benützte integrierend das Medium Licht in Form einer Lichtregie. In den folgenden Jahren baute Reinhardt an seinen jeweiligen Wirkungsstätten praktisch alles, was möglich war, ein und um, wie Drehscheiben, Versenkungen, und verbesserte die Beleuchtungsanlagen. 1905 hatte er, der die Entdeckungen Appias studierte und benützte, auch reges Interesse für den Maler und Theaterkünstler Mariano Fortuny, dessen eigentliche Erfindungen er aber nur teilweise übernahm.

Speziell für die Lichtentwicklung hatte Fortuny verschiedene Ideen verwirklicht. Er hatte – wie Appia – seinen Einfluß auf die bis dahin übliche Dekorationsbauweise ausgedehnt. Die mehrheitlichen, aus Leinwand abgehängten Kulissenteile löste er durch stabil gebaute Bauteile ab. Für seine Beleuchtungsidee ging er von der Natur aus, dem direkten Sonnenlicht und den diffusen Lichtzonen. Seine Entscheidung war richtig, daß er das Glühlampenlicht als zu rötlich empfand und das kompliziertere und gefährlichere Kohlenbogenlicht vorzog. Mit dem Bogenlicht leuchtete er auf farbige Stoffstreifen in den Farben Rot, Gelb, Blau, die, zu Bändern zusammengenäht, je nach Farbeindruck über Walzen bewegt werden konnten. Als Helligkeitsregulator und für die Verdunklung benützte er einen schwarzen Samt, und zur völligen Verdunklung war ein mechanischer Abdeckschieber vor der Bogenlampe angebracht. Später perfektionierte er sein System mit zusätzlichen Glasfarbscheiben, die je nach Bedarf vor das Bogenlicht gesetzt wurden. Neben dieser bemerkenswerten lichttechnischen Erfindung setzte er auch Wolkenapparate ein, die seinem erfundenen imaginären Kuppelhorizont zu großem Erfolg verhalfen. Das erste Theater, in dem Fortuny sein gesamtes Beleuchtungssystem aufbauen konnte, war die 1912 erbaute Deutsche Oper in Berlin.

1911 setzte Reinhardt seine Vorstellung von einem Großtheater in London um. Er baute in einer Halle die inzwischen weiterentwickelten Bühnen- und Beleuchtungssysteme nach seinen Ideen ein und stattete die Beleuchtungsanlagen so gigantisch aus, daß 56 Elektriker und 82 Maschinisten beschäftigt werden mußten. Als er 1923 in den Vereinigten Staaten zum ersten Mal sein Theater vorstellte, reichte die eigene elektrische Anlage des Century-Theaters nicht mehr aus. Zum eingebauten Lichtpult benötigte er zusätzlich 12 weitere, transportable Installationen. Zu dieser Aufführung stellte er einen Farbenplan für die Beleuchtung der Bühnendekoration und der Kostüme auf. In den Fachmedien der New Yorker Presse bestaunte man das »Max Reinhardt Stage Lighting«, und man war sichtlich verwundert, daß er die Farben »Blau-Grün-Purpur« verwendete und nicht die damals üblichen amerikanischen »Bernsteingelb-Weiß-Rot«. Seine Regiekonzepte beinhalteten damals schon einen genauen Lichtablauf für Lichtwechsel und Zeitangaben. Seine Lichtveränderungen waren zum großen Erstaunen außerordentlich umfangreich: z.B. beim »Sommernachtstraum« 107 verschiedene Lichtveränderungen.

Eine für die Bühnenbeleuchtung wichtige Erfindung war Anfang dieses Jahrhunderts der Projektionsapparat von Adolf Linnebach, ehemals Technischer Direktor der Münchner Oper. Es handelte sich um die einfachste, praktisch auf das Grundprinzip beschränkte Methode, die sich aus einer Lampe, der Projektionsfläche und einer dazwischengeschobenen Projektionsplatte zusammensetzte. Für eine Abbildung wurden weder Linsen noch Reflektoren benötigt, da die Lampenwendel den erforderlichen Brennpunkt bereits darstellte. So ließen sich besonders weitwinklige Schwarz-weiß-Projektionen, wie zum Beispiel auf Rundhorizonte, einfach herstellen. Die Schärfe der Konturen wurde vom Verhältnis der Abstände von der Lampe zur Platte und von der Platte zur Projektionsfläche bestimmt. Befand sich die Platte nahe an der Lampe, so wurden die projizierten Konturen sehr unscharf, was aber in bestimmten Fällen von Vorteil sein konnte. Um eine gleichmäßige Schärfe zu erreichen, war es jedoch wichtig, daß die Platte parallel zur Projektionsfläche angebracht wurde, was wiederum bedeutete, daß für Projektionen auf gekrümmte oder runde Flächen ebenfalls gekrümmte bzw. runde Platten verwendet werden mußten.

Durch den Ausbruch des Ersten Weltkriegs gab es längere Zeit keine Theatererfindungen mehr. Nach 1918 hatte das Fortuny-System seine großen Chancen verloren, weil durch das indirekte Licht große Lichtverluste auftraten. In den anschließenden Jahren überschlugen sich die Entwicklungen. In dieser Zeit kam die Glühlampe im Theater zu ihrer eigentlichen Entfaltung. Das diffuse Flächenlicht wurde durch Horizontlaternen ersetzt, ein schneller Ausbau der Scheinwerfertechnik schloß sich an, und viele einfachere

Modelle der heutigen Zeit haben immer noch die Formen der Frühentwicklung.

Die Gründung des Bauhauses 1919 vereinte viele Experten und das expressionistische Theater befand sich auf einem triumphalen Vormarsch. Bühnenbild und Lichterfindungen reihten sich aneinander, und unter den vielen genialen Künstlern sind Schlemmer, Meyerhold, Piscator, Moholy-Nagy und Kandinsky besonders zu erwähnen.

Vor allem Oskar Schlemmer und Laszlo Moholy-Nagy prägten durch ihre expressionistischen Konzeptionen die Theaterdekoration und die Bühnenbeleuchtung der damaligen Zeit. Schlemmer leitete von 1923 bis 1929 die Bühnenwerkstatt im Bauhaus und beschäftigte sich vor allem mit Gesichtsmasken zur Ausdruckssteigerung, Tanzbewegungen und dem Menschen im Raum. Moholy-Nagy erfand 1930 das »Lichtrequisit der elektrischen Bühne«. Diese Lichtmaschine zeigte als wichtigste Faktoren Bewegung, Lichtreflexe und Schattenwirkung in einem zusammenhängenden Ablauf. Er hat auch für Piscator in Berlin Bühnenbilder entworfen, die von großer avantgardistischer Prägung waren und konzeptionell das »Theater der Totalität« zur Grundlage hatten.

253 Bühnenstellwerk System Bordoni/Siemens, Ersteinsatz um 1930; Regulierung der Spannung als Regeltransformator

Auch der Maler Kandinsky, der dem Bauhaus von 1922 bis 1933 angehörte, befaßte sich mit der Bühnenraumgestaltung. Er übernahm eine Ausstattung für ein Opernwerk an einer Berliner Bühne. Von den Mitgliedern des Bauhauses gingen weltweit starke avantgardistische Impulse aus.

In den 30er Jahren hatte man die Regeltechnik entschieden verbessert und in Deutschland konkurrierten zwei verschiedene Systeme. Die Reglersysteme »Bordoni« und »Salani« waren beide als Regeltrafo ausgeführt, bei denen die Stromabnahme über gerade Laufbahnen erfolgte. Diese Technik bot den Vorteil, über bewegliche Schlitten wieder die Seiltechnik verwenden zu können. Der Unterschied zwischen den beiden Systemen lag darin, daß bei der Bordoni-Anlage der Regelschlitten mit Übergangswiderständen direkt auf den Windungen lief, während bei dem Salani-System ein Schleifkontakt sich auf einer kollektorförmigen Schleifbahn bewegte, deren einzelne Lamellen über Schutzwiderstände mit den einzelnen Windungen des Trafos verbunden waren. Als Abgriffkontakte wurden Kohlengleiter verwendet.

Die beiden Systeme wurden lange Zeit verwendet und mit Sicherheit gibt es heute noch Theater oder Beleuchtungsregeleinrichtungen, die mit einem solchen robusten Stellwerk arbeiten.

254 Bedienteil zu dem Bordoni-System. Die großen Räder dienten zu einem gemeinsamen Wellenantrieb der Einzelhebel, über die kleinen Handräder konnte die Feinregulierung eingekoppelt werden.

Nach 1955 wurde erstmals eine Lichtsteuerung verwendet, bei der Steuerpult und Dimmer voneinander getrennt aufgestellt waren. Die Steuerung war nicht eine mechanische, sondern eine rein elektrische. Als Dimmer wurden Widerstände, später Transformatoren eingesetzt, die über einen zentralen elektrischen Antrieb mit Magnetklauenkupplung abgegriffen wurden. Die Geschwindigkeit der Antriebswellen konnte über die Fußpedale der verwendeten Lichtorgel variiert werden.

255 Erste Lichtstellanlage, bei der Steuerpult und Lastregulierung getrennt voneinander angeordnet waren

256 Als Dimmer wurden Transformatoren, die mit einem zentralen elektrischen Antrieb über Magnetklauenkupplungen reguliert wurden, verwendet

1932 kam das erstemal die Natrium-Niederdrucklampe als Straßenbeleuchtung auf den Markt, 1935 folgte die Quecksilber-Hochdrucklampe und 1939 die Leuchtstofflampe. Diese drei Entladungslampen hatten ihre Premiere im Theater aber erst sehr viel später, wobei vor allem die Leuchtstofflampe durch ihre Regulierbarkeit schnell als Flächen- und Horizontlicht eingesetzt wurde.

257 Verstärkerteil in Thyratronausführung für zwei Stromkreise

258 Verstärkerraum mit Thyratronröhren, 1965

259 Lichtstellanlagen-Steuerteil für Thyratronansteuerung; Handpult mit
Voreinstellung und Überblendregler, 1965

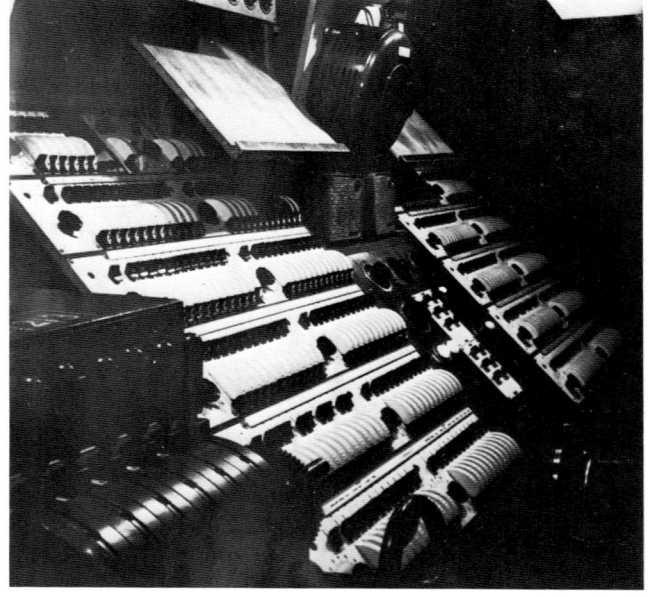

Als erster Schritt in Richtung elektronisch gesteuerter
Bühnenanlagen galt die Entwicklung der Röhrensteuerung.
Schon 1937 entwickelten Fachleute diese Steuertechnik,
doch erst in den 50er Jahren fand sie ihre gebührende
Anerkennung. Durch die Verwendung von Thyratron-Röhren
(Glühkathoden-Einweg-Gleichrichterröhre in Antiparallel-
schaltung) war eine Steuerung mit einem Phasenanschnitt
möglich (siehe Abb. 257, 258). Bei dieser Technik fand das
erstemal auch die Bedienungsanordnung auf zwei voneinander getrennten, identischen Steuerpulten statt. Somit konnte
auf der einen Pulthälfte eine Voreinstellung getroffen werden. Mittels eines Überblendtrafos wurde eine Lichtüber-
blendung von einer zur anderen Pulthälfte vorgenommen.
Die Entladungslampen hatten mit der Erfindung der Xenon-
Lampe einen weiteren großen Schritt in Richtung Tageslicht
ermöglicht. 1951 fand diese Lampe ihren Ersteinsatz bei
Projektionsgeräten.
1956 setzte die Entwicklung der Stellwerktechnik auf den
Magnetverstärker. Auch dabei wurden in Antiparallelschal-
tung zwei Drosselspulen geschaltet. Die Regel- und Spei-

möglichkeiten oft Wünsche, Leuchtpositionen zur Verfügung zu haben, die es nicht gibt. Durch vielseitige Mithilfe an vertretbaren Positionen können zusätzliche Möglichkeiten geschaffen werden. Der Einbau von Zugstangen und Punktzügen erreicht oft eine interessante Variation von Leuchtpositionen.

Positionen auf der Szenenfläche

Wird auf einer Spielstätte wie Fabrikhalle, Konzerthaus oder Freilichtfläche gespielt, die keine beleuchtungstechnische Einrichtung hat, so ist es die Aufgabe des Beleuchtungsfachmanns, nach seinen Ideen und Vorschlägen die benötigten Positionen einzurichten. Dabei ist es wichtig zu beachten, wie die Anordnung der Zuschauerplätze zu der Spielfläche angelegt ist. So gilt es, nach den Anforderungen der Lichtidee praktische und billige Scheinwerferstände aufzustellen, die für das Beleuchtungskonzept von Bedeutung sind.

Neben den aufgeführten traditionellen Positionsangaben muß als selbstverständlich gelten, daß überall ein Platz für die Positionierung von Lichtgeräten möglich sein soll, wo es nötig ist. Da jede Bühnendekoration anders aussieht, müssen für zusätzliche Einrichtungen wie Stangen, Träger, fahr-

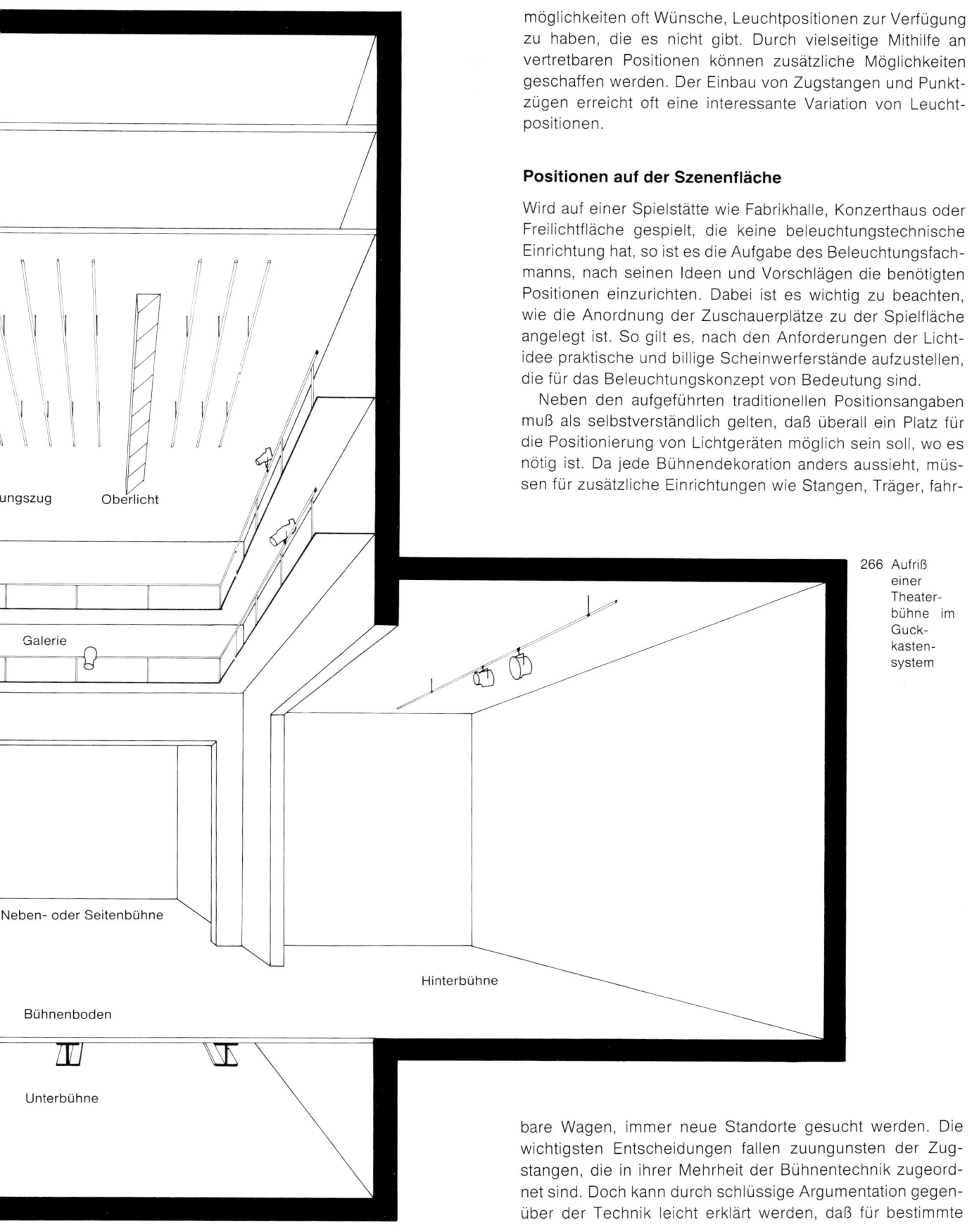

ungszug   Oberlicht

Galerie

Neben- oder Seitenbühne

Bühnenboden

Unterbühne

Hinterbühne

266 Aufriß einer Theaterbühne im Guckkastensystem

bare Wagen, immer neue Standorte gesucht werden. Die wichtigsten Entscheidungen fallen zuungunsten der Zugstangen, die in ihrer Mehrheit der Bühnentechnik zugeordnet sind. Doch kann durch schlüssige Argumentation gegenüber der Technik leicht erklärt werden, daß für bestimmte

Lichtkompositionen eine derartige Positionierung erforderlich ist.

Beleuchtungspositionen Zuschauerraum

Der Orchestergraben

Der Orchestergraben verführt oft dazu, die äußerst günstige Scheinwerferposition auszunützen. Da diese Fläche meistens als fahrbares Podium angelegt ist, kann bei einer nichtmusikalischen Aufführung diese zusätzliche Spielfläche mitgenützt werden. Die elektrischen Anschlüsse sind meistens im Boden eingelassen.

Seitenlichter, Schlitze, Rinnen, Proszenium

Viele Ortsbezeichnungen sind für die seitlich in die Höhe verlaufende Scheinwerferposition gebräuchlich. Vergleichbar ist sie mit der »Turm«-Bezeichnung der Bühnenposition.

Rang

Bei Zuschauerräumen, die als Rangtheater gebaut sind, wird die bauliche Situation oft für Scheinwerferpositionen genützt.

Zuschauerraumbrücke, Deckenbrücke

In der Decke des Zuschauerraums sind je nach Größe und Tiefe des Raums mehrere solcher Beleuchtungsbrücken eingebaut. Wie bei der Position der Portalbrücke kann auch auf diesen Stationen der Beleuchter seinen Arbeitsbereich über kleinere Behelfszugänge erreichen und ohne Leitern arbeiten.

Projektionskabine

Ein in der Rückwand des Zuschauerraums liegender Raum wird als Projektionskabine oder einfach als Kabine bezeichnet. Dieser Raum ist oft nicht sehr groß, doch als Standort für Scheinwerfer nicht uninteressant.

267 Aufriß eines herkömmlichen Zuschauerraums

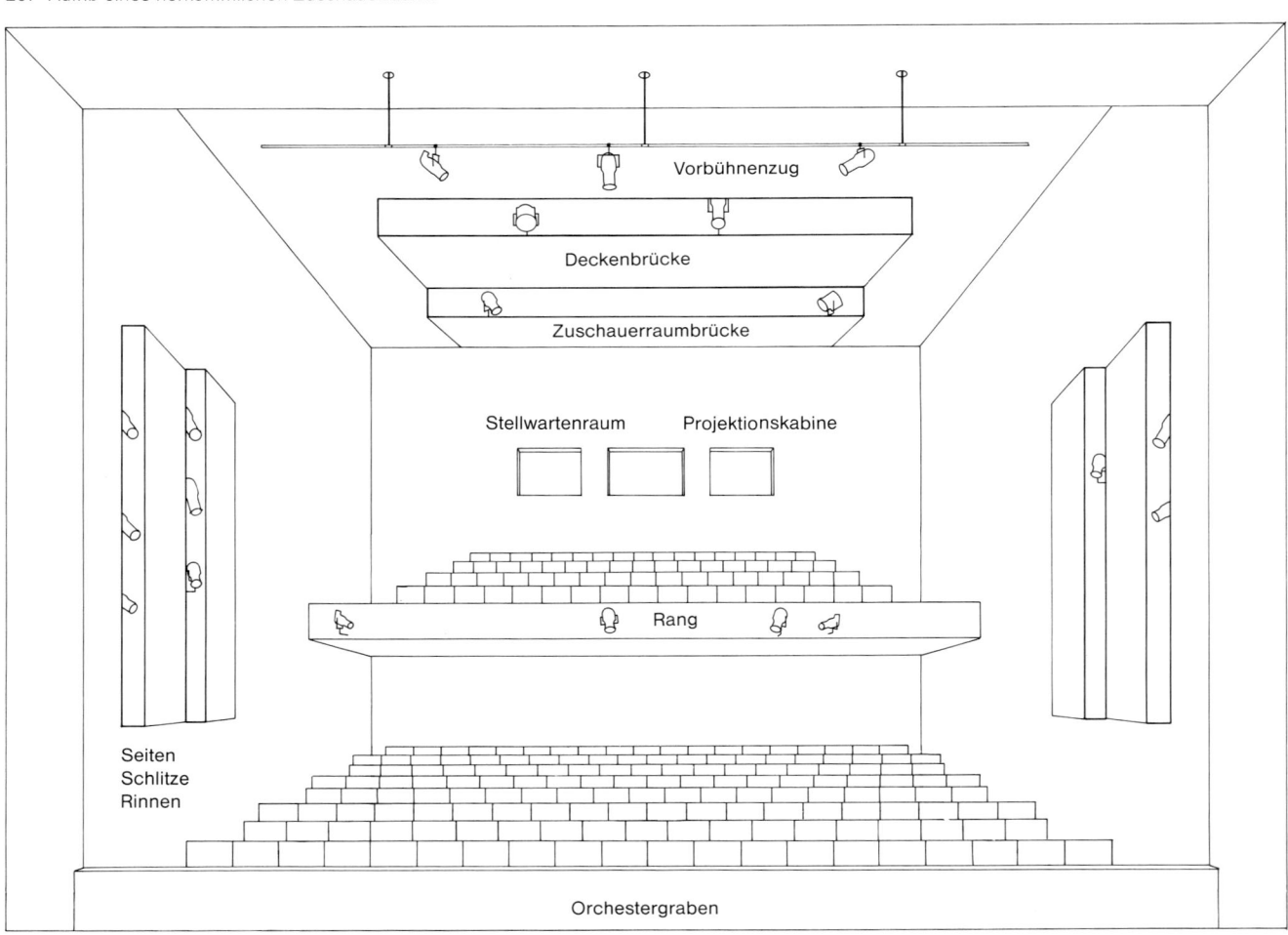

Wahl der Standorte zur Beleuchtung

Um einen Gegenstand sichtbar zu machen, stehen sechs verschiedene Hauptlichtrichtungen zur Verfügung. Die Wahl einer einzelnen wird selten ausreichen, um allein für eine Darstellung tragend zu sein. Die grundlegende Frage ist: Wie soll der Gegenstand, z. B. ein Kopf, aussehen? Schön, spannend, unheimlich, kontrastlos, langweilig? Jede Lichtrichtung unterstreicht einen bestimmten Eindruck, suggeriert dem Betrachter ein Gefühl.

Lichtrichtungen

Auf den folgenden Abbildungen können wir sehen, wie sich einzelne Lichtpositionen auf eine Figur oder allgemein auf einen Gegenstand auswirken. Als homogen dürfen wir einen ausgewogenen Einsatz aller Lichtquellen bezeichnen, doch in keiner Weise als empfehlenswert. Fehlt doch einer solchen Lichtkombination die Spannung, die Kraft, die eine Lichtanordnung haben darf oder soll. Richtig ist eine Auswahl, die entsprechend der Gesamtsituation des optischen Eindrucks gefordert wird.

Zwischen den gezeigten Möglichkeiten gibt es natürlich viele Varianten und die neun Darstellungen zeigen einen Idealfall. Es wird in der Praxis kaum vorkommen, daß ein Darsteller ruhig sitzend in der Lichteinstellung verharrt. Bei einer Richtungsentscheidung für ein Personenlicht müssen wir also einen breiteren Raum einbeziehen, damit die gewählte Lichtrichtung für das Agieren des Darstellers ausreicht.

Bei dieser Art von Vorbereitung stellt sich die Frage: Wie soll die Person im Raum zur Wirkung kommen? Allein die Bestimmung des Personenlichts reicht nicht aus, um dem Raum seine Struktur zu geben. Wir müssen also unterscheiden zwischen der Raumbeleuchtung und der Personenbeleuchtung. Wie geht man vor? Welcher Weg ist richtig, um einen Raum oder eine Person zu beleuchten?

Dies ist eine prinzipielle Frage, die einen vielseitigen Fragenkomplex aufwirft. Natürlich wollen wir den Raum und die Personen ins rechte Licht rücken. Doch haben wir aus den bisherigen Erörterungen gesehen, daß eine beleuchtete Person noch nicht unbedingt eine Atmosphäre ausstrahlt. Sie kann durchaus spannender und richtiger interpretiert und ihr Ausdruck unterstützt werden, wenn sie in einer Raumatmosphäre steht und sich der Licht- und Schattenkombination unserer Lichtstimmung stellt. Gewagt, sagen die einen, zu dunkel die anderen. Eine Impression für den Zuschauer entsteht zweifellos in erster Linie durch den Raum. Dieser kann eine Umfeldwirkung deutlich vermitteln und durch gewählte Lichtakzente die psychologische Empfindung ansprechen. Er bringt uns die Situation näher, in der eine Geschichte ablaufen soll. Das Darstellen in einem Schauspiel, Ballett, Musical oder in einer Oper heißt doch immer, etwas nachvollziehen, was Text, Musik, Bewegung aussagen sollen. Wir wollen mit unserem Licht den Darsteller künstlerisch unterstützen, ihn mit einer Atmosphäre entsprechend der dramaturgischen Aufgaben umgeben.

268 Scheinwerferpositionen für nachstehende Beleuchtungsbeispiele

269 Gemischtes, zusammengesetztes Licht

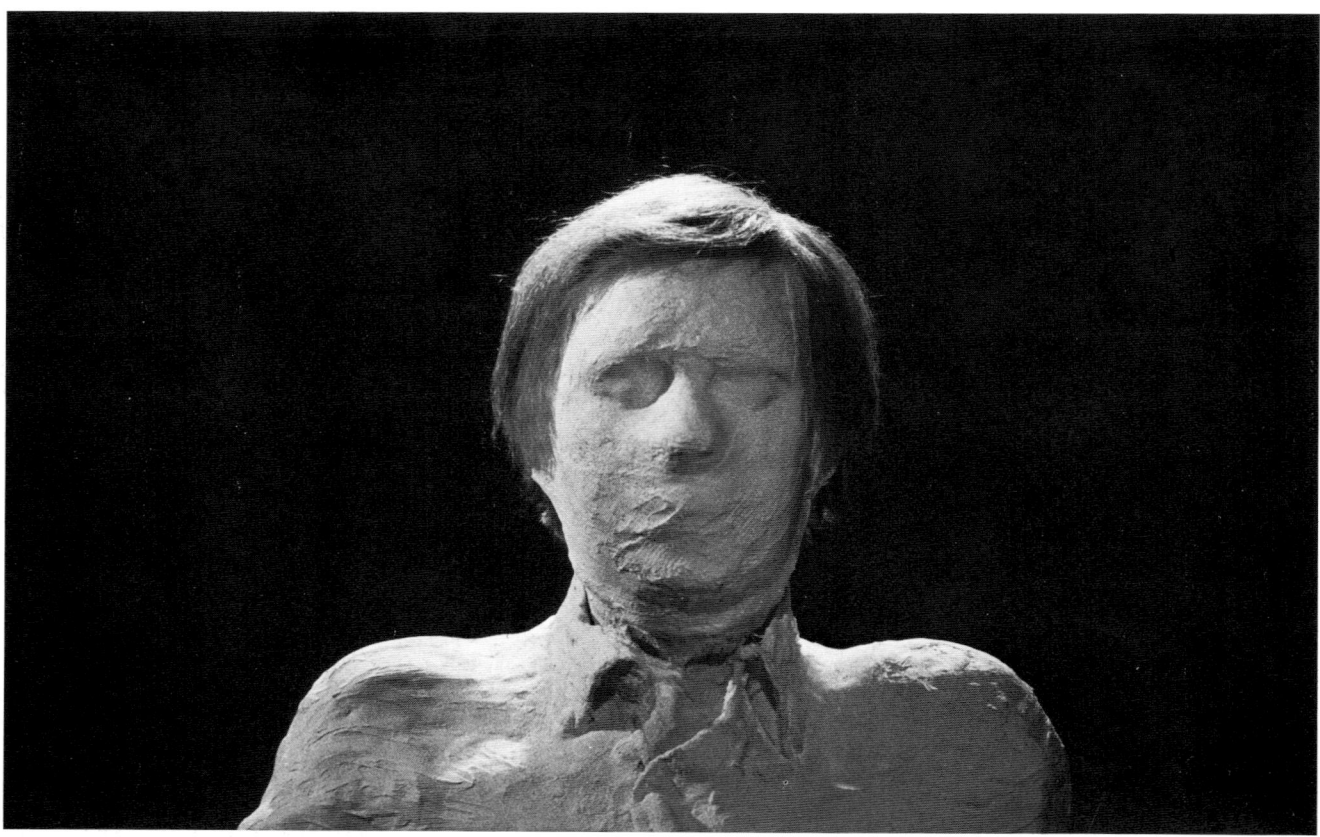

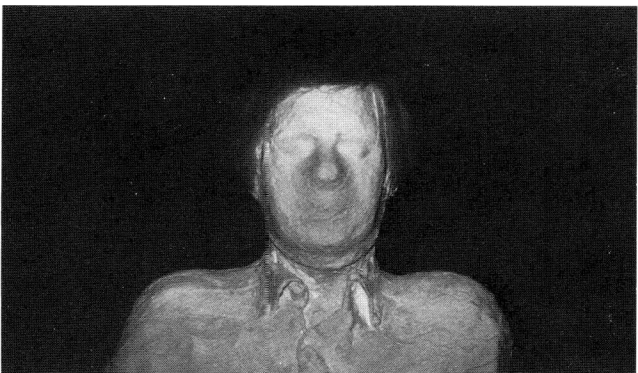

270 Frontlicht 90°, Scheinwerfer Nr. 1

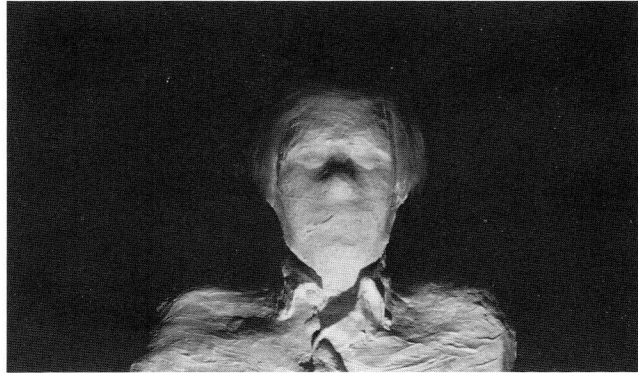

271 Frontlicht 45° von unten, Scheinwerfer Nr. 2

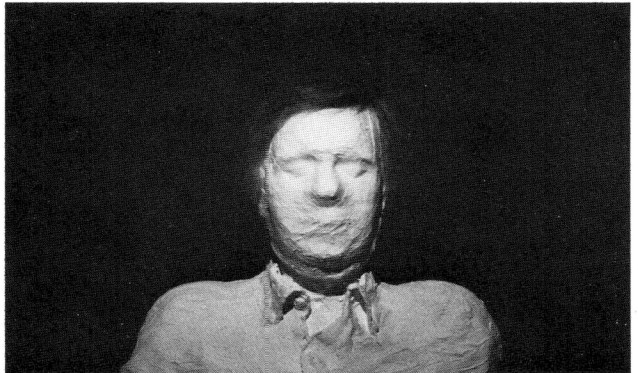

272 Frontlicht 45° von oben, Scheinwerfer Nr. 3

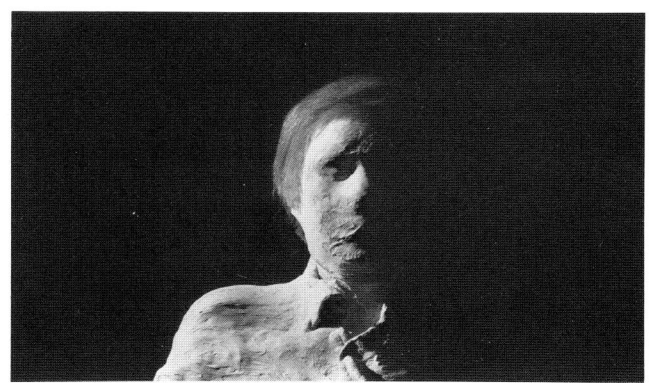

273 Seitenlicht von links, Scheinwerfer Nr. 4

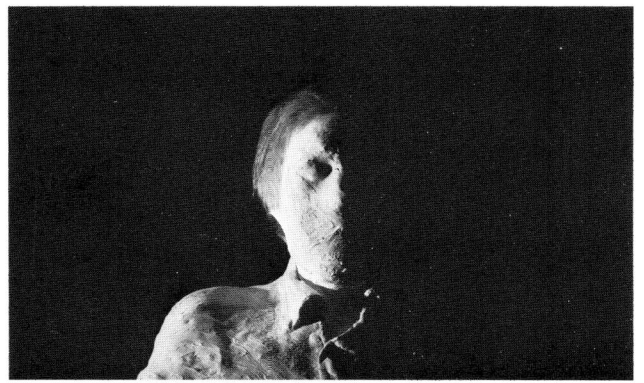

274 Seitengegenlicht von oben 45°, Scheinwerfer Nr. 5

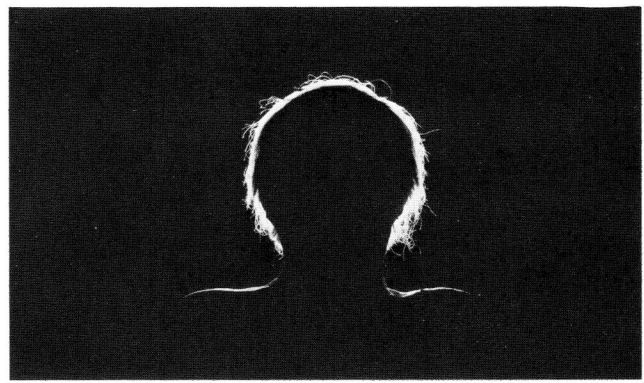

275 Gegenlicht 90°, Scheinwerfer Nr. 6

276 Gegenlicht 45° von ober, Scheinwerfer Nr. 7

277 Oberlicht, Scheinwerfer Nr. 8

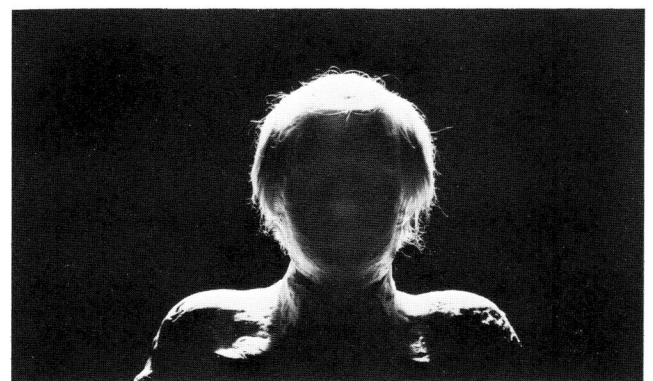

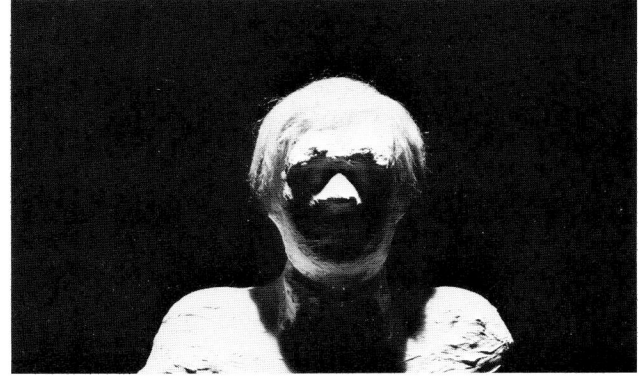

Beleuchten wie? Lichtarten, Lichtgestaltung

Lichtrichtungen und Lichtqualitäten im Raum

Die Beispiele 279–289 geben nur eine Auswahl von möglichen Lichtrichtungen an. Ähnlich wie auch bei Lichtrichtungen auf Personen verhalten sich Scheinwerferpositionen im Raum. An beiden Beispielen können wir allgemeingültige Eindrücke ablesen, die eine Gesetzmäßigkeit zulassen. Was vermitteln uns diese vielen Lichtrichtungen?

279 Fußrampenlicht mit einer Lichtquelle, Leuchtposition Nr. 1

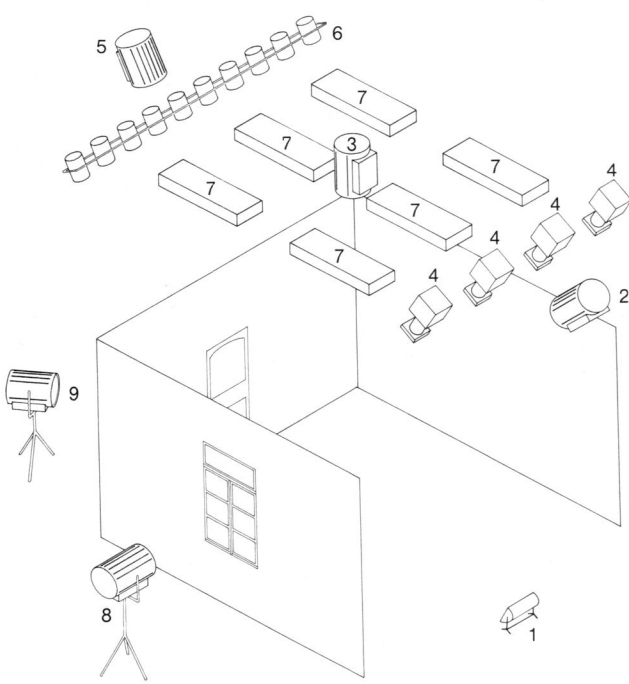

278 Positionszeichnung der Beleuchtungsgeräte für die Abbildungen 279–289

280 Vorderlicht ca. 45° von oben, Leuchtposition Nr. 2

281 Oberlicht einer Lichtquelle mit einem Stufenlinsenscheinwerfer, Leuchtposition Nr. 3

282 Oberlicht, zusammengesetzt aus mehreren Plankonvexlinsen-
scheinwerfern, Leuchtposition Nr. 4

283 Gegenlicht einer Lichtquelle mit einem Stufenlinsenscheinwerfer,
Leuchtposition Nr. 5

284 Gegenlicht, zusammengesetzt aus mehreren Parabolspiegelleuch-
ten (Lichtrampe), Leuchtposition Nr. 6

285 Gegenlicht und Vorderlicht zusammen, Leuchtposition Nrn. 2 und 6

286 Oberlicht mit Leuchtstofflampen, Leuchtposition Nr. 7

287 Fensterseitenlicht und Türseitengegenlicht mit Stufenlinsenscheinwerfern, Leuchtposition Nrn. 8 und 9

288 Seitengegenlicht durch die Tür mit einem Stufenlinsenscheinwerfer, Leuchtposition Nr. 9

289 Mischlicht – Licht aus den einzelnen Leuchtpositionen zusammengesetzt

Direktes Licht

Direktes Licht bezeichnet eine Richtung, die von der Lichtquelle direkt in den Raum oder zum Objekt leuchtet. Jeder Scheinwerfer gibt in eine zu bestimmende Richtung ein direktes Licht ab.

Indirektes, reflektiertes Licht

Wird die Abstrahlrichtung verändert, umgelenkt, so sprechen wir von einem reflektierten oder indirekten Licht. Oft sind Reflexlichter unerwünscht; indirektes Licht kann jedoch sehr reizvoll sein, weil es besonders weich und diffus zeichnet. In dosiertem indirektem Licht können auch Schatten weicher gezeichnet oder gar ganz aufgelöst werden.

Unterlicht, Fußrampenlicht

Diese Lichtrichtung beleuchtet den Raum und das Objekt von unten. Sie scheint unnatürlich und erzeugt einen theatralisch überhöhten Effekt. Das Unterlicht ist schwierig zu handhaben, weil es unrealistische und phantastische Stimmungen erzeugt, die leicht übersteigert wirken.

Für das klare Herausstellen eines Darstellers mit einer Fußrampenbeleuchtung ist die 45°-Winkelstellung nützlich, obwohl die Wirkung nur im näheren Bereich Gültigkeit zeigt. Als einzige Raumbeleuchtung ist sie nicht sehr geeignet. Die Darsteller werden in der Nähe der Fußrampe prominent herausgestellt durch leuchtende Augen und schattenlose Konturen.

Vorderlicht

Dieses Licht liegt hinter oder neben dem Betrachter, beleuchtet den Raum von vorn. Der Kontrast zwischen einem Objekt und dem Raum ist niedriger als bei irgendeinem anderen Licht. Das Vorderlicht ist die flachste Art von Licht, da die Schatten teilweise oder ganz hinter einem Objekt liegen und von vorn kaum sichtbar sind. Der Raum erscheint wenig plastisch und wenig tief. Trotz seiner Nachteile ist auf das Verwenden von Vorderlicht nicht zu verzichten, da es das gesamte Geschehen, Aktion und Ausdruck unmittelbar sichtbar macht. Die Kunst besteht darin, die Dosierung möglichst weit im unteren Intensitätsbereich zu halten, so daß Raum und Atmosphäre erhalten bleiben, und trotzdem die für den Betrachter wichtigen Konturen sichtbar sind. Sicher gibt es Räume, die bewußt mit Vorderlicht ausgeleuchtet sind, dann aber verbunden mit der Überlegung einer bestimmten dramatischen Wirkung. Ein Raum, mit großzügigem Vorderlicht aufgehellt, suggeriert Weite, Klarheit und plakative Vordergründigkeit. Wesentlich ist bei der Wahl eines Vorderlichts sein Einfallswinkel. Als mittlere Orientierungswinkel können solche von 30–45° angenommen werden. Ein flacherer Einfallswinkel ist sicher auch möglich, doch dann fallen enorme Probleme an, das Raumlicht vom Objektlicht zu trennen, da ein schattenfreies Leuchten äußerst schwierig ist.

Oberlicht

Das Licht fällt von oben auf den Raum und ist am besten wohl dosiert einzusetzen. Es schafft Lichtübergänge vom Vorderlicht zum Seitenlicht und kann, richtig eingesetzt, eine offene Raumatmosphäre suggerieren.

Gegenlicht

Die Lichtquelle befindet sich hinter dem Objekt und beleuchtet es von der Rückseite her, wirft Schatten in Richtung des Zuschauers. Dieses Licht schafft überzeugend die Raumtiefe. Es ist die am dramatischsten wirkende Lichtart und wird, wo es auf die Atmosphäre ankommt, von keiner anderen Art übertroffen.

Seitenlicht

Dieses Licht beleuchtet den Raum von der Seite. Diese am meisten benützte Lichtrichtung eignet sich zur Erzeugung eines besonders starken räumlichen Empfindens.

Beleuchtungsanordnung im Versuchsraum

Farbqualität, Farbwiedergabe

Bei der Auswahl der Lichtrichtungen wird parallel zu dieser Entscheidung auch die spezielle Eindrucksart der jeweiligen Lichtqualität bestimmt. Es ist nicht unwichtig, die verschiedenen Charaktere der Lichtquellen zu berücksichtigen, oder besser: damit umzugehen, sie auszunützen. Wie wir wissen, spielt die Farbwiedergabe des verwendeten Lichts eine Rolle.

Die Abbildungen 290–292 zeigen auf, was wir bei der Verwendung von drei extrem unterschiedlichen Lichtarten zu erwarten haben.

Die Farbwiedergabe eines Tageslichtscheinwerfers ist die offenste und härteste Art und Weise, Klarheit zu zeigen. Die Konturen sind stark gezeichnet und die Abgrenzung zwischen hell und dunkel liegt in einem extremen Bereich.

Das Glühlampenlicht, uns sehr vertraut, ist die häufigste Lichtart, die wir benützen. Fällt die Entscheidung für die Leuchtstofflampen, so ist deutlich zu sehen, daß Personen wie Dekoration sehr flach, fahl und konturenlos bleiben. Bei der Betrachtung dieses Bildes kann nicht von Spannung die Rede sein. Kontraste zwischen Hell und Dunkel gibt es keine, auch Zonen von Hell-Dunkel werden bei dieser Lichtart nie auftreten.

Enorm wichtig und schon früher ausgiebig beschrieben, ist bei der Verwendung der Entladungslampenscheinwerfer die Berücksichtigung der Farbwiedergabe von Körperfarben. Da die Spektralanteile der meisten Entladungsscheinwerfer (außer bei Natriumlampen) einen sehr hohen Blauanteil

290 Hauptlicht mit einem Tageslichtscheinwerfer als Gegenlicht

291 Hauptlicht mit einer Glühlampen-Ge-
genlichtrampe

292 Hauptlicht mit Leuchtstoflampen als
Oberlicht

haben, wirken Dekorationsteile, Kostüme und Gesichter in diesem Licht stark verändert. Nicht nur eine extrem harte Lichtart, sondern eben eine »tageslicht«-ähnliche Farbqualität zeichnet solche Lichtquellen aus. Das heißt, daß die Farbwiedergabe, also die Farbe, die jeder individuell betrachtet, bei Tageslicht ein anderes Aussehen hat als bei Glühlampenlicht.

Bei einer frühzeitigen Entscheidung, eine solche Lichtqualität einzusetzen, ist es unbedingt notwendig, daß in der Vorbereitungsphase für Dekorationsherstellung, Kostümanfertigung und Maskenprobe auf diese Farbveränderung hingewiesen wird. Ein Idealfall mit besten Ergebnissen tritt dann ein, wenn in den jeweiligen Werkstätten zwei verschiedene Grundlichtarten zur Verfügung stehen; eine Arbeitsbeleuchtung in Tageslichtqualität von 5 000 Kelvin und eine für den normalen Spektralbereich von 3 000 Kelvin.

Orientierung über Qualitätstendenzen

Flutlicht
ungerichtete Lichtstrahlen
ohne Linsen

Kaltlicht/hoher Blauanteil
unkonzentrierter Lichtbogen
Lang- oder Mittelbogen-
Entladungslampe

Warmlicht/hoher Rotanteil
unkonzentrierte Lichtab-
strahlung eines Wolfram-
Glühwendels

Spotlicht
gerichtete Lichtstrahlen
mit einer Linse, Linsensystem
oder Sammelreflektor

Kaltlicht/hoher Blauanteil
gerichteter Lichtbogen in
Form einer Kurz- oder
Mittelbogen-Entladungs-
lampe

Warmlicht/hoher Rotanteil
konzentrierte Licht-
abstrahlung eines Wolfram-
Glühwendels

Lichtgestaltung

Lichteinfall von allen Seiten ist zwar möglich, bewirkt aber nur eine bedeutungslose Mixtur. Das Licht, das es herzustellen gilt, soll ja vermitteln und erklären. Wir haben als Grundüberlegung zu berücksichtigen:
 – Lichtqualität (Tageslicht, Kunstlicht, Sonderlichter)
 – Scheinwerfersystem
 – Richtung
 – Helligkeit
 – Farbe
Betrachten wir einen Raum mit dem ungeschulten Blick eines interessierten Zuschauers, so vermittelt die Szenenbeleuchtung einen optischen Gesamteindruck. Dieser Eindruck ist das Ergebnis des Zusammenwirkens der oben aufgeführten Ausdrucksmöglichkeiten. Wie setzen wir diese Komposition zusammen?

Hauptlicht, Führungslicht

Diese Art von Lichtführung wird mit gebündeltem, starkem Licht gestaltet. Es gibt die Richtung des Lichteinfalls an, schafft die Grundstruktur und legt die konzeptionelle Ausrichtung fest.

Akzentlicht

Der Zweck eines Akzentlichts ist, das Objekt mit Lichtspitzen und Glanzlichtern zu beleben, bei Personen z. B. als Rücklicht auf Kopf und Schulter. Das Akzentlicht unterstreicht Struktur und Umrisse, kann ein Glanzlicht und Reflexe erzeugen. Bei der Verwendung dieses Lichts ist darauf zu achten, daß es für Raum und Objekt getrennt angewendet wird.

Aufhellicht

Um dunkle Zonen aufzuhellen, verwenden wir ein Aufhellicht. Es soll das Führungslicht nicht zerstören, sondern mit gut gewählter Nuancierung aus anderen Richtungen das ganze Lichtbild ergänzen.

Hintergrund, Horizontlicht

Mit diesem Licht erklären wir einen Hintergrund, damit er in der richtigen Helligkeitsabstufung erscheint. Diesem Licht kommt bei der Bühnenbeleuchtung eine große Bedeutung zu. Es bestimmt die dritte Dimension, die Raumtiefe. Durch Variieren der Lichtintensität empfindet der Zuschauer einen räumlichen Eindruck von der jeweils gewünschten Aussage. Bei der Wahl dieser Lichtart sind die Gesetze der Farbperspektive zu beachten.

Gegenlicht

Es ist wegen seiner relativ abstrakten Darstellungsweise die am besten geeignete Lichtart, um eine bestimmte Atmosphäre zu schaffen. Gegenlichter neigen zur optischen Dramatisierung des Bühnenbilds und -geschehens. Sie lösen den Darsteller optisch aus dem ihn umgebenden Raum. Durch die Umkehr der Licht- und Schattenwirkung aus der Zuschauerposition tauchen sie Konkretes in Dunkelheit oder Licht und unterstreichen abstrakte Begriffe.

Schatten

Oft entsteht durch das Schattenspiel bei der Bühnenbeleuchtung ein unerwünschter Nebeneffekt. Das »Spiel« des Lichts entsteht jedoch nur im Wechsel von Licht und Schatten. So kann ein bewußt eingesetzter Schatten eine überaus starke psychologische Wirkung erzeugen. Hierfür ist die Klarheit der Umrisse wichtig, die Wahl der Lichtquelle, die Distanz Lichtquelle – Objekt und die Fokussierung.

Wird das Auftreten eines Körperschattens in der Inszenierung bewußt eingesetzt, so wird die Distanz zwischen Lichtquelle und dem beleuchteten Objekt von entscheidender Wichtigkeit. Soll ein Schatten in der Größe 1:1 zum Objekt abgebildet werden, so müßte die entsprechende Lichtquelle unendlich weit entfernt sein. Liegt die Lichtquelle verhältnismäßig nahe am Objekt, so verliert der Schatten zwar an Schärfe, doch durch die sich vergrößernde Schattenbildung entsteht eine besonders dramatische Wirkung.

Realistisches Licht

Die Aussage über Realität ist im Zusammenhang mit der Konzeption der Aufführung zu sehen. Bei einem Raum, der realistische, wirklichkeitsgetreue Formen hat, ist die Möglichkeit gegeben, ihn naturgetreu zu beleuchten. So können wir durch ein Fenster oder eine Tür Licht hineinschicken und die Behauptung aufstellen, draußen sei es hell, das Licht flutet durch das Fenster. Wir erklären mit der gewählten Lichtart – in unserem Beispiel Lichteinfall durchs Fenster – welche Aussage gemacht werden soll. Benützen wir die natürlichen Öffnungen eines Innenraums, so erklären wir damit unser Licht zum Haupt- oder Führungslicht.

Den Lichteinfall allein zur einzigen Lichtquelle zu erklären, kann vorübergehend spannend sein, wird jedoch auf die Dauer ermüdend. Als Ergänzung brauchen wir das Aufhell- und Gegenlicht. Vorsichtiges abgewogenes Einsetzen schafft etwas mehr Klarheit, ohne jedoch den realistischen Eindruck zu zerstören. Ein starkes Einfallslicht erzeugt beim Auftreffen auf Boden oder Wand immer ein Reflexlicht. Je nach der farblichen Behandlung der Lichtauftrittsflächen reflektiert das Licht mehr oder weniger in den Raum. Dieses Restlicht reicht jedoch nicht, um es als »Aufhellicht« zu verwenden. Durch vorsichtiges Ergänzen von einem Aufhellicht kann diffuses Reflexlicht unterstützt werden. Fachlich spricht man von »Schatten leuchten«.

Plakatives Licht

Denselben Raum können wir optisch komplett verändern, wenn wir uns entscheiden, die Raumbegrenzung als Symbolik zu akzeptieren und das Licht flächenartig über die ganze Spielfläche zu verteilen. Diese Ausdrucksart verlangt nach einem extrem starken Vorderlichteinsatz und suggeriert eine großzügige Klarheit. Die Begründung, einen Raum so zu beleuchten, liegt auf der Hand. Schnörkellos, klar und informativ zeigt sich dem Betrachter das Bild, ohne daß er angestrengt wird, Details zu erkennen. Es ist eine sehr vordergründige Aussage über eine Szenenfläche, die schwache Konturen zuläßt und keine Atmosphäre vermittelt. Bei einer solchen Entscheidung werden Öffnungen, wie Fenster und Türen nicht mit einem Führungslicht beleuchtet, sondern die Öffnungen geben ein gleichmäßiges, diffuses Licht frei, ohne akzentuierten Lichteinfall.

Mischlicht

Der ausschließliche Einsatz von Glühlampenscheinwerfern für die Gestaltung eines Lichtkonzepts ist keine Notwendigkeit, aber mit Sicherheit die Art von Gesamtlicht, die problemlos zu handhaben bzw. zu regulieren ist.

Bei der Besprechung der verschiedenen Lampensorten konnten wir feststellen, daß schon die verschiedenen Farbtemperaturen der Glüh- und Entladungslampen eine vielfältige Aussage vermitteln, zusätzlich zu einer Richtungsbestimmung. Es gibt keinen Zwang, nur die eine oder andere Art von Lichtqualität zu verwenden; eine exzellente, kombinierte Mischung verschiedener Farbtemperaturen ist möglich. Üblich, ja oft eine ideale Ergänzung, ist eine Kombination von Glüh- und Leuchtstofflampen. Eine wirkungsvolle und kräftige Mischkombination bedeutet das Zusammenwirken von Glüh- und Entladungslampen, da allein schon das Kontrastverhalten der beiden Lichtquellen eine starke farbliche Prägung hat.

293–294 Oberlicht mit einem HMI®-Stufenlinsenscheinwerfer, Mischlicht für die Spielfläche, Aufführung: »Don Karlos«, Münchner Kammerspiele

295 a, b   Lichtraum aus Gobelintüll und Schirting, Aufführung: »J. G. Borkmann«, Münchner Kammerspiele

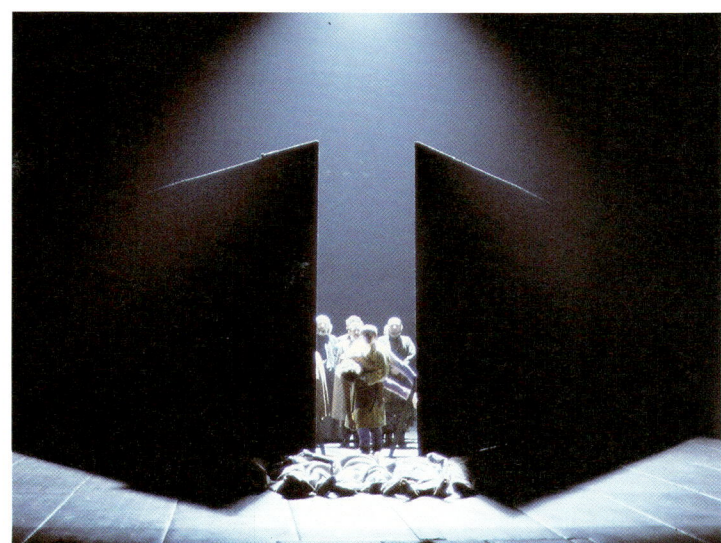

296 Gegenlicht mit einer Halogen-Metalldampfleuchte, Aufführung: »Merlin«, Münchner Kammerspiele

297 Zweifarbige Seitenlichter, Aufführung: »Merlin«, Münchner Kammerspiele

298 Anwendung von Komplementärfarben Blau und Gelb, Aufführung: »Käthchen von Heilbronn«, Münchner Kammerspiele

Anwendung von Farbscheiben

Was weißes Licht ist, wie es sich zusammensetzt, was kalte und warme Lichtquellen sind, wissen wir aus vorausgegangenen Erklärungen. Nun gibt es neben der grundsätzlichen Entscheidung, welche Lampenart gewählt wird, noch eine andere entscheidende Planungsperspektive: die Verwendung von Farbscheiben. Durch das Filtern des »weißen« Lichts mittels einer Farbscheibe wird der ganze Lichtstrahl nach deren Buntgrad gefärbt. Unsere Farbversuche bei der additiven und subtraktiven Farbenmischung haben uns die

299 Grundrißanordnung der Scheinwerferpositionen; Szenenlicht mit zwei Scheinwerfern in den Komplementärfarben Violettblau von rechts und Gelb von links mit dem Mischlicht Weiß in der Mitte

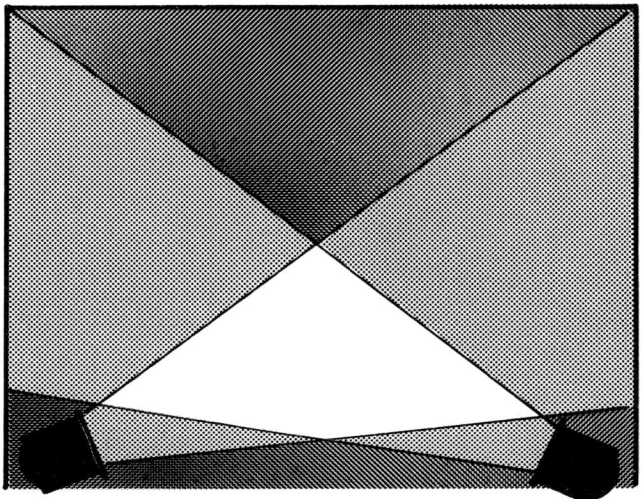

Möglichkeiten gezeigt, mit welcher Vielfalt wir rechnen können.

Es stellen sich immer wieder Fragen nach Patentrezepten für einen Farbeindruck, bzw. eine Farbempfindung. Allgemeingültige Angaben kann man nicht machen, doch Richtlinien können aufgezeigt werden.

Eine warme Farbe unterstützt warme Farben, absorbiert kältere Farben. Eine kalte Farbe unterstützt kalte Farben, absorbiert wärmere Farben.

Gesucht werden sehr oft kalte, reine Blautöne in vielen Buntgraden ohne Grünstich. Die hierfür geeignetsten Blaufilter sind die Konvertierungsfilter, die für die Anpassung von Glühlampenlicht an Tageslicht vorgesehen sind.

Für die Gesichtshaut angenehme und sehr vorteilhafte Farben, die trotzdem relativ neutral wirken, sind hell-violett und hell-rosa Farben. Sie unterstützen ein »publikumswirksames Make-up« und halten das Raumlicht trotzdem in einer vertretbaren neutralen Balance. Bei der Verwendung von Farbscheiben mit einem höheren Buntgrad ist jeweils vorauszusehen, daß zwar die Kostüme und eventuell mitbeleuchtete Dekorationsteile mit ihrer Eigenfarbe prächtige Eindrücke vermitteln, doch das Licht für die Darsteller oft zu bunt ist. Es sei denn, es wird bewußt mit einer solchen Farbtechnik gearbeitet. Wir können zum Beispiel Farbbehauptungen aufstellen, die in ein dramaturgisches Konzept eingearbeitet sind. Färbbar ist jede Art von Licht, auch Tageslichtlampen. Wichtig ist dabei zu wissen:

Färben, bzw. ausfiltern können wir nur solche Farben, die im Lampenspektrum vorhanden sind.

Abb. 298 zeigt die Anwendung zweier Komplementärfarben. Ein tiefliegendes, starkes Seitenlicht scheint von links und rechts. In der Mitte, wo sich die beiden Lichtkegel treffen, ergänzen sie sich zu »Weiß«.

Auswahl und Einleuchten von Scheinwerfern

Grundregeln

Um ein Komplettangebot von Scheinwerfern zur Verfügung zu haben, ist wegen der zu bedenkenden vielseitigen Voraussetzungen ein dorniger und teurer Weg zu beschreiten. Sicherlich ist ein solcher Überlegungsvorgang für das professionelle Theater unumgänglich. Doch auch eine Schule, ein Experimentiertheater oder eine kleinere Bühne möchte mit ihren Investitionen etwas auf die Beine stellen, besitzt aber oft nicht die Möglichkeiten und die nötigen Informationen. Der Überlegungsvorgang ist für alle Ansprüche der gleiche, nur ändern sich für unterschiedliche Belange die Dimensionen. Grundsätzlich ist davon auszugehen, daß niemand mit nur einem Scheinwerfer eine Spielfläche beleuchten will (Extremfälle gibt es, z. B. beim Schattenspiel). Wenn eine Beleuchtungseinrichtung zu konzipieren ist, wird auch bei einfachster Aufgabenstellung eine kleine Ausrüstung an Beleuchtungskörpern notwendig sein. Bei den schematischen Zeichnungen werden die Schattenverläufe ohne Berücksichtigung der tatsächlichen Distanz Lichtquelle – Objekt gezeigt.

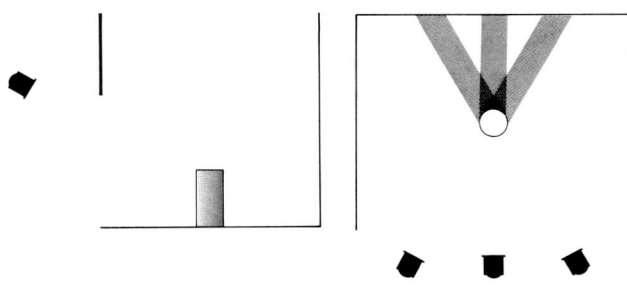

300 Vorderlicht mit 45° Einfallswinkel

Um einen Raum oder ein Objekt zu beleuchten ist die einfachste, vielseitigste und häufigste Lichtrichtung das Vorderlicht. Wenn die Distanz vom Beleuchtungskörper zum Objekt groß ist, verwenden wir Linsen- oder Profilscheinwerfer; auch Parabolspiegelscheinwerfer sind denkbar. Letztere Ausführung ist nur bei extrem großen Weiten zwischen Scheinwerferstandort und beleuchteter Fläche für ein Grundlicht einzusetzen. Eine Verwendung von Stufenlinsenscheinwerfern ist nur für kürzere Entfernungen empfehlenswert, da die diffuse Strahlung viel unerwünschtes Nebenlicht

im Zuschauerraum »hängen« läßt. Eine schräg von oben einfallende Lichtrichtung ist dabei die beste Position.

Durch die vielseitigen optischen Verstellmöglichkeiten bietet sich der Profilscheinwerfer als bester Vorbühnenscheinwerfer an, außer bei extrem kurzen Distanzen zwischen Scheinwerfer und Lichtauftrittsfläche. Da bei diesem Scheinwerfersystem die Möglichkeit besteht, die Objektivbrennweiten auszutauschen oder mittels einer Zoomoptik anzupassen, können wir diesen Apparat auf der Vorbühne wie auf der Bühne gut verwenden. Beinahe undenkbar ist die Verwendung eines Flächenstrahlers auf der Vorbühne, es sei denn, er liegt sehr nahe an der Bühnenöffnung.

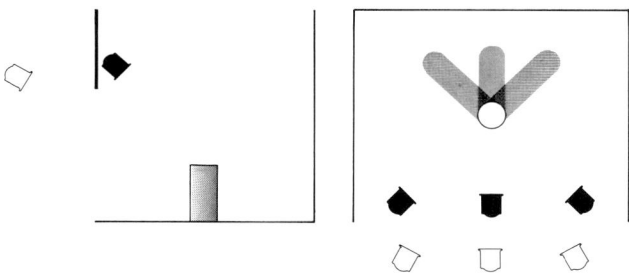

301 Portalbrückenlicht, Licht hinter der Vorhangzone

Abb. 301 zeigt, daß der nächste Schritt die Position der Lichtquellen auf der Bühne ist. Hier ist die Auswahl der Apparate vielseitiger, je nachdem, ob nur der Bühnenraum oder die Person beleuchtet werden soll. Größeren Spielraum erhalten wir durch die Verwendungsmöglichkeit von Stufenlinsenscheinwerfern oder Flächenleuchten.

302 Seitenlicht

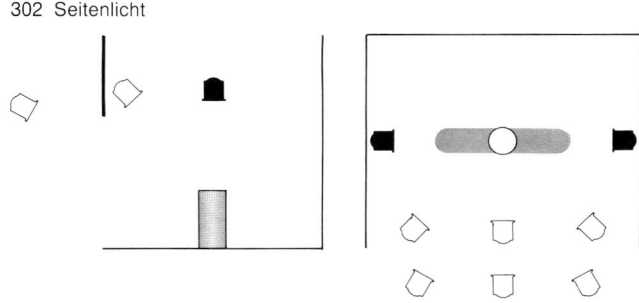

303 Trennung zwischen Spiellicht und Hintergrundlicht; Personenlicht von einer Tageslichtleuchtquelle durch das Fenster; Hintergrundlicht als Rücklicht durch den Abschlußprospekt; Aufführung: »Woyzeck«, Münchner Kammerspiele

Hier fällt die Entscheidung eindeutig zugunsten der Raumwirkung. Seitlich, auch schräg von oben eingesetzt, bringt uns das Licht Plastizität. Verwenden können wir Profil-, Stufen- oder Plankonvexscheinwerfer.

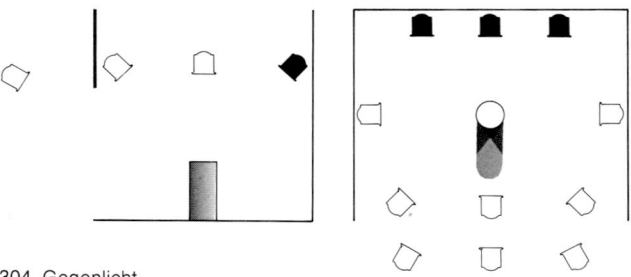

304 Gegenlicht

Als Flächenrücklicht werden wieder die Linsenscheinwerfer eingesetzt, als Luxusversion bringt die Niedervoltlampe die größte Lichtkraft auf die Bühne, doch auch Strahler mit Torblenden und Stufenlinsenscheinwerfer sind möglich.

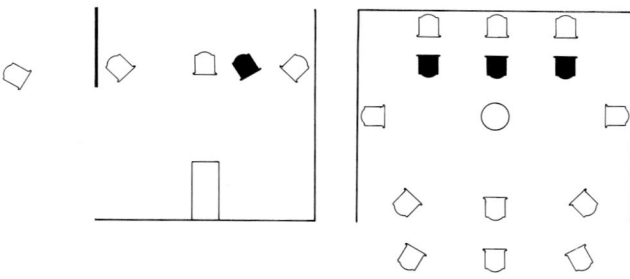

305 Hintergrundlicht

Ein gestuftes, spezielles Licht für die Hintergrundbeleuchtung hebt den Darsteller von der Rückseite ab. Flächenstrahler oder andere flächenartige Lichtquellen, bevorzugt mit asymmetrischer Abstrahlung, bieten sich an.

306 Führungslicht mit Schattenzone

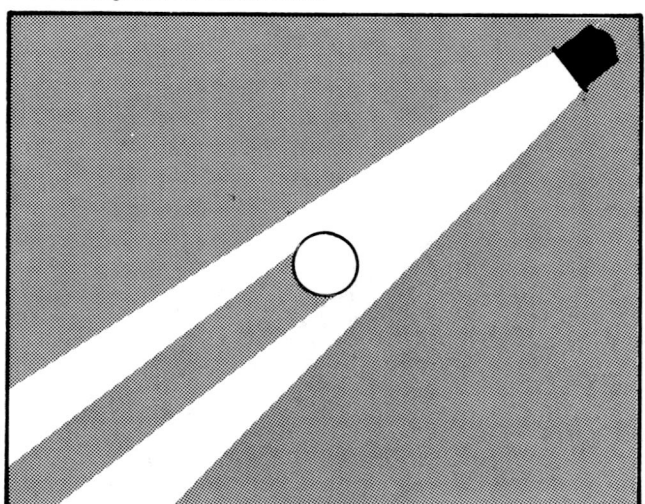

Nur in wenigen Situationen sind wir aufgefordert, eine homogene Lichtkonzeption zu entwerfen. In der Mehrzahl von Beleuchtungseinrichtungen gehen wir davon aus, daß eine Hauptlichtquelle (auch Führungslicht) die Lichtführung übernimmt. Eine solche Entscheidung geht immer in eine bestimmte dramaturgische Richtung und wird auch als realistische Lichtführung oder als eine Lichtbehauptung bezeichnet. Eine bestimmte Ortslage hierfür ist nicht standardisiert. Sinnvoll werden solche Lichtquellen als Seiten-, Seiten-Gegenlicht oder Gegenlicht eingesetzt. Bei einer solchen Lichtentscheidung sollte die Lichtquelle mit starken Scheinwerfern ausgerüstet werden, um eine entsprechende Lichtkraft bieten zu können.

Orientierungshilfen

Handelt es sich um eine größere Bühne oder Spielfläche, so sollten wir uns ein überschaubares, geordnetes Leuchtsystem aufbauen. Das heißt, die Scheinwerfer, die wir für die Beleuchtung ausgesucht haben, müssen nach den spezifischen Richtungen, mit Angaben des genauen Standorts, Lichtkegelgröße, Neigungswinkelangaben, Objektivbrennweite, Farbbestückung etc. vorbereitet werden.

Zweckmäßig und rationell kann bei der Planung der Lichtkegelgröße mit einem Rastersystem gearbeitet werden, indem die Bühnenfläche in ein Koordinatennetz gegliedert wird. Für Scheinwerfer, die vom Zuschauerraum aus eingesetzt werden, kann diese Einteilung auch auf den Eisernen Vorhang übertragen werden. Sinnvoll für die Bühnenfläche ist ein Grundriß in einem Verkleinerungsmaßstab, z. B. 1 : 50

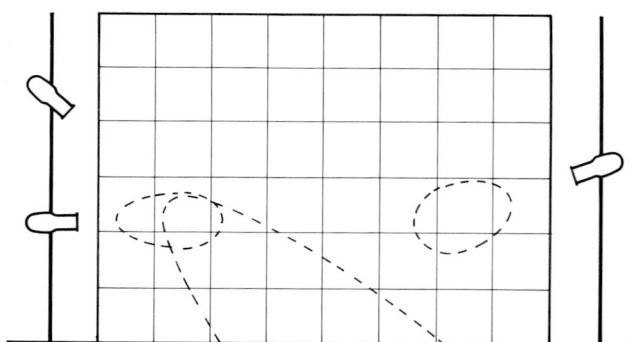

307 Rastersystem auf dem eisernen Vorhang

oder 1 : 100. Auf eine so erstellte Einleuchtorientierung werden die wichtigsten Dekorationsteile mit übertragen. Wir haben auch die Möglichkeit, die Bühnenfläche nach »Zonen« zu gliedern, was dann angebracht ist, wenn auch die Bühnendekoration die Grundkonturen dafür anbietet.

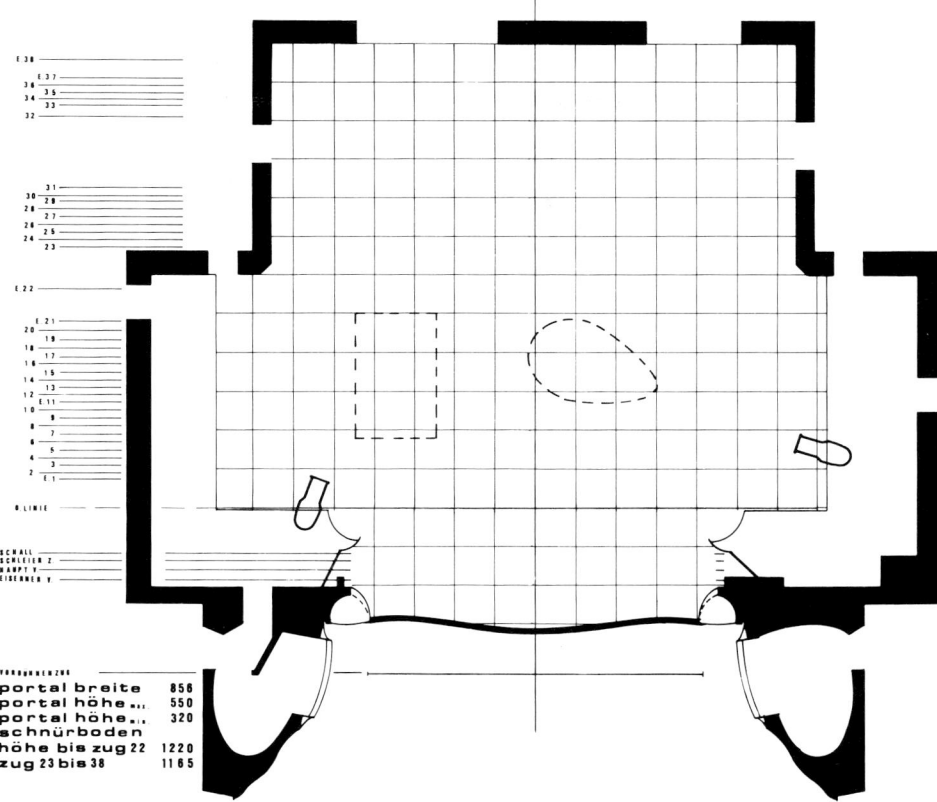

308 Rastersystem für den Bühnenboden

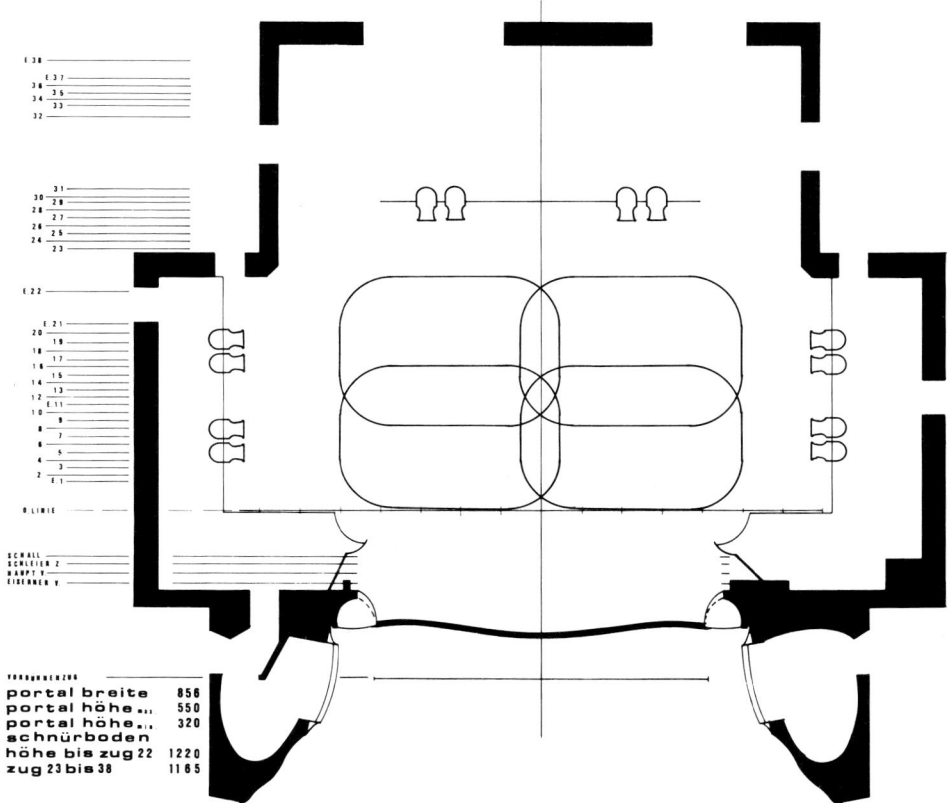

309 Leuchtzonenaufgliederung einer
Bühnendekoration anhand eines
Beispiels für ein zweifarbiges
Ausleuchten

310 Schattenwirkung, Aufführung: »Woyzeck«, Münchner Kammerspiele

311 Mischlicht von Glühlampen- und Halogen-Metalldampflicht in der Phase der Entwicklung, Aufführung: »Merlin«, Münchner Kammerspiele

312 Plakatives Szenenlicht kombiniert mit Tages- und Glühlampenlicht, Aufführung: »Was ihr wollt«, Münchner Kammerspiele

313/314 Plakatives Bühnenlicht: oben Mischlicht aus Glühlampen- und Leuchtstofflampenlicht, unten Tageslicht, ohne Rückwandbeleuchtung mit drei Monden, Aufführung: »Der Park«, Münchner Kammerspiele

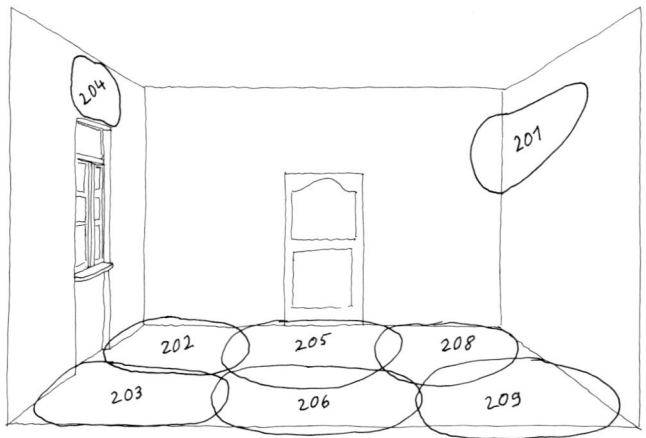

315 Räumliche Dekorationsskizze mit Lichtkreiseinzeichnungen

tung betraut wird. Er weiß sehr genau, welche Möglichkeiten er hat, um auf die Ideen und Vorschläge seiner Partner, des Regisseur und des Bühnenbildner, einzugehen. Betreut die Lichtgestaltung ein Hausfremder, so ist dieser auf gutes Informationsmaterial angewiesen. Nebst einem Grund- und Seitenriß der Bühne und des Zuschauerraums benötigt er die Angaben über Stromkreiszahl, Dimmerbelastbarkeit, Scheinwerferausführungen, Farbfolienhersteller, Ausführung der Lichtstellanlage etc. Weiter ist interessant zu erfahren, welche beleuchtungstechnischen Spezialeinrichtungen vorhanden sind, so zum Beispiel: Möglichkeiten für zusätzlichen Einbau von Spezialscheinwerfern, mobile Beleuchtungswagen oder Gestelle und ob eine Eigenherstellung von zusätzlichen Effektgeräten in den Werkstätten möglich ist.

Bei einer solchen Angabe fehlt leider die räumliche Möglichkeit, die Lichtkreise oder Lichtformen einzuzeichnen. Mit etwas gutem Zeichenstil ist eine brauchbare räumliche Dekorationszeichnung herzustellen und sogar für eine Archivierung der Szenarien bei langlebigen Repertoire-Vorstellungen geeignet.

Neben Positionsangaben der Leuchtkörper müssen wir rechtzeitig den Entschluß fassen oder in Betracht ziehen, daß Teile von Lichtrichtungen nicht mit Glühlampenscheinwerfern geleuchtet werden, sondern mit Entladungslampen wie HMI®-, HQI-, Natrium- oder Leuchtstofflampen. Es ist durchaus möglich, eine Hauptlichtlinie mit Tageslichtscheinwerfern zu leuchten und das Umfeldlicht mit Glühlampenlicht zu ergänzen. In einem solchen Fall können wir Konvertierungsfilter verwenden, die einen gewünschten Anpassungseffekt erzielen. Eine Mischung ist durchaus vertretbar, da die Lichtergänzung nur eine Schattenzonenaufhellung ist, die nicht dieselbe Farbigkeit haben muß wie ein Hauptlicht. Die Behauptung würde zutreffen, wenn wir sagen, daß wir »Schatten leuchten«.

Eine Lichtkombination mit Leuchtstofflampen paßt in beide Richtungen, zum Glühlampenlicht wie zum Tageslicht. Wie wir wissen, kann schon bei der Wahl der Farbtemperatur der Röhre ein Schritt in die Anpassungsrichtung eingeschlagen werden. Was wir nicht befriedigend lösen können, wird durch zusätzliches Verwenden von Farbfiltern erreicht. Eine möglichst frühzeitige Entscheidung für die Lichtqualität hilft den technisch Beteiligten, die fehlenden Teile zu beschaffen.

Was steht zur Verfügung?

Ausgehend von deutschen Theaterverhältnissen sind fast ausnahmslos alle Spielorte mit einer kompletten Beleuchtungsanlage ausgerüstet.

Gehen wir weiter davon aus, daß ein festengagierter Beleuchtungsfachmann mit der Aufgabe einer Lichtgestal-

Versatzaufteilung

In früheren Jahren war es üblich, die Scheinwerferpositionen mit ihrer Ortslage zu benennen, wie z. B.: Turm L, Turm R, Portalbrücke etc. Innerhalb jeder abgeschlossenen Ortsbezeichnung wurde eine Numerierung vorgenommen, z. B. Turm L 1–6, hieß sechs Anschlüsse auf Turm L. Diese Benennungsmethode ist von einem neuen Codierungssystem abgelöst worden, eingeleitet durch die numerischen Anwahlmethoden der elektronischen Lichtstellanlagen.

Prinzipiell teilen wir die Beleuchtungspositionen in »Codenummern« ein, zum Beispiel:

- 1 – : alle Scheinwerferanschlüsse im Zuschauerraum
- 2 – : Turm L, Portalbrücke, Turm R
- 3 – : Galerien L und R
- 4 – : Schnürboden oder Rollenbodenanschlüsse
- 5 – : Bühnenversatzanschlüsse
- 6 – : Unterbühnenanschlüsse

Innerhalb der einzelnen Positionen wird mit der Numerierung ab »1« begonnen. Fangen wir auf der Zuschauerraumbrücke an, so heißt der erste Anschluß Nr. 101 (die erste 1 ist die Ortsbezeichnung, die Ziffern 01 nennen den Anschluß). Mit einer solchen Benennungsmethode werden Verwechslungen und Verständigungsprobleme reduziert, da im Prinzip die Nummern aussagen, wo der verlangte Apparat ist oder welcher Versatzanschluß gefragt wird.

Abb. 316 zeigt einen Codierungsplan nach beschriebener Aufteilung. Zusätzlich sind hier noch 380 Volt-Anschlüsse notiert, Leuchtstofflampenanschlußdosen, 10 kW-Steckmöglichkeiten sowie Ringleitungen. Da ich davon ausgehe, daß ein sauberer Beleuchtungsablauf allein die Qualität einer Lichtgestaltung ausmacht, ist es notwendig, daß möglichst alle Funktionen über eine zentrale Schaltstelle bedient werden können. So sind in diesem Schema der Versatzanschlüsse im ganzen Theater verteilte schaltbare CEE 380 Volt/32 Amp. verlegt. Steckdosen, Einzelstromkreise mit 25 Amp. und 16 Amp. sowie Leuchtstofflampenanschlüsse sind eingeplant, die allesamt von dem zentralen Lichtstellpult aus bedienbar sind.

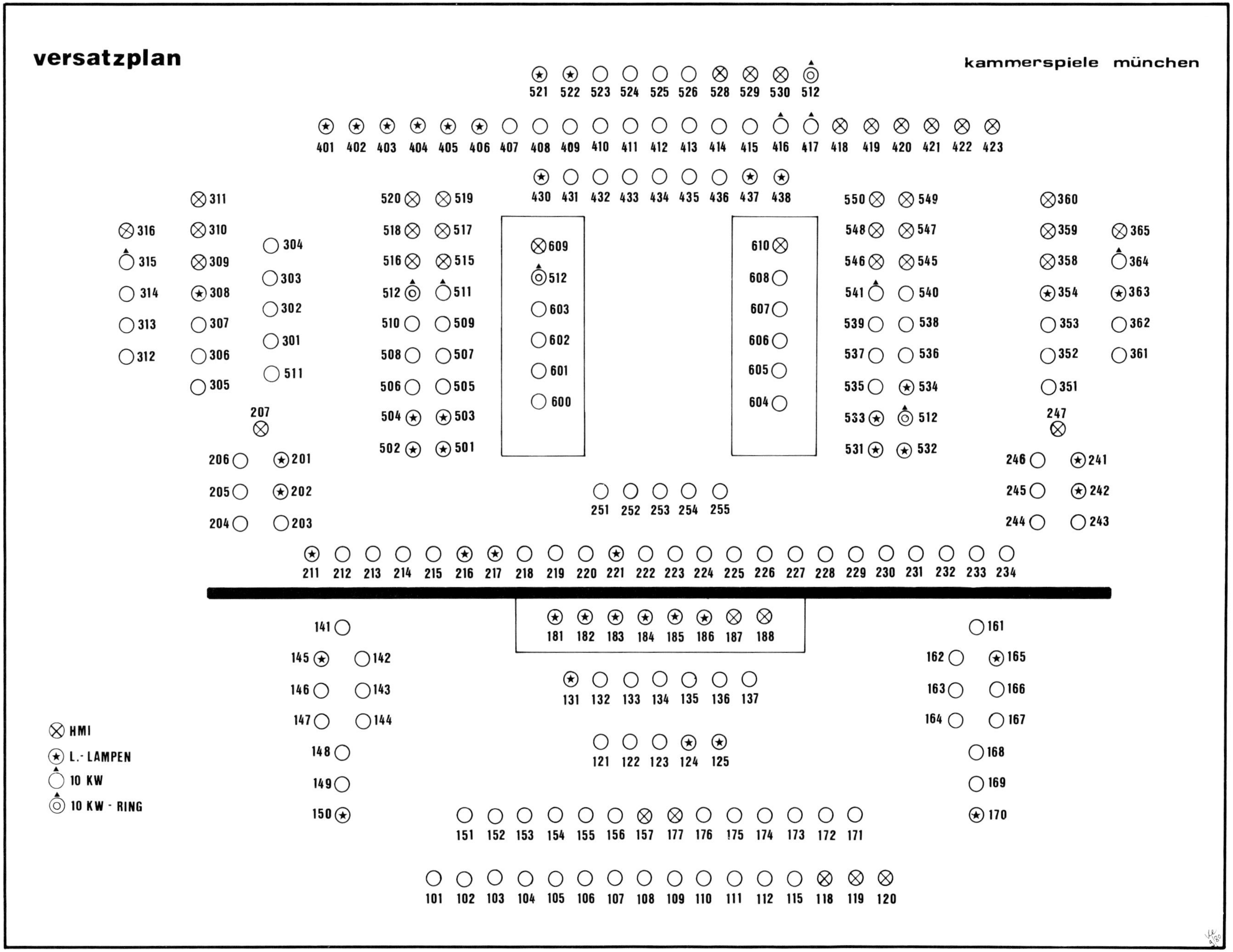

versatzplan

kammerspiele münchen

HMI

L.- LAMPEN

10 KW

10 KW - RING

316 Codierungsplan einer Anschlußaufteilung

317/318 Realistische Lichtführung: oben mit Tageslicht, unten eingefärbtes Glühlampenlicht, Aufführung: »Der Snob«, Münchner Kammerspiele

	CIE-Norm	Auswahl englischer Symbole	Auswahl amerikanischer Symbole
Flutlicht-Strahler			
Plankonvex-Linsenschein-werfer			
Stufen-linsen-scheinwerfer			
Ellipsen-spiegel-scheinwerfer mit Zoom			
Profil-scheinwerfer mit Zoom			
Parabol-spiegel-scheinwerfer			
Projektions-apparat, Effektapparat			

Um diesem wichtigen Mitarbeiter eine optimale Möglichkeit zur Kommunikation zu geben, ist eine Sprechverbindung vom Beleuchtungspult im Zuschauerraum zum Stellwerk notwendig und sollte so ausgelegt sein, daß der Beleuchtungsfachmann an seiner Arbeitsplatte auch bei leisen Text- oder Musikstellen sich mit seinem Partner im Stellwerk unterhalten kann. Überhaupt ist die Verständigung mit sämtlichen beteiligten Beleuchtern eine unumgängliche Voraussetzung für einen transparenten Arbeitsstil. Was nützen alle Ideen, wenn nicht während einer Probenarbeit still und ruhig, also nervenschonend, das eine oder andere ausprobiert werden kann. Bei einer solchen Kommunikationsausrüstung sollte nicht gespart werden, denn Mißverständnisse und Unbeholfenheit tragen nicht dazu bei, eine produktive Arbeitsatmosphäre zu schaffen. Die meisten Funkanlagen mit dem »Mann im Ohr« sind zwar nicht unbedingt beliebt, doch nach einer Eingewöhnungszeit dürften die positiven Momente einer solchen sehr beweglichen Verständigungsanlage überwiegen.

Erste Schritte zur Lichtgestaltung

Eine erste Fühlungnahme zu einer Neuproduktion entsteht bei der Wahl des aufzuführenden Theater- oder Musikstücks. Als interessierter Partner einer Produktion soll man dessen Inhalt kennenlernen und was das Textbuch, das Literaturlexikon, Schauspiel-, Musik- oder Opernführer über eine Aufführung aussagen. Das Sammeln dieser Informationen steht am Beginn der Arbeit an einer neuen Inszenierung.

Was beim Schauspiel durch die Dramaturgie, das Regiekonzept und die Bühnenbildumsetzung ausgedrückt wird, kann beim Musiktheater in der dramaturgischen Bearbeitung des Librettos, der Interpretation der musikalischen Partitur und selbstverständlich auch in der Regie- und Bühnenbildidee seinen Ausdruck finden. Wird ein Mitarbeiter für die Beleuchtung der Aufführung als Partner der Produktionsmannschaft akzeptiert, wirkt sich eine solche Zusammenarbeit auf ein homogenes Gesamtergebnis aus. Denn es ist offensichtlich, daß die bühnenbildnerische Gestaltung eines Raums nicht allein in einem Dekorationsbau umgesetzt wird, sondern in enger Verknüpfung eines visuellen Eindrucks, den das Licht schafft. Weiter sollte man versuchen, dem künstlerischen Stab die technischen Möglichkeiten und Voraussetzungen der Bühne bei der Planung zu erklären. Nachweislich ist es besser, bei der vorbereitenden Entwicklungsphase eines Bühnenbildkonzepts dabei zu sein. Die Arbeitsweise der Vorbereitungen hängt davon ab, ob wir in einem beleuchtungstechnisch fertig eingerichteten Theater arbeiten oder ob grundsätzlich eine komplette Beleuchtungsanlage entworfen und aufgebaut werden muß. In den meisten Situationen gilt es, ein vorhandenes Beleuchtungssystem zu benützen und es für die jeweilige Aufführung zu ergänzen oder zu verändern. Entwirft man eine Produktion für die Bühne, die als tägliche Arbeitsstätte dient, so kennt man sich in den Möglichkeiten sehr gut aus. Für eine neue Produktion muß also ein stückbezogenes Beleuchtungskonzept erstellt werden, das heißt, Scheinwerfer, beleuchtungstechnische Installationen und stückbezogene Vorrichtungen müssen funktionell geplant werden. Um die ausgesuchte richtige Lichtkonzeption umsetzen zu können, entwirft man einen Grundplan für die Beleuchtungsausrüstung.

Entwurf eines Beleuchtungsplans

Der Entwurf eines Beleuchtungsplans, d. h. die konzeptionelle Vorarbeit, beginnt und entsteht in der visuellen Vorstellung eines Beleuchtungsfachmanns. Der Hauptteil dieser Arbeit findet am Zeichentisch – auf dem Papier – statt.

In den beiden folgenden Beispielen wurden verschiedene Symbole für die Scheinwerferdarstellung verwendet. Es gibt dafür die internationalen CIE-Normzeichenschablonen. Unsere englischen und amerikanischen Kollegen haben mehrere deutlichere Symbole zur Auswahl. Verwendbar ist jedes Zeichen, das wir für geeignet halten, denn der »Schlüssel« auf der Zeichnung gibt Auskunft darüber, was in Wirklichkeit auf der Bühne vorhanden sein soll.

Grundeinrichtungspläne Abb. 337, 338 zeigen Beispiele eines ausgearbeiteten Entwurfs. Zu einem guten Resultat kommen wir, wenn schon bei der Bauprobe die Ideen mit verschiedenen Lichtmöglichkeiten getestet werden.

Wird ein Beleuchtungskonzept für eine Aufführung entworfen, die »en suite« gespielt wird, so ist ein erhöhter Aufwand einer stückbezogenen Grundeinrichtung möglich. Beim Entwerfen einer Planung müssen wir versuchen, unsere Vorstellungen bildlich vor Augen zu haben, um bestimmte Lichtwirkungen neben den technischen Voraussetzungen zu verstehen. Als Beispiel dafür ist der Grundriß in Abb. 339–341 gedacht.

Zuerst wurde für den Grundbau der Akte 1, 2, 4 und 5 die Planung entworfen. Der dritte Akt wird nun in diesem Fall mit Transparentpapier über den Grundplan gelegt, damit wir genau sehen können, welche neuen Scheinwerferpositionen für die Dekoration des 3. Aktes möglich sind.

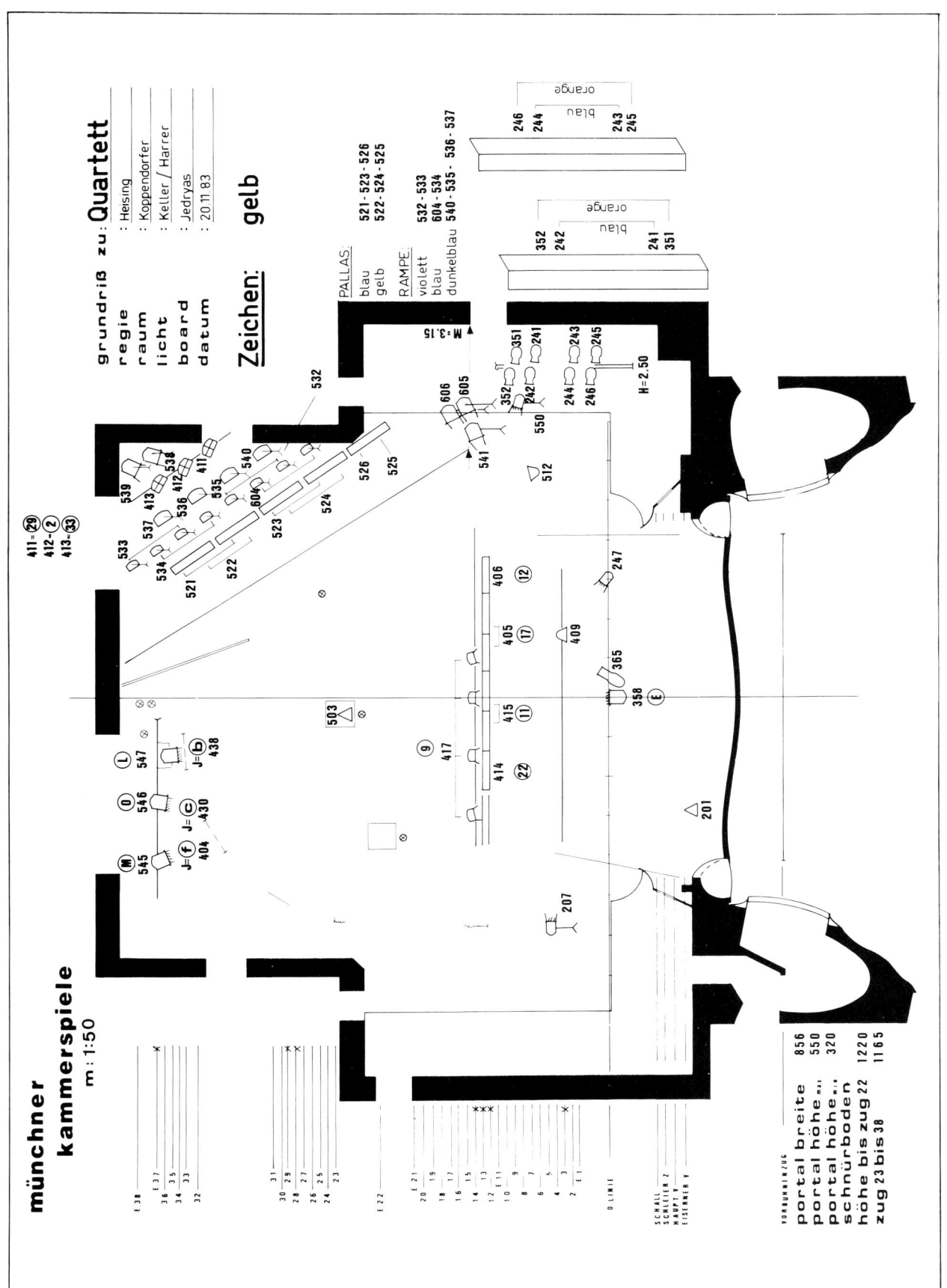

337 Stückbezogener Grundeinrichtungsplan für eine Bühne mit Repertoire-Spielbetrieb

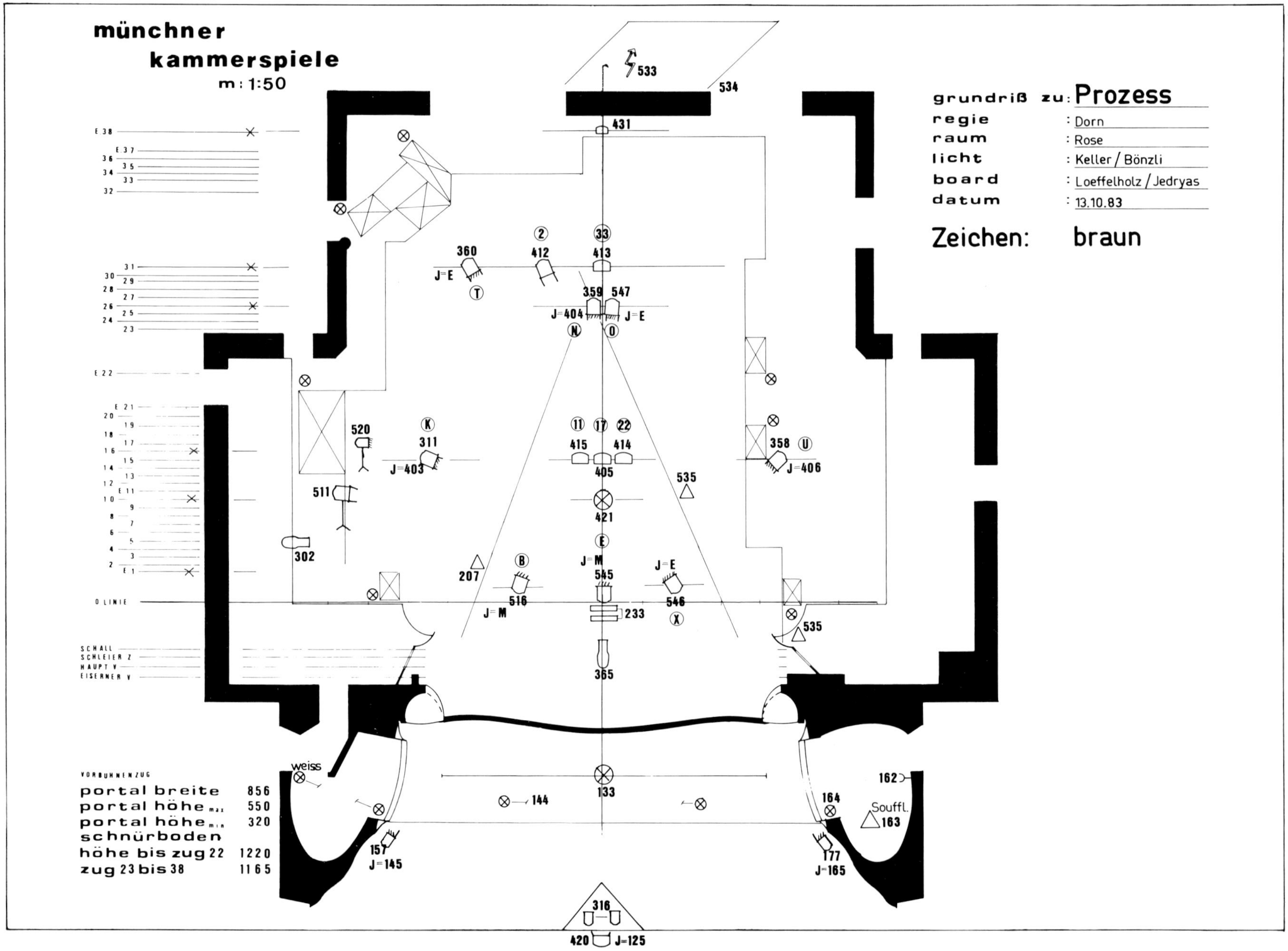
münchner
kammerspiele
m: 1:50
grundriß zu: Prozess
regie : Dorn
raum : Rose
licht : Keller / Bönzli
board : Loeffelholz / Jedryas
datum : 13.10.83
Zeichen: braun
0 LINIE
SCHALL
SCHLEIER Z
HAUPT V
EISERNER V
VORBÜHNENZUG
portal breite 856
portal höhe max 550
portal höhe min 320
schnürboden
höhe bis zug 22 1220
zug 23 bis 38 1165
weiss
Souffl.

338 Stückbezogener Grundeinrichtungsplan für eine Bühne mit Repertoire-Spielbetrieb

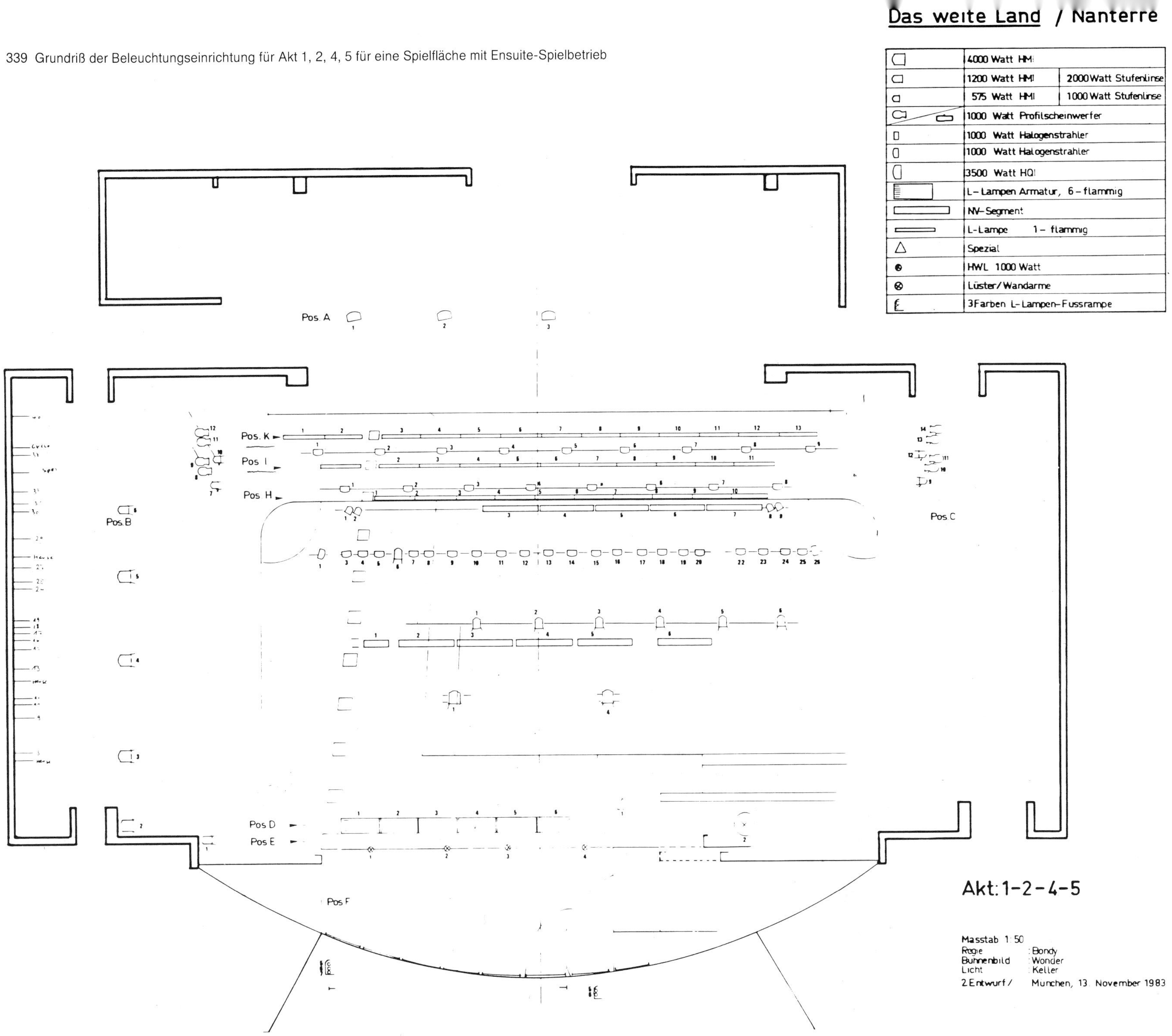

Das weite Land / Nanterre

339 Grundriß der Beleuchtungseinrichtung für Akt 1, 2, 4, 5 für eine Spielfläche mit Ensuite-Spielbetrieb

4000 Watt HMI	
1200 Watt HMI	2000 Watt Stufenlinse
575 Watt HMI	1000 Watt Stufenlinse
1000 Watt Profilscheinwerfer	
1000 Watt Halogenstrahler	
1000 Watt Halogenstrahler	
3500 Watt HQI	
L-Lampen Armatur, 6-flammig	
NV-Segment	
L-Lampe 1-flammig	
Spezial	
HWL 1000 Watt	
Lüster/Wandarme	
3 Farben L-Lampen-Fussrampe	

Pos A
Pos B
Pos C
Pos D
Pos E
Pos F
Pos H
Pos I
Pos K

Akt: 1-2-4-5

Masstab 1 50
Regie   Bondy
Bühnenbild   Wonder
Licht   Keller
2. Entwurf / München, 13 November 1983

basic – light – layout

340 Grundrißplanung für den 3. Akt

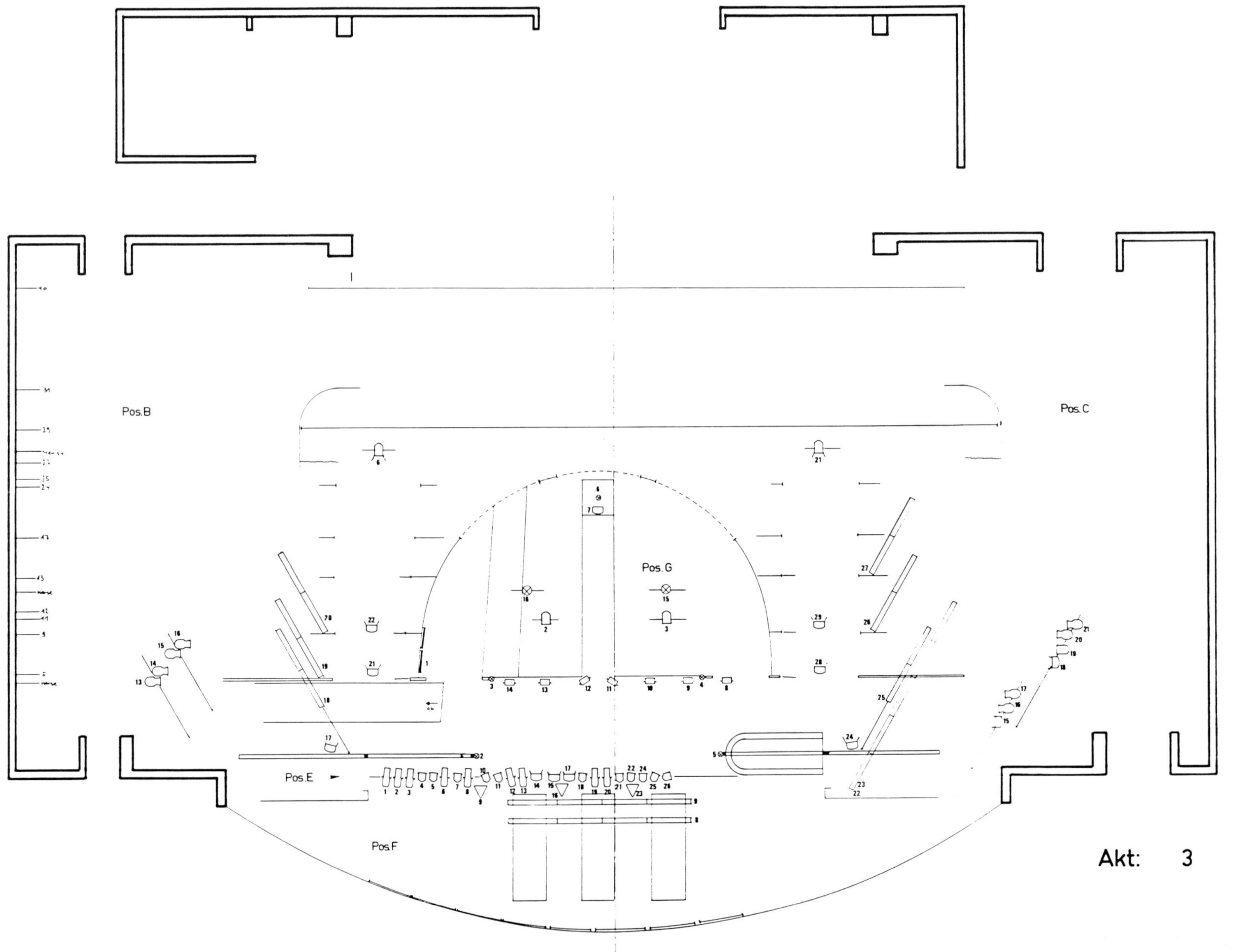

Akt: 3

Pos C

Pos G

Pos B

Pos E

Pos F

Das weite Land / Nanterre

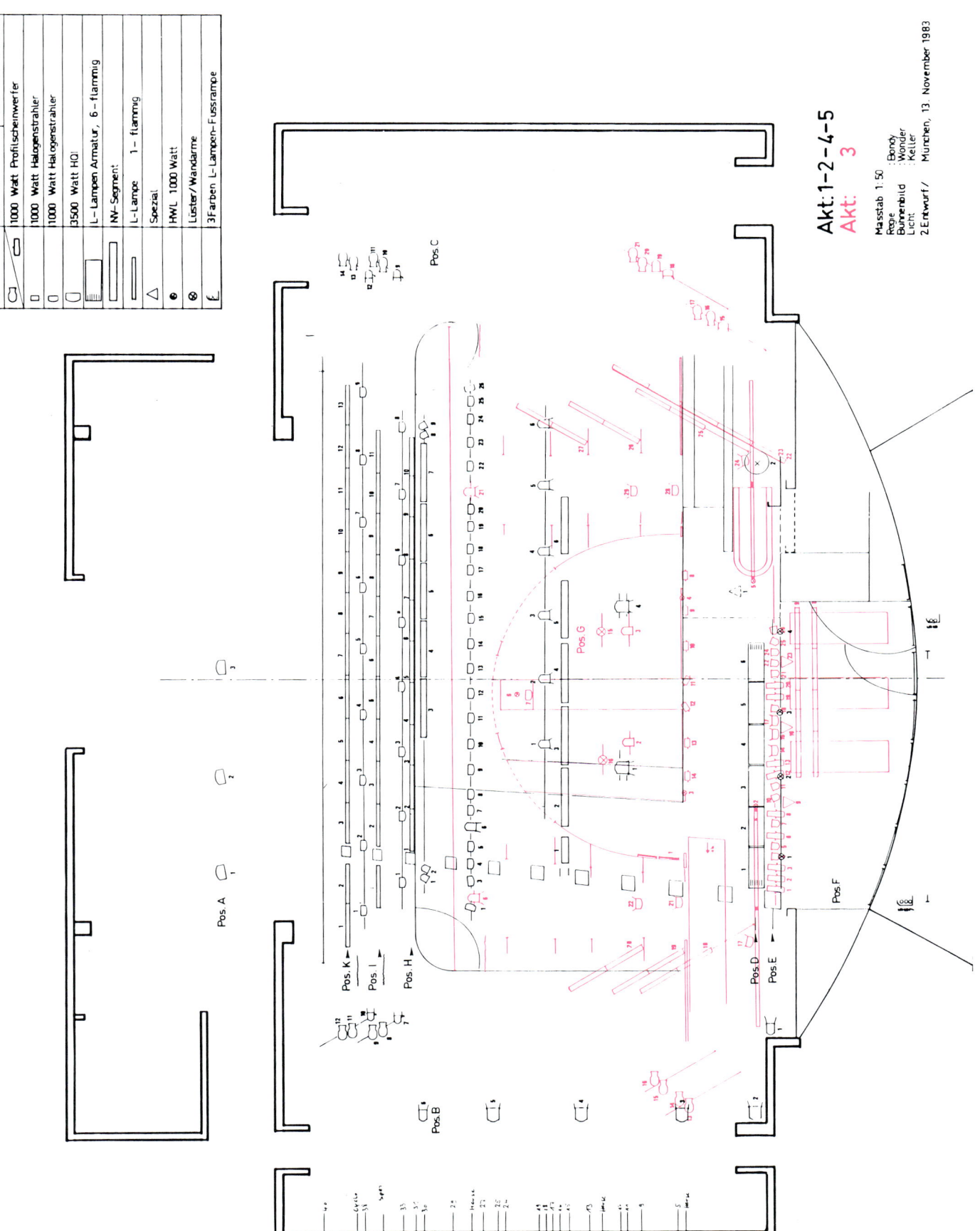

	4000 Watt HMI
	1200 Watt HMI	2000 Watt Stufenlinse
	575 Watt HMI	1000 Watt Stufenlinse
	1000 Watt Profilscheinwerfer
	1000 Watt Halogenstrahler
	1000 Watt Halogenstrahler
	3500 Watt HQI
	L–Lampen Armatur, 6 – flammig
	NV–Segment
	L–Lampe 1 – flammig
	Spezial
	HWL 1000 Watt
	Lüster / Wandarme
	3 Farben L–Lampen–Fussrampe

Pos A
Pos B
Pos C
Pos D
Pos E
Pos F
Pos G
Pos H
Pos I
Pos K

Akt: 1 – 2 – 4 – 5
Akt: 3

Masstab 1:50
Regie   : Bondy
Bühnenbild : Wonder
Licht   : Keller
2. Entwurf / München, 13. November 1983

342/343 Fahrbare Beleuchtungswagen mit Scheinwerferbestückung

344 Beleuchtungseinrichtung in einer Spielstätte zur Vorbereitung eines Konzertes für die Rolling Stones

Beleuchtungsprobe und Gestaltung

Endlich ist der Moment gekommen, auf den sich die Mitarbeiter einer Produktion seit längerem vorbereiten, nämlich, das theoretisch entstandene Lichtkonzept räumlich visuell vorzuführen. Ob da Enttäuschung oder Zufriedenheit ausbricht, hängt weitgehend von der Erfahrung der Beteiligten und von der Gründlichkeit der Vorbereitungen ab. Eine perfekte Umsetzung gelingt mit Sicherheit nie. Zusammengestellt, angepaßt und ausgetüftelt wird das fertige Beleuchtungskonzept bei den Beleuchtungsproben.

Ich muß nochmals auf zwei grundsätzlich verschiedene Arbeitsmethoden zurückkommen. Das private, mehr profitorientierte Theater, Pop-Rockkonzertveranstaltungen, Varietéprogramme und Shows achten darauf, daß die technischen und künstlerischen Endproben möglichst kurz bemessen sind, da die jeweiligen Spielorte nur vorübergehend angemietet werden oder bei der En-suite-Spielgestaltung zu viele Abendvorstellungen ausfallen. In den meisten deutschsprachigen Theatern wird aber ein Repertoire-Spielplan angeboten. Bei einer solchen Bespielungsform liegen die Endproben einer Neuproduktion vormittags; bei größeren Produktionen kann zusätzlich die eine oder andere Abendvorstellung ausfallen. Arbeiten wir an einer Show oder an einer Produktion mit sehr knapp bemessenen Endproben, müssen unsere Vorarbeiten noch genauer und umfassender aufgebaut sein. Hierzu werden äußerst präzise »basic-lightlayouts« (Basis-Lichtentwürfe), aber auch schon auf dem Papier vorgearbeitete komplette Beleuchtungsabläufe verlangt. Die »trockene« Beleuchtungsprobe ist bei genauen Vorstellungen über den Produktionsaufbau möglich. Vom Beleuchtungsmann wird jede einzelne Lichtveränderung nach der Scheinwerfernumerierung und dem Helligkeitswert notiert, was eine extrem konzentrierte theoretische Vorstellungskraft voraussetzt, die es ihm auch abverlangt, »künstlerisch« vorauszudenken. Die Auswertung solcher Aufstellungen wird anschließend schon im voraus in den Speicher der Lichtstellanlage eingelesen; vorausgesetzt, es steht eine solche Einrichtung zur Verfügung. In der heutigen Zeit ist diese Arbeitsweise keine Seltenheit mehr, ist sie doch vergleichbar mit der Texteingabe in den Heimcomputer. Entsteht diese Bildschirmarbeit nicht am Ort der Aufführung, wird das Lichtsteuergerät nach dem Einspeichern der Lichtstimmungen an die beleuchtungstechnische Einrichtung des Veranstaltungsorts angeschlossen. Entsteht eine Beleuchtungsumsetzung im Entwicklungsverfahren, also in einem subventionierten Theater, so ist es die Zeit der Beleuchtungsproben, in der die Lichtkonzeption auf der Spielfläche – oft auch teilweise in Kostüm und Maske – ausprobiert und zusammengestellt wird.

Die technisch gut vorbereitete Beleuchtungsprobe beinhaltet neben einem intakten Apparatepark auch ein breitgefächertes Angebot an Farbscheiben. Wir haben uns inzwischen für einen Hersteller von Farbfolien und Farbglas entschieden. Besonders beim Einsatz von Glasfarbscheiben sollte man nur einen einzigen Lieferanten wählen, da neben den normalen Farbabweichungen innerhalb eines Farbglaszuschnitts die unterschiedlichen Bezugsquellen mit ihren Farbtoleranzen zusätzliche Probleme aufwerfen. Zur Verständigung über Farbnuancen plädiere ich dringend dafür, die Farbnummernbezeichnung der Herstellerfirma zu verwenden, und nicht die veraltete Methode von eigenen Farbbezeichnungen z. B. Blau 1, 2, 3 etc., oder gar die altbekannten Kosenamen wie »Schwanenseeblau« oder »Hamletgelb« zu gebrauchen. Eine solche Umgangssprache mag zwar poetisch sein, ist aber nur verwirrend und läßt sich schlecht in den Notizen unterbringen.

345 Schnitt für die Sichtlinienüberprüfung

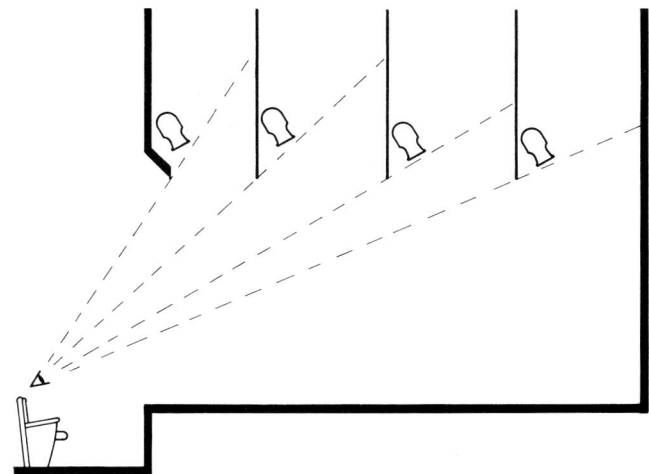

Bei der konzeptionellen Umsetzung des Beleuchtungsplanes gilt es, auf der Bühne zu überprüfen, ob die Scheinwerferplazierung möglichst außerhalb des Blickwinkels der Zuschauer liegt. Wir nennen diese Kontrolle »auf Deckung« sein.

Um den Einsichtwinkel der Zuschauer zu verkürzen, können wir dies mit eingehängten Stoffsoffitten oder seitlichen Abdeckungen, die »Haxen« oder »Schenkel« genannt werden, bewirken. Die Überprüfung muß nicht erst auf der Bühne stattfinden, eine gute Einschätzung der Situation ist meist schon beim Entwurf des Lichtplans erkennbar.

346 Abrichten eines Scheinwerfers in richtiger Position

Einleuchten der Scheinwerfer

Dieser Arbeitsablauf faßt alle erwähnten Bereiche zusammen. Und so soll zumindest stichwortartig eine Aufzählung gemacht werden, unter Berücksichtigung einiger spezieller Erklärungen.

Der Ausgangspunkt sind die erwähnten Vorbereitungen und die zunächst dunkle Bühne. Bei der Übertragung der Beleuchtungspläne ist darauf zu achten, möglichst in Scheinwerfergruppen und in der geplanten Reihenfolge zu leuchten, das heißt, zuerst sollte das Haupt- und Führungslicht, darauf folgend das Aufhell-, Hintergrund- und Konturenlicht und zum Abschluß das Effektlicht eingerichtet werden. Bei dem Einfärben des Lichts von Scheinwerfergruppen und einzelnen Apparaten ist auf eine ähnliche Reihenfolge zu achten. Die Abfolge dieser Arbeitsvorgänge ist durch die vielfältigen Anforderungen nur als schematische Grundordnung zu verstehen. Diese Reihenfolge ist notwendig, um nicht in die Gefahr zu kommen, bei einzelnen Positionsbestimmungen das Gesamtkonzept zu verlieren. Dazu gehört auch das Abrichten, Fokussieren und Einfärben der Scheinwerfergruppen. Erst nach Beendigung des jeweiligen Arbeitsvorgangs sollte es, falls notwendig, wieder verändert werden. So setzen sich langsam die theoretischen Überlegungen, wie bei einem Puzzle, zu einem Lichtarrangement zusammen.

Die ausgewählten und vorbereiteten Scheinwerfer werden nun auf eine vorgesehene Position eingeleuchtet (auch abgerichtet oder fokussiert). Grundsätzlich ist dabei zu beachten, daß eine Trennung des Spiellichts vom Dekorationslicht eingehalten wird. Bei der Ausleuchtung der Spielfläche ist daran zu denken, daß der ausgesuchte Apparat so eingerichtet wird, daß er für den Darsteller die optimale Wirkung erreicht. Es nützt nichts, wenn der Einfallswinkel zu tief angesetzt ist, der Kern jedoch, die optische Mitte des Scheinwerferkegels, auf die Beine des Darstellers fällt. Oft entsteht der Trugschluß, daß, wenn der Darsteller im Scheinwerferkegel-Mittelpunkt steht, der optimale Standort gefunden sei. Um die richtige Position zu erreichen, stehen die Personen also mit den Beinen im vorderen auslaufenden Lichtkreis. Wenn dies optisch ein Störfaktor ist, wird z. B. aus einer tieferliegenden Position heraus eine Aufhellung vorgenommen oder eine Fußrampe als allgemeines Aufhellicht

347 Abrichten eines Scheinwerfers in falscher Position

eingesetzt. Diese Art, Scheinwerfer abzurichten, gilt neben einem Vorderlicht auch für alle anderen Lichteinrichtungen. Richten wir uns nicht nach diesem Grundsatz, so sind die Darsteller nicht mit Klarheit und Präsenz im Bild. Abhelfen kann hier: neue Position der Scheinwerfer oder, bei optischer Übereinstimmung mit der Dekoration, eine andere Position der Darsteller.

Bei der Abfolge von Akten und Bildern, die mehrere Lichtstimmungen erfordern, sind Änderungen nur in Abstimmung mit den sich daraus ergebenden Konsequenzen zu machen. Bühnenbildner und Regisseure neigen häufig dazu, Zwischenstadien zu beurteilen und verändern zu wollen. Um möglichst nah an die Realisierung des Lichtkonzepts zu kommen, sollte man in jedem Fall versuchen, erst nach Fertigstellung aller Lichteinrichtungen Korrekturen und Veränderungen in Absprache mit dem Produktionsstab zu machen.

Das zusammengesetzte Lichtarrangement wird als »Lichtstimmung« bezeichnet. Verschiedene solcher Lichtstimmungen werden in einen Beleuchtungsablauf integriert und auf Homogenität und Verständlichkeit gegeneinander überprüft, indem die Lichtstimmung im Zusammenhang mit der vorhergehenden und nachfolgenden optisch kontrolliert wird.

Aufschreibungen/Szenarien

Haben wir mit großer Geduld etwas ausgetüftelt, so gilt es, das Erreichte schriftlich festzuhalten, damit wir später jederzeit in der Lage sind, die Positionen wieder zu rekonstruieren. Optische Skizzenmöglichkeiten haben wir schon erwähnt. Außerdem sollten Änderungen oder Ergänzungen über jede Scheinwerferposition mitgeschrieben werden.

Was für die Beleuchter und den Beleuchtungsfachmann die Positionenbeschreibung ist, ist für den Stellwerksbeleuchter der Ablauf und die Zusammensetzung der Lichtstimmung. Gegenwärtig hat er es etwas einfacher, denn es stehen ihm praktische Mittel aus der datenverarbeitenden Industrie zur Verfügung. Mit einer »Schreibmaschine« werden die Stimmungstitel, die Stimmungsnummern sowie die Zeiten für den Überblendvorgang eingelesen.

348 Formulardruck als Beispiel für einen Versatzanschlußplan; Spalten zum Notieren von:
– Dimmer-Nummer
– Anschlußwort (Pool)
– Positionsbezeichnung
– wo wird hingeleuchtet
– Notizen
– Scheinwerferwahl
– Farbangaben

349 Formulardruck als Beispiel für einen Scheinwerferpositionsplan; Vorschlag für eine Aufstellung beim Aufbau einer kompletten Beleuchtungsanlage

350 Formulardruck als Vorschlag eines Positionspapiers einer standardmäßig bestückten Scheinwerferposition

Jede einzelne in sich abgeschlossene Lichtstimmung kann er zudem als Information ausdrucken lassen. Aus dieser Unterlage ist dann die jeweilige Stromkreisnummer mit dem Helligkeitswert zu ersehen. Für meine Arbeitsweise ist diese Aufschreibungsart die wichtigste Information nach einer Probe. Ist eine Beleuchtungsprobe abgeschlossen, so werden die korrigierten Lichtwerte oder Stimmungsänderungen allgemein ausgedruckt. Mit dem »trockenen Durchsehen« oder Korrigieren dieser Unterlagen können Daten von Hand verbessert werden, die am darauffolgenden Tag oder vor der nächsten Probe in den Speicher modifiziert eingelesen werden.

Es ist an der Zeit, den Leser, der über die Speichertechnik nicht genau Bescheid weiß, zu informieren, daß eine hochtechnische, rechnergesteuerte Anlage in der Lage ist, auf alles zu reagieren, was sich auf der Spielfläche ereignet. Es wäre allerdings ein Irrtum zu glauben, daß all das nur noch

351 Ausdruck mit Speichernummern, Titel, Ein- und Ausblendzeiten

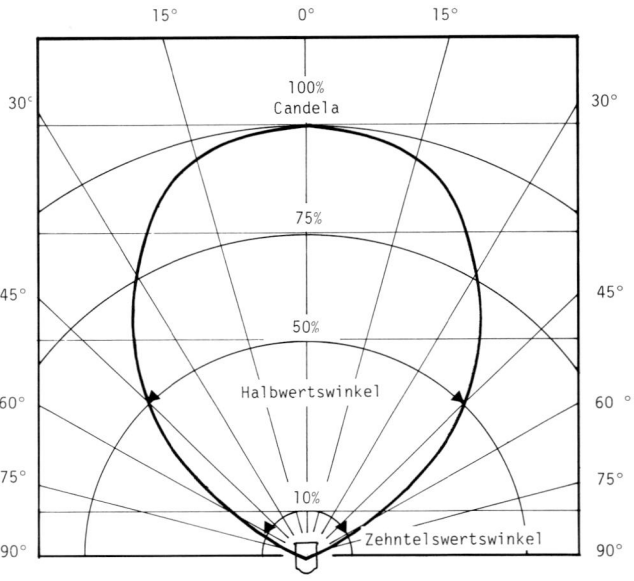

```
FAUST AM 29.4.1987

    SP.NR.   238

    EINBLENDZ.  00.11   AUSBLENDZ.  00.24


HEXENAUFTRITT

101:      121:      147:      170:      193:      222:24    251:      316:      408:      428:V
102:      122:10    148:      171:      194:      223:      252:      351:20    409:      429:
103:      123:      149:      172:      201:V     224:      253:      352:      410:      430:60
104:V     124:      150:      173:      202:V     225:      254:44    353:      411:      431:60
105:      125:      151:38    174:      203:      226:      255:      354:      412:      432:60
106:      126:      152:      175:      204:      227:      301:      358:V     413:      433:42
107:V     127:      153:45    176:      205:      228:      302:      359:      414:      434:42
108:      131:      154:      177:      206:      229:      303:      360:V     415:      435:60
109:      132:      155:      181:      207:      230:      304:      361:      416:      436:60
110:      133:      156:41    182:      211:V     231:      305:25    362:      417:      437:60
111:      134:      157:      183:      212:      232:      306:      363:      418:      438:60
112:      135:      161:      184:90    213:      233:      307:      364:      419:      450:
113:      136:      162:56    185:V     214:      234:      308:      365:      420:      451:V
114:      137:      163:56    186:      215:      241:V     309:      401:      421:      452:V
115:      141:91    164:      187:      216:09    242:V     310:      402:      422:      453:
116:      142:50    165:      188:      217:      243:      311:      403:      423:      454:
117:      143:      166:      189:      218:      244:      312:      404:      424:      455:
118:V     144:      167:      190:      219:      245:      313:      405:V     425:V     501:63
119:      145:50    168:      191:      220:26    246:      314:17    406:      426:      502:63
120:      146:      169:      192:      221:      247:      315:      407:      427:      503:60


504:      526:      550:V     702:78
505:      528:      600:91    703:41
506:      529:      601:
507:      530:      602:91
508:      531:      603:67
509:      532:      604:91
510:      533:      605:
511:      534:      606:
512:      535:      607:
515:      536:      608:
516:      537:      609:
517:V     538:      610:
518:V     539:      611:
519:V     540:      612:
520:      541:      613:
522:      545:      614:
523:      546:      621:
524:      547:      622:
525:      548:      700:32
525:      549:      701:38
```

352 Ausdruck einer Lichtbestimmung mit Stücktitel, Speichernummern und Stimmungstitel, Ein- und Ausblendzeiten, mit den in der Lichtstimmung aktivierten Stromkreisen und den dazugehörenden Helligkeitswerten

»Knopfdruckarbeit« ist. Im Idealfall entspricht der beleuchtungstechnische Ablauf einer Vorstellung oder Probe dem geplanten und gespeicherten Lichtkonzept. Bei besonderen Situationen sind jedoch fast alle Arten der Manipulation möglich, vorausgesetzt, der diensthabende Stellwerksmann beherrscht sein Instrument.

Arbeiten mit Entladungslampen-scheinwerfern

Wir wissen aus den Beschreibungen über die physikalischen Eigenschaften der Entladungslampen, was uns bei ihrer Anwendung in der Bühnenbeleuchtung erwartet. Das Umgehen mit dieser Lichttechnik kann nur am Rande beschrieben werden, weil die Übung und die Erfahrung nicht vermittelbar sind. Die sehr lichtstarken Entladungslampen sind entweder als Führungslicht zu verwenden oder, bei genügender Anzahl, für eine Gesamtbeleuchtung der Szenenfläche. Subtile, langsame Lichtwechsel sind äußerst schwierig herzustellen, da hierfür mechanische Verdunklungsblenden notwendig sind. Trotz der Schwierigkeiten ermöglichen sie einfühlsame Lichtveränderungen. Bei einer Verwendung der Natrium-Niederdrucklampe kommt der »monochrome Genuß« nur dann voll zur Geltung, wenn kein Restlicht mehr auf die Spielfläche fällt. Der beste Effekt ist bei einer solchen Lampe dann zu erreichen, wenn die Lampe unter einem Spiellicht gezündet wird. Nach der beendeten Entwicklungszeit kann mit einem sehr langsamen Eindunkeln des konventionellen Lichts ein perfekter Lichtübergang hergestellt

werden. Bei den meisten Entladungslampen kann der Verdampfungsprozeß und der damit verbundene Farbverlauf dazu benützt werden, eine Lichtstimmung einzuleiten. Der Nachteil der Unregulierbarkeit wiegt den Vorteil beim Ausschalten einer Entladungslampe auf. Entladungslampen eignen sich besonders für optische Bildenden (»blackouts«). Keine andere Lampenart vermag so konsequent eine visuelle Wirkung zu beenden, was für bestimmte dramaturgische Aufgaben von großer Wichtigkeit ist.

Fürs Planen: Ausstrahlwinkel, Halbwertswinkel und Zehntelswertswinkel

Bei jedem Lichtwurfsystem wird die Lichtstärkeverteilung (Candela) des abgestrahlten Lichts in Form einer räumlichen Ausstrahlungscharakteristik aufgezeigt. Mit der Hilfe von Halbwerts- und Zehntelswertswinkel wird die Gleichmäßigkeit des abgestrahlten Lichts angegeben. Die Angaben beziehen sich auf 100 % Lichtstärke in der optischen Achse des Lichtwurfsystems. Der Halbwertswinkel zeigt an, wo die Lichtstärke auf die Hälfte des Maximalwerts abgenommen hat, die des Zehntelswertswinkel auf 10 % reduziert ist.

Endproben

Nach dem Stellenwert des Mediums LICHT in einer Produktion sind entsprechende Endproben einzuplanen. Sicherlich richtet sich die Endphase auch danach, was eine Theatereinrichtung im allgemeinen leisten kann. Steht ausreichend Personal zur Verfügung, wird es sich vorteilhaft auswirken, wenn für das Ausfeilen der Lichtgestaltung genügend Zeit vorhanden ist. Fertig ist man eigentlich nie, doch die Selbstkritik an der Arbeit muß an einem Punkt beendet werden.

In dieser Endprobenphase werden die Beleuchtungsabläufe korrigiert, das heißt, zeitliche Lichtverläufe werden dem Geschehen angepaßt, farbliche Korrekturen vorgenommen und die Produktion so präzisiert, daß sie mit der Arbeit aller anderen technischen Abteilungen zu einer Einheit zusammenwächst – zur Premiere.

Ein allgemeingültiges Rezept für den Stil einer Beleuchtungstechnik gibt es nicht. Es ist jeweils an der Handschrift eines Beleuchtungskonzepts abzulesen, wie der Beleuchtungsfachmann seine Arbeit verstanden hat. Tendenzen in die verschiedenen Richtungen der darstellenden Kunst sind Merkmale für Scheinwerfergrundeinrichtungen und Beleuchtungsmethodik, die selbstverständlich in hohem Maß von der konzeptionellen Idee der beteiligten Künstler abhängen.

Lichtgestaltung Oper

Es ist nicht leicht, zu der jeweiligen Kunstgattung im Theater eine allgemeingültige Beleuchtungsrezeptur aufzustellen. Doch es ist wichtig, bei Opernaufführungen den Faktor Musik mitzubedenken. Beleuchtungstechnisch kann man zu einer musikalischen Aufführung sagen, daß es keinen Grund geben muß, die Lichtkonzeption dafür zu ändern. Dennoch sprechen einige sehr spezifische Eigenschaften dafür, auf diese Aufführungsform einzugehen. Die größte Anzahl der Opernhäuser ist, von der Bühnenfläche gesehen, recht weitläufig. Dafür eine stabile, aus echten Materialien gefertigte Dekoration zu bauen, würde unüberwindliche Transportprobleme mit sich bringen. Wenn für eine Aufführung leichtere Ersatzmaterialien verwendet werden, darf die Lichtführung diese illusionistischen Teile nicht zerstören. Aus diesem Grund müssen die Gesamthelligkeit und die Beleuchtungseinrichtung anders ausgelegt werden.

Eine große Anzahl der Theater, die musikalische Werke aufführen, verwenden für einige Inszenierungen einen Rundhorizont, eine brillante Leinwand, die im Halbrund vom oberen Teil der Bühne bis zum Bühnenboden reicht. Mit einer »Totalprojektion« werden die Diavorlagen mittels mehrerer Projektionsgeräte auf die Leinwand zu einem Gesamtbild projiziert. Diese Art der Bühnenraumgestaltung legt jedoch den inszenatorischen Möglichkeiten Fesseln an, und für die Beleuchtungskonzeption ist diese Wahl der Bühnenraumgestaltung nicht unbedingt von Vorteil.

Auch typisch für eine Opern- oder Ballettaufführung ist die Verwendung eines Portalschleiers. Der Schleier deckt die gesamte Portalöffnung ab, das heißt, der Zuschauer erlebt die Handlung optisch gefiltert. Der Sinn einer solchen Entscheidung ist, eine große illusionistische Tiefenwirkung zu erzeugen. Gleichzeitig bietet der Schleier noch eine zusätzliche Projektionsfläche, auf der zum Beispiel Nebel oder Wasser- und Feuereffekte aufgeblendet werden können. Mit einer solchen Entscheidung fällt natürlich der gesamte Einsatz von Vorderlicht weg. Es wird dafür eine relativ genaue Konzeption der Lichtverteilung auf der Bühne verlangt.

Bei Opernaufführungen wird sehr oft mit Verfolgerscheinwerfern gearbeitet. Für die Gesamtoptik ist diese Lösung nicht unbedingt ein Vorteil, da ein Lichtsystem mit einer solchen Einzelaktion gestört werden kann und jeglicher Bezug zu einer Helldunkel-Wirkung aufgelöst wird. Wenn man von vornherein diese Möglichkeit berücksichtigt, bringt es den Vorteil, daß die Gestaltung des Bühnenraums mit großer Sorgfalt ausgeleuchtet werden kann, ohne daß darauf geachtet werden muß, daß das Raumlicht durch installiertes Personenlicht beeinträchtigt wird. Bei dem Einsatz der Verfolgerscheinwerfer sind zwei verschiedene Techniken zu unterscheiden: die Einstellung mit einem größeren Lichtkegel für den ganzen Körper des Darstellers und eine begrenzte, körpergerechte Lichtbemessung, das heißt einen mittels Blendenschieber beschnittenen Lichtaustritt. Die zweite Variante, wenn z. B. nur der Kopf des Sängers beleuchtet wird, ist die elegantere Art, bedarf aber einer besonders konzentrierten Bedienung des Scheinwerfers.

Lichtgestaltung Musical und Operette

Sprech- und Singtheater sollte mit einer soliden, wirkungsgerechten Lichtgestaltung unterstützt werden. Für diese Darstellungsart von Theater eine konzeptionelle Ideenpalette zu entwerfen, kann durch phantasievolle Eingebung ein großes Maß an Freizügigkeit für spannende technische Tricks und bunte, abwechslungsreiche Lichtkombinationen ermöglichen. Dafür gilt besonders, auch Spannung und Schönheit in visuellen Bildern zu vermitteln. Um einem solchen Anspruch gerecht zu werden, sollte das System der Lichtzonenbegrenzung Anwendung finden. Wie schon früher erwähnt, kann bei einer systematischen Aufteilung der Spielfläche in verschiedene Sektoren die Farbwirksamkeit des Darstellerlichts bedeutend verstärkt werden. Die Anwendung der additiven Farbmischung und die Richtungsbestimmung der Scheinwerfer bieten eine verlockende Auswahl von Eindrücken. Musikalische Couplets sind für ein Musical oder eine Operette typisch, und oft werden sie von der Lichtregie dahingehend unterstützt, daß die musikalischen Einlagen mit Verfolgerspots beleuchtet werden. Um die Wirkung dieser Einsätze zu verstärken, sind Einzelpassagen des Verfolgereinsatzes mit zwei oder mehr Scheinwerfern, möglichst mit verschiedenen Farbabstufungen und Richtungen, zu beleuchten.

Lichtgestaltung Show

Hierbei kann die Lichtgestaltung die ganze Palette von Farbwirkungen, Trickeffekten und rhythmisch wechselnden Scheinwerferkombinationen verwenden. Alle beschriebenen Lichtrichtungen und Farbzusammenstellungen können eingesetzt werden. Als Ausgangspunkt für Show-Lichteinrichtungen kann festgestellt werden: »alles ist möglich«, sofern es technisch realisierbar und wirkungsvoll ist. Innerhalb des

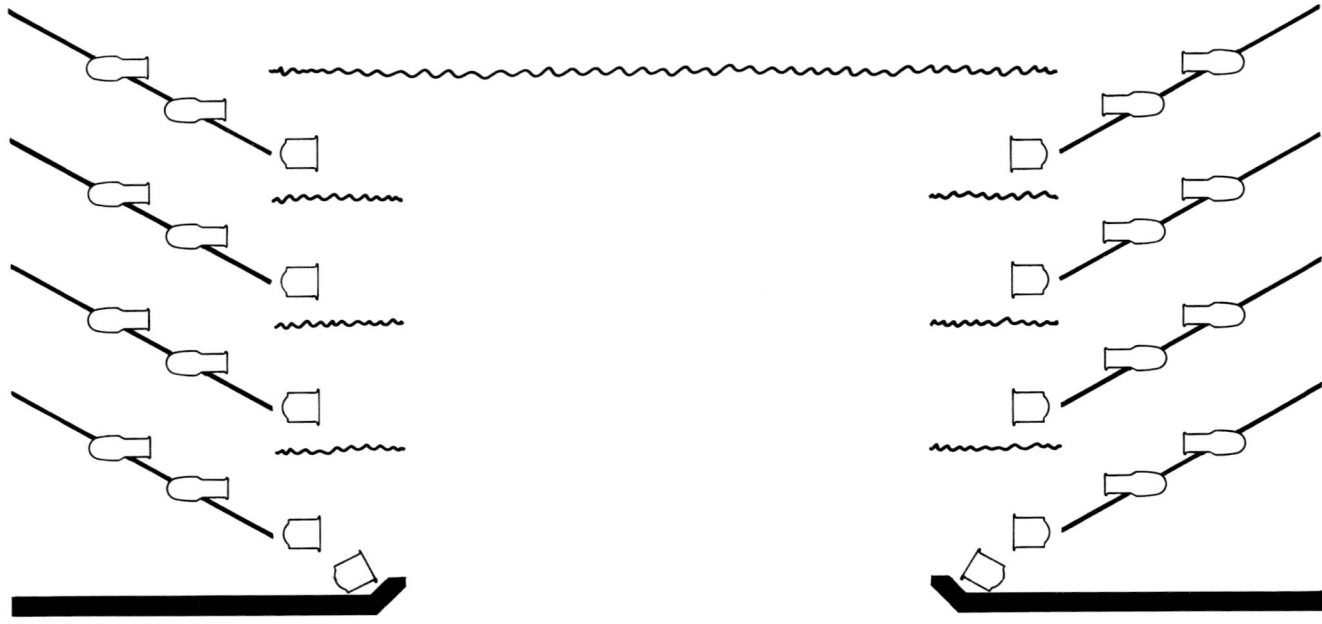

353 Grundrißbeispiel einer Scheinwerferanordnung für die Beleuchtung einer Gassenbühne

Ablaufs kann man furiose und in sich dramaturgisch aufgebaute Lichtorgien entwickeln. Nur sollte man sich, was die Konzeption und Machart angeht, nicht täuschen lassen. Auch der massivste Lichteinsatz ist, häufig über computergesteuerte Stellwerke laufend, auf der Abfolge sich wiederholender Licht- und Farbkombinationen aufgebaut. Ihre zum Teil außergewöhnlichen Effekte sind technische, besonders durch den Einsatz von Computern weiter perfektionierbare Vorgänge. Sie beruhen fast ausnahmslos auf Elementen wie Lauf- und Blinklichtern, Stroboskopeffekten, Laserlichtspiegelungen und vielseitigen Projektionsanwendungen.

Lichtgestaltung Ballett

Durch die Aufgabe, bei der Bühnenbildgestaltung für Ballettaufführungen viel Platz für das Tanztheater freizuhalten, ist die Phantasie der Bühnenbildentwürfe etwas beengt. Das klassische Bühnendekor besteht aus seitlich abgehängten »Haxen« oder »Schenkel« mit einem Abschlußprospekt nach der Bühnentiefe hin. Nach oben werden die seitlichen Abdeckungen durch Soffitten zu einem Passepartoutrahmen geschlossen. Die Anordnung der seitlichen Gestaltung der Raumaufteilung läßt eine Gassenbühne entstehen, die es erlaubt, vielseitige Auftrittsmöglichkeiten und Positionen für Scheinwerferstandorte festzulegen. Was im Tanztheater eine wichtige Priorität hat, ist die Beleuchtung der Beine und Füße. Dafür bietet sich das Gassenbeleuchtungssystem gut an, ergänzt von Bodenscheinwerfern, die mit tiefliegenden Streiflichtern das Gassenlicht nach unten erweitern. Auch diagonal abgerichtete Bodenstreiflichter hinter den Portalzonen sind üblich. Die solistischen Darstellungen werden in der Regel durch personeneigenes Licht unterstützt. Um die Illusion der Tiefenwirkung der Bühne zu erweitern, wird auch oft der Portalschleier benützt.

Diese lichtdramaturgischen Angaben beziehen sich auf das klassische Ballett. Die neueren Entwicklungen im Tanztheater lassen eine unbeschränkte, sich nur der Idee der Choreographie unterordnende Beleuchtungskonzeption zu.

Lichtgestaltung Schauspiel

Schauspiel verlangt eine Lichtinterpretation ohne »Schnörkel«. Diese Ausdrucksform bedarf einer ruhigen Lichtführung, die nur in besonders stückbezogenen dramaturgischen Richtungsänderungen eine schnelle Wechselwirkung von visuellen Bildern verlangt. Selten finden Szenen mit Verfolgerscheinwerfern statt. Ein System für eine Schauspielbeleuchtung gibt es nicht. Vielleicht ermöglicht das Schauspiel der Ausdruckskraft einer Lichtgestaltung die meisten Freiheiten.

Mit der zunehmend immer wichtiger werdenden Definition der Handlungsortbeschreibung, die auch häufig den Bühnenraum als interpretierte, innere Situation eines Stücks erklären soll, bieten sich hier dramaturgisch notwendige und das Bühnenbild ergänzende Bereiche, die der Lichtgestaltung einen großen Freiraum und ein breites Feld an Möglichkeiten eröffnen.

Struktur einer Beleuchtungsabteilung

Ausgehend von einigen Erfahrungen und Vorstellungen ergeben sich für den Aufbau einer Beleuchtungsabteilung zwei Problemfelder: Die kreative und die progressive Arbeitsrichtung. Die Qualität des Beitrags, den die Beleuchtungstechnik zum Gelingen einer Produktion leistet, wird determiniert in der Zusammenarbeit der Beleuchtungsabteilung mit dem Regisseur und dem Bühnenbildner. Das erfordert eine Sensibilisierung für die jeweilige Konzeption und den mit ihr verbundenen Intentionen, was sicherlich Qualifikationen bei den Mitarbeitern der Abteilung voraussetzt. Hierbei geht es nicht allein um berufliches Können, sondern auch die Einstellung zur Arbeit einzelner ist ein wichtiger Faktor, um einer Abteilung den notwendigen Zusammenhalt zu geben. Die Motivation zählt speziell beim Theaterberuf zu dem Wichtigsten für eine befriedigende und erfolgreiche Zusammenarbeit.

Nun ist nicht allein die Bereitschaft des Arbeitnehmers dafür verantwortlich, ob sich eine gute Arbeitsatmosphäre entwickeln kann. Wichtig ist, wie ein Theater als Institution geführt wird, ob es ein staatlich oder städtisch subventioniertes Theater oder eine Bühne in der Betriebsform einer GmbH oder ein Privattheater ist. Die Geschäftsform, das heißt auch die administrativen und gesetzlichen Verpflichtungen, die daraus entstehen, sind maßgebend für das Einstellungsverfahren der Führungskräfte für die Beleuchtungsabteilung und das gesamte technische Personal. Bei den Kriterien für eine Entscheidung gilt es vor allem, einen engagierten Techniker, der ein guter Beleuchtungsfachmann sein muß, für die künstlerische Mitarbeit gewinnen zu können. Hier ist einiges im argen, da in den meisten Fällen die zuständigen gesetzlichen Pflichten für den Beruf eines Leiters für die Beleuchtung nicht relevant sind. Der gesetzliche Rahmen, in dem sich die Theaterbetreiber und die Behörden die Arbeit eines Beleuchtungsfachmanns vorstellen, ist theaterfremd und fachlich nicht ausreichend. Das Hauptgewicht der Tätigkeit, für die sich der künstlerische Leiter einer Institution die fachliche Unterstützung vorstellt, gehört nicht zum Hauptthema der sogenannten gesetzlichen Befähigung. Für den Beruf des Lichtfachmanns gibt es im deutschsprachigen Raum keine fundierte Ausbildung.

Leider stellen oft die Führungskräfte in einer kreativitätshemmenden Hierarchie der Abteilungsstruktur ein schlechtes Vorbild für die übrigen Mitglieder der Abteilung dar. Auch können durch subjektive Präferenzen längerdienende Abteilungsmitglieder einen unbeweglichen, schwerfälligen Arbeitsablauf hervorrufen. Diese Situation potenziert sich, wenn die privilegierte Stellenbesetzung eine Arbeitsauslastung nach Qualitätsbegriffen und Interesse unmöglich macht.

Es wäre aber falsch, wenn nur die Problematik einer Beleuchtungsabteilung angesprochen würde. Ganz wesentlich erscheint auch die Zusammenarbeit dieser Abteilung mit den anderen technischen Ressorts. Durch die vorausgesetzte und gewünschte Flexibilität der Abteilungsmitglieder ergeben sich oft Verselbständigungen einzelner, die sich negativ auf ein homogenes Gesamtergebnis auswirken können. In einer solchen Situation leidet die Effizienz der Abteilung. Daß sich ein solcher Zustand entwickelt, liegt mitunter an der nominellen Weisungsbefugnis und der faktischen Weisungsunfähigkeit der Führungskräfte gegenüber den Vorhandwerkern oder technischen Mitarbeitern.

Ein anderes Problem ist die Überlastung einer Abteilung. In dem Zeitdruck, der oft die ganze Spielzeit andauert, sind die Mitarbeiter der Beleuchtungsabteilung nicht mehr in der Lage, die notwendigen Selbstverständlichkeiten wie Unterhaltsarbeiten und Vorbereitungen zu einer Inszenierung oder Abendvorstellung zu leisten. Dazu trägt oft der miserable Zustand des technischen »Unterbaus« bei. Schlecht ausgerüstete Werkstätten, billiges Werkzeug und das »Basteltheatersystem« können nie eine kontinuierliche Qualität gewährleisten, geschweige progressiv entwickeln. Maßgebend für eine Verbesserung ist allein der Wille der Theaterleitung. Diese bestimmt in ihrem Verhalten gegenüber den Abteilungen, was sie von ihnen erwartet. Zunehmend zeichnet sich eine erfreulich positive Entwicklung ab, die bei effektiver Umsetzung zwangsläufig das gesamte Niveau einer Beleuchtungsarbeit stabilisiert. Zweifellos sollte eine solche Einstellung von aufgeschlossenen Führungskräften aufgenommen werden, die Spaß daran haben, mit dem Medium Licht umzugehen. Ist ein solcher Partner nicht vorhanden, erschwert das die Zusammenarbeit zwischen Theaterleitung und Beleuchtungsabteilung. Mit Sicherheit wünscht sich jedes künstlerische Produktionsteam die Mitarbeit von allen leitenden Theatermitgliedern, die durch einen transparenten Arbeitsstil weitgehend erleichtert wird. Die Institutionalisierung dieser Zusammenarbeit soll nicht ein

»Freibillet« für die Phantasie der Bühnenvorstände bedeuten, sondern eine ernstgenommene Mitarbeit und gegenseitige Akzeptanz implizieren. Eine derartige Konstruktion eines »inneren Gliedes« verlangt nach einer fachlich kompetenten Führungsposition, die nicht zum Lampenputzer degradiert sein darf. Um diesen Arbeitsstil aufnehmen zu können, bedarf die Abteilung einer offenen, klaren hierarchischen Arbeitsverteilung mit Eigenverantwortung, die sich nach der Größe und den spezifischen Ansprüchen der Theaterbühne richtet.

Dahinter verbirgt sich zu Recht ein Leistungsprinzip. Es ist nicht einsehbar, daß die meisten deutschen Theater mit viel Geld subventioniert werden, um nur Mittelmäßiges anzubieten. Die finanzielle Unabhängigkeit sollte durch ein aufgeschlossenes Beleuchtungsangebot honoriert werden. Bei den nichtsubventionierten Theatern ist von vornherein eine andere Arbeitshaltung zu erwarten, da, wenn der künstlerische und öffentliche Erfolg ausbleibt, die Existenzfrage ansteht. Die Extreme, das Privattheater und das Staatstheater, haben dabei mit der künstlerischen Freiheit ihrer Entscheidung umzugehen, die bis zum Handwerker der jeweiligen Kulturinstitution spürbar wird.

Der normalerweise etablierten Hierarchie der technischen Abteilungen steht der Technische Direktor vor. Er trägt für sämtliche Ressorts der technischen Zulieferabteilungen des Bühnenbetriebs die Hauptverantwortung. Ihm zur Seite stehen – nebst seinen Mitarbeitern für den bühnentechnischen Bereich – der Abteilungsleiter der übrigen technischen Ressorts. Durch diese Gliederung hält die technische Führungskraft an erster Stelle den Allgemeinkontakt zur künstlerischen Leitung. Da eine verantwortungsvolle ausgeglichene und homogene Zusammenarbeit zwischen der Bühnen- und der Beleuchtungstechnik eine Hauptvoraussetzung für eine unabdingbare Übereinstimmung ist, sollte die Kompetenz über künstlerische Entscheidungen von beiden Führungspositionen abgewickelt werden. Unattraktiv und erschwerend ist ein Alleinvertretungsanspruch der obersten technischen Leitung gegenüber engsten Mitarbeitern, denn unter solcher Voraussetzung lassen sich schwer kooperative, flexible Entscheidungen treffen. Natürlich sollte bei der liberalen Arbeitsteilung die mögliche Selbstüberschätzung einzelner keine Rolle spielen, denn die Aufwertung von Beleuchtungsfachleuten ist ein Vertrauensbeweis der Theaterleitung. Wenn mit dieser Entscheidung, die die organisatorische und technisch-künstlerische Fähigkeit der Beteiligten anspricht, die gewünschte Resonanz erzielt wird, ist die Frage nach Hinzuziehung von zusätzlichen künstlerischen Fachkräften überflüssig, und es kann der Beginn sein, die künstlerische Wertschätzung eines Kollegen aufzubessern. Verschließen sich die Führungskräfte einer Beleuchtungsabteilung der künstlerischen Mitarbeit, so ist Verständnis für den Regisseur und Bühnenbildner aufzubringen, wenn diese den Wunsch nach einer zusätzlichen fachlichen Mitarbeit für die beleuchtungstechnischen Belange aussprechen.

So kann man zusammenfassen, daß bei einer progressiven Arbeitsauffassung und künstlerischem Interesse, speziell im Bereich des subventionierten Theaterbetriebs, größere Möglichkeiten der Entfaltung für Beleuchtungsfachleute zu finden sind.

Organisationsaufbau

Ein Organisationsaufbau kann nur in grober Strukturierung angegeben werden, da viele Faktoren dafür notwendig sind, die speziell auf die individuelle Aufgabenstellung der jeweiligen Institution abgestimmt sein sollen. So ist in jedem Fall der Leistungsanspruch des kulturellen Stellenwerts der Einrichtung zu berücksichtigen. Auch die praktizierte Spielplangestaltung gibt die Richtung an, nach der sich der Strukturaufbau richten muß. Kleinere Theater sind leichter, überschaubarer und flexibler zu organisieren. Probleme treten bei Staatstheatern auf, da die Voraussetzungen zur Transparenz und Flexibilität dort nicht sehr gut sind.

Neben den Führungskräften sind innerhalb der Abteilung Positionen als Oberbeleuchter oder Vorhandwerker und Stellwerksbeleuchter möglich. Eine wichtige, sehr einfühlsame Arbeit ist die des Stellwerksbeleuchters. Er übernimmt die eigentlichen Übersetzungsarbeiten in die heute weit verbreiteten Computerstellwerke. Diese Position kann so ausgebaut werden, daß diese Mitarbeiter für die Vorstellung die Verantwortung über den Lichtablauf tragen. Eine weitere Entscheidung ist fällig bei der Frage, ob ein Schichtbetrieb möglich oder ob der unbeliebte Doppeldienst (Vormittags- und Abenddienst) angewendet wird. Für die Endprobenphase von Neuinszenierungen, in der die Beleuchtungsproben sowie die Haupt- und Generalproben stattfinden, sollte, wenn immer möglich, dieselbe Arbeitsgruppe an der Entwicklung einer Aufführung arbeiten. Bei einer solchen Arbeitseinteilung entfällt notgedrungen ein Turnus der Dienstzeiten.

Der Musterorganisationsaufbau bezieht sich auf die Eingliederung der Beleuchtungsabteilung in die technische Gesamtstruktur. Sie wird neben der gleichberechtigten Elektroabteilung und den Werkstätten als sogenannter »Service-Pool« für die Spielstätten eines Theaters etabliert. Je nach Aufgabenstellung rekrutiert sich aus diesen Pools ein Serviceteam. Die Führungskräfte überwachen die Durchführung des im Team erarbeiteten Konzepts; autonome Entscheidungen sollten unterbleiben. Gegenüber den Service-Pools ist der Technische Direktor und die Führung der Beleuchtungsabteilung weisungsbefugt. Dieser Organisationsstil setzt voraus, daß die angesprochene Kooperation zwischen technischer Leitung und Beleuchtungsabteilung durchgeführt ist. Erfahrungswerte zeigen immer wieder, daß die Arbeitseffizienz größer und sachbezogener ausfällt, wenn die visuelle Darstellung, in der Hauptsache aus Bühnenaufbau und Licht bestehend, von jeweils eigenständigen selbstbewußten Fachleuten betreut wird. Die Erkenntnis muß sich nicht allein auf die beiden leitenden Positionen beziehen; eine Liberalisierung der Strukturen richtet sich immer zugleich nach vorhandener Motivationsmöglichkeit und der Qualifikation der Mitarbeiter.

Skizze zum Organisationsaufbau

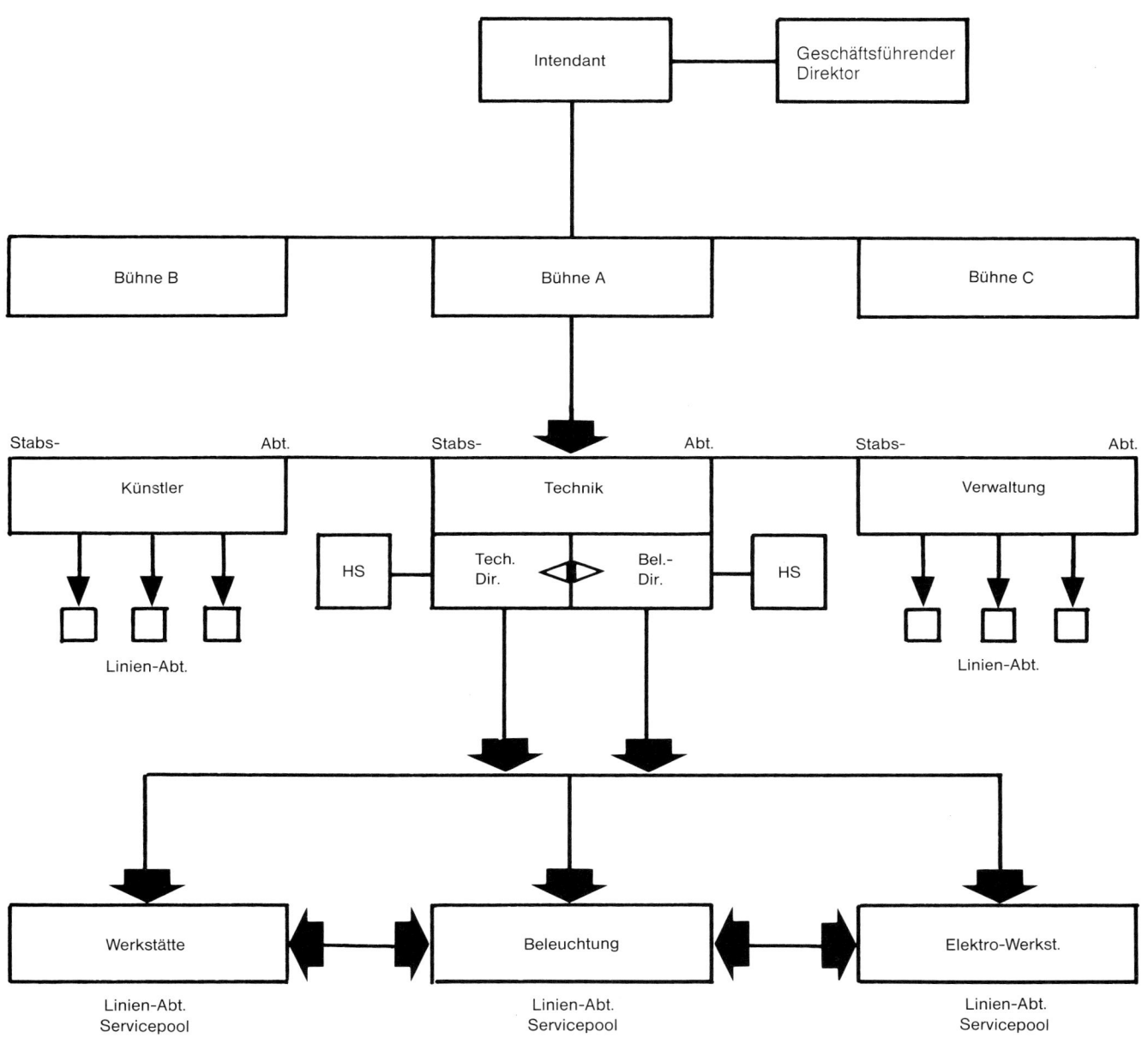

Stabs-Abteilung : Beratungsfunktion gegenüber der Theaterleitung
Weisungsbefugnis gegenüber Linien-Abteilung
Linien-Abteilung : Weisungsempfänger der Stabs-Abteilung „Technik"
Beratungsfunktion gegenüber „Technik"
HS : Hilfskraftstelle zwecks administrativer
Koordination der Linien-Abteilungen „Technik"

354 3 Tageslichtscheinwerfer 4 000 Watt HMI® in Sonderausführung. Durch Platzprobleme und Bühnenbildvorgabe mußte das Gehäuse auf eine Minimalgröße reduziert werden. Das Zündgerät ist auf der Rückseite des Scheinwerfers angeflanscht. Der linke und rechte Scheinwerfer sind mit einem Farbwechsel ausgerüstet. Auf dem Bild ist ein beginnender Farbübergang von Gelb auf Rot-Violett dargestellt. Die Spezialausführung ist eine Gemeinschaftsentwicklung der Münchner Kammerspiele und der Firma Arnold + Richter. Aufführung »FAUST 1. Teil« Münchner Kammerspiele

355 Auf die Verdunklungsblende aufgesteckt wird der Farbrollentransport. Die Farbrolle ist auf der unteren Rolle aufgewickelt und kann ferngesteuert nach oben transportiert werden.

356 Passend zur Linsengröße die elektronisch ferngesteuerte Verdunklungsblende

357 Das Sondermodell von vorn. Die Stufenlinse wurde auf ein Längsformat zugeschnitten. Auf der Oberseite sind Wärmeumlenkbleche montiert.

358 Eine Bühnenbildvariation der »Faust«-Aufführung. Eingefärbte Tageslichtscheinwerfer als Gegenlicht eingesetzt.

359 Tageslichtscheinwerfer und Leuchtstofflampen beleuchten das Bühnenbild zu »Onkel Wanja«. Kammerspiele München

Kunstlicht – Lichtkunst

Dieses Wortspiel kann als Motto und Leitfaden für den Beleuchtungsfachmann dienen. Die Voraussetzung für Lichtkunst ist das Kunstlicht und der damit verbundene beleuchtungstechnische Apparat sowie eine fähige Mannschaft. Dazu kommen die Idee, das Konzept und die Inspiration des Beleuchtungsfachmanns. Es liegt bei ihm, seine Vorstellungen einem Produktionsteam zu vermitteln und andererseits auf die Überlegungen des Teams einzugehen. Ein wesentlicher Punkt dabei ist allerdings die Machbarkeit dieser Vorstellungen.

Wie soll nun diese beleuchtungstechnische Aufgabe angepackt werden? Die Vielseitigkeit der technischen Möglichkeiten in Verbindung mit dem Umsetzungstalent der beteiligten Fachleute und mit den zur Verfügung stehenden technischen Apparaturen ergeben einen großen Komplex von Ausdrucksvarianten. Das Fundament dabei ist der Beleuchtungsvorschlag an das Produktionsteam.

Der Inhalt einer umzusetzenden Idee, gekoppelt an die Inszenierungsidee der Regie und der Handlungsorterfindung des Bühnenbildners zeigt dem Beleuchtungsmitarbeiter an, in welcher Richtung er seinen Beitrag entwickeln sollte. Zum Glück stehen dafür keine Patentrezepte zur Verfügung, die man aus der Schublade ziehen kann. Sicher ist allerdings auch, daß Bühnen- und Lichterfindungen nicht nur für eine einzige Produktion entwickelt werden. In den meisten Situationen können grundsätzliche Überlegungen zu einem späteren Zeitpunkt wiederverwendet werden, oft mit der Idee, die gewonnenen Erfahrungen daraus weiterzuentwickeln. Empfehlenswert ist, die neuen Umstände daraufhin zu überprüfen, inwieweit die Erfahrungswerte früherer ähnlicher Situationen auf die aktuelle Aufgabenstellung hin modifiziert und wieder angewendet werden können.

Im Grunde steht dem Beleuchtungsfachmann eine so große Palette von Ausführungsmöglichkeiten zur Verfügung, daß nicht die Umsetzung dieser theoretischen Arbeit Schwierigkeiten bereiten sollte, sondern eher die Problematik der Entscheidung, im beleuchtungstechnischen Angebot die entsprechenden Geräte auszuwählen, und die Frage, ob diese in die beabsichtigte Licht- und Bühnenbildkonzeption zu integrieren sind. In den meisten Situationen gilt es, eine realistische Lichtführung zu einem Bühnenbild zu entwerfen. Eher seltener wird eine Bühnenbeleuchtungskonzeption in Verbindung mit einer Dekorationsentscheidung in Form nicht real gebauter Bühnenbildteile wie Hologramme oder Raumbegrenzungselemente zur Aufnahme von Laserlicht und Teilbildprojektionen oder Totalprojektionen verlangt, da ihre Anwendung oft mit einem Raumgestaltungskompromiß zuungunsten einer Personenlichtregie führt. Zusätzlich lassen in den meisten Situationen solche projizierten Raumillusionen, oder Teile davon, nur eine sehr reduzierte Lichthelligkeit der Personenbeleuchtung zu. Die Aufgabe, eine realistische Lichtführung zu entwerfen, sagt an, daß es gilt, eine Szenenfläche mit der entsprechenden Beleuchtung atmosphärisch zu beschreiben. Ein solcher Realismus hat seinen Ursprung in jedem Fall in einer Lichtbehauptung, die für die Raumbeleuchtung wie auch für die dazugehörige Personenbeleuchtung zutrifft.

Wie wir wissen, sind solche Vorstellungen über eine Lichtbehauptung keine eigentliche Erfindung, da wir täglich mit »natürlichen Lichtspielen« zwischen Licht und Schatten und Innen-Außen-Situationen in unserer Umgebung in Berührung kommen. Übersetzen wir eine ausgewählte Lichtbehauptung auf die Szenenfläche, sollte grundsätzlich die Überlegung vorangestellt werden, daß wir dem Raumlicht wie dem Personenlicht eine sorgfältige Unterscheidung zukommen lassen. Wenn man den Ausdruck »realistisch« beim Wort nehmen würde, müßten die gesamten notwendigen Lichtreflexe und Lichtabstufungen, Schattenzonen und farbperspektivischen Nuancen auf die Darsteller wie auf die Bühnenausstattung abgestimmt und bei einer entsprechenden Lichtveränderung innerhalb einer Spielszene nachvollzogen werden. Ein Unternehmen, welches alle beleuchtungstechnischen Möglichkeiten sprengen würde! Da hat die Film- und Fernsehbranche vielfältigere Vorteile, weil bei diesem Aufnahmeverfahren in präziser Kleinarbeit die zu korrigierenden Lichtdetails jeweils nachgeleuchtet werden können. Wird eine entsprechende Genauigkeit der Lichtführung auf der Szenenfläche erwünscht, ist diese nur annähernd und mit großem Aufwand in Form einer »gleitenden Lichtführung« zu erreichen; das heißt, die jeweils spielbedingt wichtigen Szenenflächen werden für eine bestimmte Zeitdauer optisch etwas aufgehellt. Verändert sich der Szenenstandort erneut, wird das unterstützende Licht gleitend auf den allgemeinen Helligkeitswert zurückgestuft und an einer anderen Position erneut angehoben. Diese Verfahrensweise ist auch dann unumgänglich, wenn das Bühnenbild mit den optischen Gesetzmäßigkeiten der Raum- und Farbperspektive entwickelt wurde. Denn anders als bei

Großaufnahmen im Film hat der Betrachter einer Theateraufführung immer eine »Totale« vor Augen, also das Gesamtbild. Mit Respekt und Bewunderung kann ein Beleuchtungsfachmann vom Theater in einer guten Filmszene die oft sehr ausgeklügelten Lichteinstellungen beobachten. In kleinen Schritten sind solche Lichteinstellungen jedoch auch auf das Theater zu übertragen, dann nämlich, wenn die Planung und Ausführung zu einer Lichtgestaltung einen phantasiereichen und handwerklich guten Nährboden hat. Zur Anregung einer solchen visuellen Schulung können Photobücher, Bildmaterial über Maler sowie Publikationen der Werbebranche eindrucksvolle Anregungen geben.

Kontrast schafft Wirkung

Unabhängig von der jeweils speziellen Erarbeitung einer Produktion gibt uns der Kontrastbereich zwischen Farben und Formen den dynamischen Spannungsbogen, mit dem wir das Licht in die Bühnenausstattung integrieren können. Der Unterschied von Tages- und Kunstlicht sowie die Wirkung des Farbfilters sind dem Beleuchtungsfachmann in der täglichen Arbeit geläufig. Die Lichtform sollte nicht zufälligen Gegebenheiten folgen, sondern als wesentlicher Aspekt in die Beleuchtungsarbeit einfließen. Mit einer Lichtbehauptung haben wir die Chance und die Aufgabe, dem Licht eine Form zu geben. Entscheidet man sich bei der Wahl der Hauptlichtrichtung zu einer entsprechenden Lichtform und Qualität, kann diese durchaus farblich einen anderen Wert haben als das Umgebungslicht. Lichtformen bedingen immer eine Schattenwirkung, und wie wir wissen, kann ein Körperschatten und somit auch sein Umgebungslicht eine farbig andere Nuancierung haben als seine Ursprungsfarbe. Besteht die Möglichkeit, eine besonders sorgfältige und ideenreiche Lichtgestaltung zu entwerfen, können mit die

sem Wissen spannende Lichteffekte zusätzlich erzielt werden, da vor allem die Wechselwirkung zwischen Licht und Schatten nicht nach einem homogenen Übergang verlangt, sondern aus abrupten Lichtkanten bestehen kann.

Liegt die Entscheidung aber in der Wahl einer gleichmäßigen, diffusen Lichtstimmung, so sind die Varianten der Lichtformen nicht so vielseitig und markant. Bei dieser Konzeption ist es nicht möglich, Lichtbegrenzungen innerhalb eines offenen Raumes zu erreichen. Ein Innen-Außen-Kontrast wird dann möglich, wenn die beiden verschiedenen Lichtquellen optisch von dem Bühnenbild getrennt werden können.

Bei diesen beiden Grundsatzentscheidungen über Lichtformen gilt es, die Wahl der Lichtquellen nach Farbtemperaturen mitzubedenken. Solche Überlegungen sind möglichst frühzeitig anzustellen, da die Folgen in bezug auf die Auswahl der Farbfilter für das mitverwendete Glühlampenlicht sowie der Materialien des Bühnenbilds, der Kostüme und Schminke wesentlichen Einfluß auf den Gesamteindruck haben.

Jede Arbeit in der darstellenden Kunst, speziell im Theater, ist immer ein Teil einer Gesamtleistung. Und somit ist die Bühnenbeleuchtung immer nur so gut wie das gesamte Ergebnis einer Arbeit. Um auf das Motto »Kunstlicht – Lichtkunst« noch einmal einzugehen, sollte man sich nicht dem Irrglauben hingeben, daß dieses Wortspiel eine Folgerichtigkeit in der Beleuchtungsarbeit hat. Kunstlicht bedingt nicht Lichtkunst. Es ist vielmehr als Motto, als ein Ziel der Arbeit zu verstehen, wobei gerade für den Beleuchtungsfachmann klar sein muß, daß der hauptsächliche Teil seiner Tätigkeit in der technisch einwandfreien Abwicklung, das heißt in seiner handwerklichen Qualifikation besteht.

Wie bei allen künstlerischen Leistungen kann sich aus einer möglichst breiten Basis der Vorarbeiten, der Kenntnis und der Erfahrungen eine kreative Leistung ergeben.

Lichtblick

Zwei Aspekte sollen zusammenfassend noch erwähnt werden:

So wie jegliches Licht eine Fläche, einen Gegenstand braucht, um wahrnehmbar zu sein und gleichzeitig die Realität für unsere Augen wahrnehmbar zu machen, so braucht die Lichtgestaltung die Bühne, die Darsteller, die Idee eines Stücks, die Beleuchtungsmannschaft mit ihren Scheinwerfern oder allgemein gesagt: das Zusammentreffen aller. Lichtgestaltung, auch wenn sie in diesem Buch in allen Variationen und Nuancen beschrieben wird, soll nicht isoliert, zum Selbstzweck erhoben, gesehen werden. Um eine Anekdote von Fritz Kortner zu variieren: »Licht allein ist nicht abendfüllend«. Aber als eigenständige Kraft, im Zusammenspiel aller für eine szenische Darbietung notwendigen Faktoren, ist sie ein wichtiger Teil.

Der zweite Aspekt gilt den technischen und künstlerischen Entwicklungen. Wie zu allen Zeiten wird die letzte technische Neuheit und das gerade zu erarbeitende künstlerische Projekt als das Wichtigste und Richtigste angesehen. Doch soll, gerade in bezug auf die Schnellebigkeit der technischen Entwicklungen und künstlerischen Intentionen, darüber nicht vergessen werden, daß es sich – im besten Fall – um das Resümee eines Stadiums handeln kann. In diesem Sinn ist auch dieses Buch zu verstehen, und es liegt in der Intention, wenn die hier beschriebenen Arbeitsergebnisse von neuen, besseren und umfangreicheren Entwicklungen überholt werden.

Im Mai 1985

Dank

an die Freunde, Kollegen, Firmen, Institutionen und vor allem an Gunnar Klattenhoff für die Hilfe, diese Publikation zusammenzustellen.

360 Die unentbehrliche Entladungslampe für die Lichtgestaltung HMI® – 1 200 Watt, kurz nach dem Einschalten

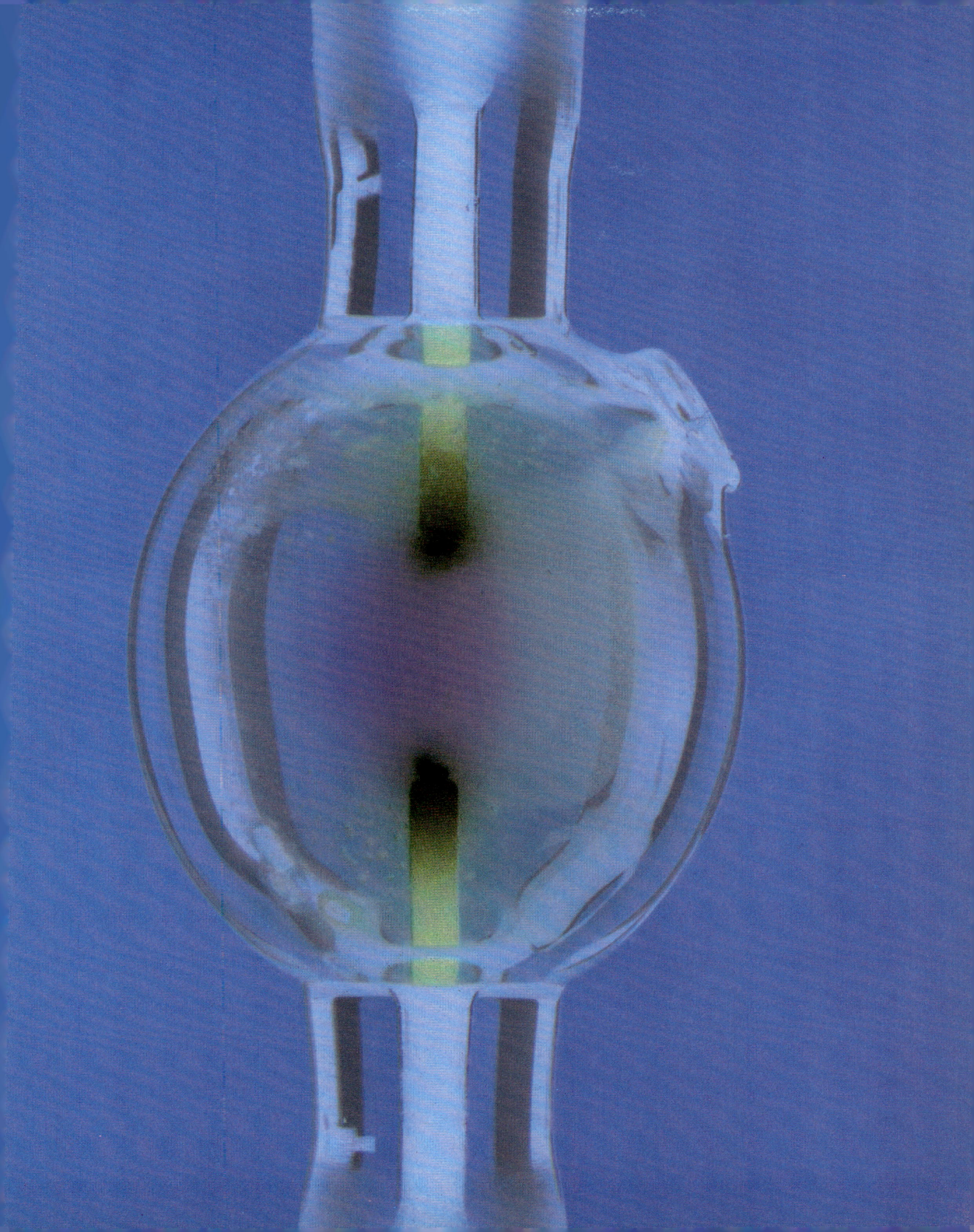

Literatur

Albers, Josef: *Interaction of Color,* Verlag DuMont Schauberg, Köln 1970

Albrecht, Hans-Joachim: *Farbe als Sprache,* DuMont Buchverlag, Köln 1979

Bachelard, Gaston: *Poetik des Raumes,* Ullstein Taschenbuchverlag, Berlin 1975

Badt, Kurt: *Die Farbenlehre van Goghs,* DuMont Buchverlag, Köln 1981

Badt, Kurt: *Eugène Delacroix,* Verlag DuMont Schauberg, Köln 1965

Bauer-Heinhold, Margarete: *Theater des Barock,* Callwey Verlag, München 1966

Bellmann, Willard F.: *Lighting the Stage, Art and Practice,* Harper & Row, New York 1967

Bentham, Frederick: *The Art of Stage Lighting,* Sir Isaac Pitmann & Sons Ltd., London 1968

Bentham, Frederick: *The Art of Stage Lighting,* Theatre Arts Book, New York 1976

Elffers, Joost: *Anamorphosen,* DuMont Buchverlag, Köln 1981

Esser, Klaus: *Wie hell ist hell,* Werbeagentur Klaus Esser, 1970

Feher, E. M.: *Projections,* Eigenverlag o. J.

Feininger, Andreas: *Farbfotolehre,* Wilhelm Heyne Verlag, München 1969

Fiedler, Leonhard M.: *Max Reinhardt,* Rowohlt Taschenbuch Verlag GmbH, Reinbek bei Hamburg 1978

Frenzel, Herbert A.: *Geschichte des Theaters,* Deutscher Taschenbuch Verlag, München 1984

Frieling, Heinrich: *Gesetz der Farbe,* Verlag Muster-Schmidt, Göttingen 1968

Frieling, Heinrich: *Farben im Raum,* Callwey Verlag, München 1979

Froböse, Eva (Hrsg.): *Rudolf Steiner über Eurythmische Kunst,* DuMont Buchverlag, Köln 1983

Gassner, John: *Producing the Play,* The Dryden Press, New York 1944

Goethe, Johann Wolfgang von: *Farbenlehre,* Verlag Freies Geistesleben, Stuttgart 1980

Hagen, Dietrich: *Der Goetheanumbau,* Philosophisch-Anthroposophischer Verlag am Goetheanum, Dornach 1978

Heel, A. C. S. van/Velzel, C. H. F.: *Was ist Licht,* Fischer Taschenbuch Verlag, Frankfurt/Main 1973

Heimendahl, Eckart: *Licht und Farbe,* Walter de Gruyter & Co., Berlin 1961

Hentschel, Hans Jürgen: *Licht und Beleuchtung,* Dr. Alfred Hüthing Verlag, Heidelberg 1982

Herzfeld, Rudolf: *Deus ex machina,* Rudolf Herzfeld Verlag, Wiesbaden 1964

Hodam, Fritz: *Technische Optik,* VEB Verlag Technik, Berlin (Ost) 1967

Hoffmann, Detlef/Junker, Almut: *Laterna Magica,* Frölich & Kaufmann, Berlin 1982

Huesmann, Heinrich: *Welttheater Reinhardt,* Prestel-Verlag, München 1983

Huxley, Aldous: *Die Pforten der Wahrnehmung, Himmel und Hölle,* R. Piper & Co. Verlag, München 1981

Itten, Johannes: *Elemente der bildenden Kunst,* Otto Maier Verlag, Ravensburg 1961

Jaeger, Stefan: *Götz Friedrich,* Atlantis Musikbuch-Verlag, Zürich 1983

Joseph, Stephen: *New Theatre Forms,* Sir Isaac Pitmann & Sons Ltd., London 1968

Kandinsky, Wassily: *Punkt und Linie zur Fläche,* Benteli Verlag, Bern 1973

Kandinsky, Wassily: *Über das Geistige in der Kunst,* Benteli Verlag, Bern 1973

Kazidawa-Samdup, Lama: *Das Tibetanische Totenbuch,* Walter-Verlag, Olten 1982

Koningsberger, Hans: *Vermeer und seine Zeit,* Time Life International 1975

Küppers, Harald: *Farbe,* Callwey Verlag, München 1977

Küppers, Harald: *Das Grundgesetz der Farbenlehre,* DuMont Buchverlag, Köln 1981

Küppers, Harald: *Farben Atlas,* DuMont Buchverlag, Köln 1981

Lefébure, Amaury: *Degas,* Fernand Hazan Editeur, Paris 1981

Lichttechnische Gesellschaft der Bundesrepublik Deutschland/ Österreichische Lichttechnische Gesellschaft/Schweizerische Lichttechnische Gesellschaft: *Handbuch für Beleuchtung,* Verlag W. Girardet, Essen 1975

Lippard, Lucy R.: *Pop Art,* Droemer Knaur Verlag, München 1968

Nedo, Michael/Ranchetti, Michele: *Wittgenstein,* Suhrkamp Verlag, Frankfurt/Main 1983

OSRAM: *Handbuch,* München o. J.

Parker, W. Oren/Smith, Harvey K.: *Scene Design and Stage Lighting,* Holt, Rinehart and Winston, New York 1968

Pawlik, Johannes: *Theorie der Farbe,* DuMont Buchverlag, Köln 1979

Pawlik, Johannes (Hrsg.): *Goethes Farbenlehre,* DuMont Buchverlag, Köln 1980

Pawlik, Johannes: *Praxis der Farbe,* DuMont Buchverlag, Köln 1981

Pilbrow, Richard: *Stage Lighting,* Studio Vista, London 1973

Poling, Clark V.: *Kandinsky-Unterricht am Bauhaus,* Kunstverlag Weingarten, Weingarten 1982

Rees, Terence: *Theatre Lighting in the Age of Gas,* The Society of Theatre Research, London 1978

Reid, Francis: *The Stage Lighting Handbook,* Pitmann Books Ltd., London 1976

Rubin, Joel E./Watson, Lelnad H.: *Theatrical Lighting Practice,* Theatre Arts Book, New York 1954

Schawelka, Karl: *Delacroix,* Mäander Verlag, München 1979

Schivelbusch, Wolfgang: *Lichtblicke,* Carl Hanser Verlag, München 1983

Schmidt, Georg: *Kleine Geschichte der modernen Malerei,* Friedrich Reinhard Verlag, Basel 1967

Schopenhauer, Arthur: *Sämtliche Werke* (Bd. 1), F. A. Brockhaus, Leipzig 1908

Schweizerischer Bühnenverband: *Schweizer Theaterbuch,* Atlantis Verlag, Zürich 1964

Siemens: *Elektrische Anlagen in Theatern,* o. J.

Steiner, Rudolf: *Beleuchtungs- und Kostümangaben für die Ton-Eurythmie,* Rudolf Steiner Verlag, Dornach 1975

Steiner, Rudolf: *Beleuchtungs- und Kostümangaben für die Laut-Eurythmie,* Rudolf Steiner Verlag, Dornach 1975

Steiner, Rudolf: *Eurythmie, die Offenbarung der sprechenden Seele,* Rudolf Steiner Verlag, Dornach 1980

Warfel, William B.: *Handbook of Stage Lighting Graphics,* Drama Book, New York 1974

Wehlburg, Albert F. C.: *Theatre Lighting and Illustrated Glossary,* Drama Book, New York 1975

Wittgenstein, Ludwig: *Tractatus logico-philosophicus,* Suhrkamp Verlag, Frankfurt/Main 1960

Wittgenstein, Ludwig: *Bemerkungen über Farben,* Suhrkamp Verlag, Frankfurt/Main 1960

Wittgenstein, Ludwig: *Werkausgabe,* Suhrkamp Verlag, Frankfurt/Main 1984

Winzer, Gerhard/Bergfeld, Wolfgang/Reichelt, Achim/Schober, Reinhard: *Lasergrafie,* Callwey Verlag, München 1975

Wurmmehl, Georg: *Bühnenbeleuchtung zur Eurythmie,* Philosophisch-Anthroposophischer Verlag am Goetheanum, Dornach 1969

Ausstellungskataloge

Der Hang zum Gesamtkunstwerk (Kunsthaus Zürich, Städtische Kunsthalle und Kunstverein Düsseldorf, Museum moderner Kunst, Wien), Verlag Sauerländer AG, Aarau 1983

Holographie – Medium für Kunst und Technik, Rheinland Verlag, Köln 1984 (Museum für Holographie, Pulheim)

Sammlung Bauhaus Archiv, Gebr. Mann Verlag, Berlin 1984

Tendenzen der zwanziger Jahre (Berlin, Neue Nationalgalerie, Akademie der Künste und Große Galerie des Schlosses Charlottenburg), Dietrich Reimer Verlag, Berlin 1977

Levin, Gail: *Edward Hopper* (The Whitney Museum of American Art), New York 1980

Roethlisberger, Marcel: *Im Licht von Claude Lorrain* (München, Haus der Kunst), Hirmer Verlag, München 1983

Runge, Ph. Otto: *Fragen und Antworten* (Hamburger Kunsthalle), Prestel-Verlag, München 1979

Zeitschriften

Polieri, Jacques: *Scénographie nouvelle,* aus: aujourd'hui – art et architecture, Paris 1963

Rank Strand Electric: *TABS,* 1950–1957, 1958–1961, 1962–1964, 1967–1969, 1970–1972

Bildnachweis

Arnold und Richter, München 152 + 153

BBC, Mannheim 106 + 107

Bönzli, Markus, München 1, 11–26, 35–42, 85, 101 + 102, 108, 110 + 111, 115, 119, 121, 143, 147–149, 154–156, 162 + 163, 167–172, 174–176, 177, 180–188, 204, 226–229, 235 + 236, 242 + 243, 246 + 247, 263, 269–277, 279–292, 310, 317–328, 343

Deutsches Museum, München 191

Fischer, Jürgen, München Gipsfiguren der Bilder: 269–277 und 279–289

Frölich und Kaufmann, Berlin 189 + 190, 192, 200, 202, 203, 205

Gambke, Ulrich, München 173, 342

Hailer-Hamann, Dagmar, Stuttgart 3, 74, 169

Herrmann, Oliver, Berlin 83, 237

Kaunat, Angelo, München 47–51, 82, 136–139, 296 + 297, 311

Keller, Max, München 10, 27, 87, 104 + 105, 258 + 259, 316, 336–341, 348–350, 355–357

Kliegl, Bros, New York 150, 158, 245

Int. Licht Rundschau, Eindhoven 344

Moses, Stefan, Feldwies 201

Nauschütz, Moritz, Großhelfendorf 2, 82, 109, 295, 351 + 352, 354, 358, 359

Niethammer, Emil, Stuttgart 141, 160, 164 + 165, 233, 265

Osram, München 88–97, 120

Pani, Ludwig, Wien 166, 230 + 231, 234

Rank Strand Electric, Wolfenbüttel 140, 159, 161, 249 + 250, 255 + 256, 261, 264

Reiche & Vogel, B. Deltschaft, Berlin 124, 142, 144, 151, 157, 193–199, 232

Schläger, Erich, München 84, 298

Siemens, Erlangen 241, 244, 248, 251–254, 257, 260, 262

Sternberg, Oda, München Frontispiz, 81, 134 + 135, 146, 238 + 239, 293 + 294, 303, 312–314

Weiß, Johannes, München 4–9, 28–34, 52–73, 75–80, Seite 43, 86, 98–100, 103, 112–114, 116–118, 122 + 123, 125 + 126, 129–133, 145, 178 + 179, 206–216, Seite 102, 217–225, 240, 266–268, 278, 299, 300–302, 304–309, 315, 329–335, 345–347, 353

Register

174

Richtlinien

Vorschriften der Berufsgenossenschaften

VBG 1	Allgemeine Vorschriften
VBG 4	Elektrische Anlagen und Betriebsmittel
VBG 70	Bühnen und Studios
VBG 74	Leitern und Tritte
VBG 93	Laserstrahlen

Versammlungsstättenverordnung

Deutsche Norm (DIN)

56 920 Blatt 1	Begriffe für Theater- und Bühnenarten
Blatt 2	Begriffe für Theatergebäude
Blatt 3	Begriffe für bühnentechnische Einrichtungen
Blatt 4	Begriffe für beleuchtungstechnische Einrichtungen
Blatt 5	Begriffe für elektrische Informationen
Blatt 6	Begriffe für Sicherheitseinrichtungen
Blatt 7	Begriffe für Podeste, Schrägen, Stufen, Treppen und Blenden in der Theatertechnik für Bühnen- und Studioaufbauten
15 920 Teil 11	Bühnen- und Studioaufbauten Podestarten, sicherheitstechnische Festlegung für Podeste (Praktikabel), Schrägen, Stufen, Treppen und Bühnengeländer
56 921 Teil 11	Theatertechnik Bühnenmaschinerie; Prospektzüge für Gesamtkraft bis max. 3 000 N, sicherheitstechnische Anforderungen und Prüfung
15 560 Teil 7	Scheinwerfer für Film, Fernsehen, Bühne und Photographie Beschriftung und Kennzeichnung für Studio- und Bühnenbeleuchtungsgeräte
Blatt 35	Schablonen für Bühnenleuchten auf Beleuchtungsplänen
Teil 40	Farbfilter für Bühnen- und Studioscheinwerfer, Farben, Werkstoff, Farbbeständigkeit
Teil 45	Tragkonstruktionen, bewegliche Leuchtenhänger und Bauelemente, Begriffe
Teil 46	Sicherheitstechnische Festlegung für bewegliche Leuchtenhänger
Teil 47	Sicherheitstechnische Festlegung für Grid-Decken
56 912	Sicherheitstechnische Anforderungen für Bühnenlaser und Bühnenlaseranlagen

19 040 Blatt 5	Photographie Allgemeine optische Begriffe in der Photographie
Blatt 7	Allgemeine technische Begriffe der photographischen Beleuchtungstechnik
6169 Teil 2	Farbwiedergabe Farbwiedergabe-Eigenschaften von Lichtquellen in der Beleuchtungstechnik
5033 Blatt 8	Farbmessung Meßbedingungen für Lichtquellen
4102 Teil 1	Brandverhalten von Baustoffen und Bauteilen Baustoffe, Begriffe, Anforderungen und Prüfung

VDE

VDE 0250 Teil 802	Isolierte Starkstromleitungen
DIN 57 100 VDE 0100	Bestimmungen für das Errichten von Starkstromleitungen mit Nennspannung bis 1 000 Volt
DIN 57 105 VDE 0105	Bestimmungen für den Betrieb von Starkstromanlagen
VDE 0108	Bestimmungen für Versammlungsstätten
DIN 57 710 Teil 6 VDE 0710	Leuchten mit Betriebsspannung unter 1 000 Volt
Teil 6	Scheinwerfer für Film, Fernsehen, Bühne und Photographie
Teil 10	Leuchten für Photo-, Film- und Fernsehaufnahme
VDE 0713 Teil 1	Vorschriften für Leuchtröhrenanlagen und Zubehör
VDE 0128	Vorschriften für Leuchtröhrenanlagen mit Spannungen von 1 000 Volt und darüber
VDE 0700 Teil 245	Sicherheit elektrischer Geräte für den Hausgebrauch und ähnliche Zwecke, Nebelgeräte

Auswahl aus DIN- und VDE-Hinweisen

Bezugsquelle DIN: Beuth Verlag GmbH, Burggrafenstraße 4–10, 1000 Berlin 30
Bezugsquelle VDE: VDE-Verlag GmbH, Bismarckstraße 33, 1000 Berlin 12